Johann August Eberhard

Versuch einer allgemeinen deutschen Synonymik

In einem kritisch-philosophischen Wörterbuche - Dritter Teil: F - G

Johann August Eberhard

Versuch einer allgemeinen deutschen Synonymik
In einem kritisch-philosophischen Wörterbuche - Dritter Teil: F - G

ISBN/EAN: 9783742869272

Hergestellt in Europa, USA, Kanada, Australien, Japan

Cover: Foto ©Thomas Meinert / pixelio.de

Manufactured and distributed by brebook publishing software
(www.brebook.com)

Johann August Eberhard

Versuch einer allgemeinen deutschen Synonymik

Johann August Eberhards
ord. Prof. der Phil. zu Halle und Mitgl. der Academie der Wissensch. zu Berlin

Versuch
einer
allgemeinen deutschen
Synonymik
in
einem kritisch-philosophischen
Wörterbuche
der
sinnverwandten Wörter der hochdeutschen Mundart.

Dritter Theil.
F — G.

Halle und Leipzig,
gedruckt und im Verlage bei Joh. Gottfr. Ruff.
1798.

F.

Fabel. Handlung.

1. üb. Kunstwörter in der dramatischen und epischen Dichtkunst, und nur als solche können sie für sinnverwandt gehalten werden. Sie kommen nämlich darin mit einander überein, daß sie eine Reihe von Begebenheiten bedeuten, welche mit ihrer letzten Hauptwirkung den Inhalt eines dramatischen und epischen Gedichts ausmachen. Die Reisen des Ulysses und seine Rückkunst in Ithaka nebst dem Ungemach, welches Penolope und Telemach von dem Unfuge der Freyer bis zu ihrer endlichen Niederlage zu erleiden haben, sind die Fabel und die Handlung der Odyssee. Wenn Lamotte bedacht hätte, daß Handlung, so oft es von dem Inhalte eines epischen Gedichts gesagt wird, ein Kunstwort der Poetik und mit Fabel sinnverwandt ist, so würde er der Iliade nicht vorgeworfen haben, daß sie keine Handlung enthalte, weil sie die Geschichte des Zornes des Achilles erzähle, der eine Passion, ein Leiden oder eine Leidenschaft sey; denn dieses französische Wort bedeutet beydes, und er versteht darunter: Leiden.

II. V. Da wir unsere poetische Kunstsprache größtentheils aus dem Aristoteles genommen haben: so müssen wir, so viel als möglich, seinen Sprachgebrauch beybehalten; und das ist auch bei diesen Wörtern der Fall. Was wir Handlung nennen, ist bey ihm πραξις und unser: Fabel ist sein μυθος. Dieses letztere definiert der Grieche durch die Nachahmung einer Handlung, und wir würden es daher besser durch Erzählung übersetzen, wenn Fabel nicht bereits eingeführt wäre, und diese Uebersetzung es nicht auf die epische Darstellung der Handlung einschränkte, indeß das griechische Wort auch ihre dramatische Darstellung begreift. Eine Entführung, eine Ermordung enthält eine Reihe zusammenhängender Begebenheiten, die sich in einer traurigen Hauptwirkung endigen, und so fern sie als wirklich vorgegangen gedacht wird, ist sie eine Handlung, so fern sie episch oder dramatisch dargestellt wird, die Fabel des Gedichtes, das sie darstellt. Sie kann, als Handlung, in der Wirklichkeit mißfallen und als Fabel in einem Gedichte gefallen, weil sie in der Nachahmung vieles von dem Unangenehmen verliehrt, das sie in der Natur hat.

Fabel. Erzählung. Mährchen.

I. üb. Eine Rede, worin eine Geschichte vorgetragen wird, oder die epische Darstellung von Begebenheiten, die als wirklich vorgestellt werden.

II. V. Erzählung druckt diesen Begriff in seiner größten Allgemeinheit aus, ohne Rücksicht auf Wahrheit oder Unwahrheit. Nach seiner Form ist dieses Wort zuförderst die Handlung des Erzählens oder des Vortragens der Geschichte selbst, es bedeutet hernach aber vermittelst der in allen Sprachen so häufigen Metonymie, die Wirkung, den Inhalt, und den Gegenstand des Erzählens.

Fabel und Mährchen unterscheiden sich davon dadurch, daß diese nur erdichtete Erzählungen sind. Fabel aber druckt blos den Nebenbegriff des Falschen und Erdichteten, und Mährchen noch außerdem des allgemein geglaubten, wenigstens Verbreiteten und Bekannten aus. Wenn Jemand eine Geschichte in einer Gesellschaft erzählt, und sagt: es ist eine Fabel; so will er anzeigen, er halte sie für falsch; sagt er: es ist ein elendes Stadtmährchen: so will er zu ver-

stehen

stehen geben, daß diese Fabel sich in der Stadt verbreitet habe und häufig in Gesellschaften erzählt werde.

Der Ursprung dieser Nebenbedeutungen erhellet aus der Geschichte dieser Wörter. Fabel war ursprünglich die Uebersetzung von dem Griechischen μυθος, welches im Homer noch jede Rede, und erst in der Folge als λογος in Gebrauch kam, eine erzählende Rede bedeutet; (S. Fabel. Handlung.) fabula stammt aber von fari, reden, ab. Insonderheit nannte man die Sagen der Vorwelt Fabeln, und so wie man nach und nach diesen keinen Glauben mehr beymaß: so hieß nun Fabel eine erdichtete Geschichte. So übersetzte man Mythologie, welches eigentlich eine Sammlung alter Religionssagen ist, durch Fabellehre. Die dramatische Darstellung einer erdichteten Handlung hieß Fabel.

Ut populo placerent, quas fecisset fabulas.
Terent.

Seit dem Phädrus hießen insonderheit die äsopischen Fabeln im ausnehmenden Verstande Fabeln. Nach des Dichters Absicht sollte seine Ueberschrift bloß Erzählungen bedeuten. Da aber in diesen Erzählungen die Thiere redende und vernünftighandelnde Personen waren: so heftete sich nun der Begriff der erdichteten Erzählung unzertrennlich an das Wort Fabel.

Die Ableitung des Wortes Märchen von Mare, Maere, Gerücht, rumor, fama, fällt leicht in die Augen. Davon kömmt maeren, vermaren, divulgare, eine Nachricht verbreiten, und beydes von mare, bekannt, berühmt, celebris, illustris, wovon sich noch die Spuren in den Namen Meroving, Marebodus, Chlodomer, Markomer u. a. erhalten haben.

Demnach wäre dann eine Mär eine öffentliche Nachricht, eine bekannte oder bekannt zu machende Geschichte. Diese Bedeutung hatte das Wort noch im sechszehnten Jahrhundert in dem bekannten Kirchenliede:

Vom Himmel hoch da komm ich her
Und bring euch gute neue Mär.

Da aber eine Geschichte, die keine weitere Beglaubigung hat, als daß sie in vieler Menschen Munde ist, durch keine hinreichende Beurkundung unterstützt wird: so verdient sie auch nicht für wahr gehalten zu werden, und so enthält dann das Wort Mährchen den Nebenbegriff einer Geschichte, die man nicht als wahr annimmt, welcher noch durch die Verkleinerungssylbe, mit der es jetzt nur gebräuchlich ist, verstärkt wird. Wir nennen die Contes arabes, arabische Mährchen, die Contes de la peau d'ane, de ma mere l'Oye, Mährchen, weil wir sie für erdichtet halten, ob sie gleich in Arabien und in unsern Kinderstuben als bekannte Volkssagen erzählt werden.

Anmerkung. Wir könnten in der Ableitung des Wortes maeren von mehr, mer, viel, noch weiter zurück gehen, wenn es zu der gegenwärtigen Absicht nöthig wäre. Denn meren, gemeren, heißt in den Fabeln aus den Zeiten der Minnesänger, erweitern.

Wer mit vroeinden lobe
Ken sin lob gemêren.

Fach. Fältig.

I. üb. Beyde Endsylben bedeuten, daß eine Sache so oft genommen werden soll, als durch das voranstehende Wort bestimmt wird. Einfach und Einfältig, Zweyfach und Zweyfältig, Vielfach und Vielfältig.

II. V. Sowohl die Abstammung als der Gebrauch der zusammengesetzten Wörter können uns einigermaßen auf die Spur ihres Unterschiedes bringen. Man mag nämlich Fach mit Wachter von dem lateinischen vice und dem wallischen ffaig, welches eben das bedeutet, herleiten, oder es mag zu dem Hauptworte Fach gehören: so zeigt es allemal blos eine Zahl an. Fältig hingegen, welches von Falte abstammt, setzt zu diesem Hauptbegriffe der Zahlgröße noch den Begriff der Beschaffenheit

fenheit hinzu. Es ist wahrscheinlich die Uebersetzung von plex, das ebenfalls von plico, Falte, herkömmt. Durch die Falten werden die Theile des Ganzen nicht blos vermehrt, sie geben ihnen auch eine andere Beschaffenheit, eine andere Lage, Farbe u. s. w. Wenn man sich auch diesen Nebenbegriff bey fältig zu den Zeiten noch nicht gedacht hat, als die Sprache noch weniger gebildet war, so scheint man ihn doch jetzt schon ziemlich deutlich zu fühlen. H. Adelung bemerkt sehr richtig, daß die Zusammensetzung mit fältig immer mehr in Abnahme komme. Wenn wir diese Bemerkung nur noch genauer auf die Zusammensetzung mit bestimmten Zahlen einschränken: so wird sie die angegebene Unterscheidung bestätigen. Denn in der Zusammensetzung mit Wörtern, die eine unbestimmte Vielheit anzeigen, hat es zu dieser Veraltung des fältig noch keinen Anschein. Denn wir sagen noch immer vielfältig und mannichfaltig. Und davon ist gewiß der Grund, daß wir bey den Zahlen die Einheiten als gleichartig betrachten: es wird dabey kein anderer Unterschied als der Unterschied ihrer Größe in Betrachtung gezogen; eine Vielheit und Menge aber kann auch ungleichartige Theile haben. Und hierin ist ohne Zweifel der Grund, warum, indeß zweyfältig, dreyfältig u. s. w. dem zweyfach, dreifach u. s. w. Platz macht, vielfältig, mannichfaltig, neben dem vielfach, mannichfach noch im Gebrauche bleibt. Vielfache, mannichfache Unglücksfälle können die nähmlichen seyn, die einen Menschen mehrmals betroffen haben, vielfältige und mannichfaltige sind Unglücksfälle von verschiedener Art. Wem sein Haus mehrmal hinter einander abgebrannt ist, der hat vielfachen Schaden gelitten, wem außer dem sein Feld verhagelt ist, wer sein ausstehendes Geld durch Bankerutte, seine Waaren durch Schiffbruch verloren hat u. s. w. der hat vielfältigen Schaden erlitten. (S. auch Albern. Dumm. Einfältig.)

Der Fall, worin Stosch nur fach zulassen will, gehört unter die Regel, daß durch dieses Wort nur die Vielheit gleichartiger Dinge ausgedruckt wird. Man sagt nicht, wie er ganz richtig bemerkt, ein zweyfältiger sondern ein zweyfacher Boden, ein zweyfaches Dach, aber nicht darum, weil das erstere

stere nicht von Dingen gesagt wird, „die neben und über einander gestellt werden,“ sondern weil es eine Vielheit gleichartiger Dinge anzeigt; denn ein zweyfacher Boden und ein zweyfaches Dach ist das nämliche Ding zweymal genommen. So führt eine einseitige Abstraction auf zu eingeschränkte und unvollständige Regeln.

Die Fälle, worin Stosch blos Fältig oder beydes, Fältig und Fach, will zugelassen wissen, gestatten nach dem gegenwärtigen Sprachgebrauche nur das letztere. Man sagt nicht mehr eine dreyfältige Schnur, sondern eine dreyfache, eben so wenig sagt man jetzt noch: Findet man den Dieb: so soll er es zweyfältig sondern zweyfach wiedergeben. Die Belege zu seinem Sprachgebrauche hat Stosch blos aus Luthers Bibelübersetzung genommen. Wie sehr aber die Sprache in der Bestimmtheit damals noch zurück war, ist schon öfters bemerkt worden. Er baut aber auf diese Beyspiele außerdem noch Regeln, die ebenfalls ganz falsch abstrahirt sind. So soll fältig gebraucht werden müssen, wenn von einem Geben, Bringen, Darlegen die Rede ist, wovon kein vernünftiger Grund kann angegeben werden, und welches in den angeführten Beyspielen ganz zufällig ist.

Faction. Partey. Rotte.

I. üb. Eine Menge Menschen, die mit einander zu Einem Zwecke übereinstimmen. So weit sind diese Wörter sinnverwandt.

II. V. Sie unterscheiden sich aber sowohl durch die Art, wie sie ihre Zwecke verfolgen, als durch diese Zwecke selbst. Der Zweck einer Partey kann auch bloß seyn, gewisse Meinungen und Lehren zu verbreiten. Die deutschen Kunstrichter waren eine Zeitlang in die Gottschedische und Schweizerische Partey getheilt, wovon eine jede ihre kritischen Grundsätze zu verbreiten suchte. Es kömmt von pars, ein Theil, her, und das was in einem Ganzen, das aus Menschen besteht, die Parteyen, worin es sich theilt, unterscheidet, sind ihre Zwecke.

Die

Die Zwecke sowohl, als die Mittel, deren sich die Parteyen bedienen, können unschuldig und erlaubt seyn. Wenn die Parteyen, worin sich die Gelehrten theilen, sich damit begnügen, ihre Meinungen ruhig und ohne Beleidigung ihrer Gegner, es sey schriftlich oder mündlich, vorzutragen, so hat man ihnen nichts vorzuwerfen.

Factionen und Rotten hingegen vereinigen sich zum Widerstande gegen die bestehende Macht im Staate, und bedienen sich dazu auch unerlaubter Mittel. Und dadurch unterscheiden sie sich von bloßen politischen Parteyen. Beides, sowohl Faction als Rotte, wird jetzt nur in böser Bedeutung gebraucht, sowohl in Ansehung ihrer Zwecke als ihrer Mittel. Indeß scheinen sie ursprünglich doch auch eine gute gehabt zu haben, und diese dauert in einigen Sprachen und in der deutschen in einigen ihrer Mundarten noch fort.

Bey Rotte ist augenscheinlich der Hauptbegriff eines Zusammenseyns Mehrerer hervorstechend. Es ist mit Rudel verwandt und dieses wird noch jetzt von einer Menge sich zusammenhaltender wilden Thiere gebraucht; denn man sagt: ein Rudel wilde Schweine. In der schweizerischen Mundart heißen die Unterabtheilungen einiger Kantons: Roden; so wird der Kanton Appenzell in den äußern und innern Roden eingetheilt. Allein schon zu Luthers Zeiten bedeutete es schon Parteyen, die einander zu beherrschen suchen.

Eben so hat Faction ursprünglich auch eine gute Bedeutung gehabt, und die, worauf die Etymologie führt, ist wahrscheinlich keine andere gewesen, als eine Anzahl Menschen, die übereinstimmend handeln. Diese Bedeutung hat lange fortgedauert, und wir finden noch unter den römischen Kaisern in dem Circus eine grüne, rothe, blaue und weiße Faction von Wagenführern. Da diese sich in abgesonderten Truppen zusammenhielten: so hieß bald ein abgesonderter Trupp Soldaten, die zur Wache bestellt sind, eine Faction, und diese Bedeutung hat sich noch in der Französischen Sprache in dem Ausdrucke: des Soldats en faction, Soldaten, die Schildwache

wache stehen, erhalten. Die böse Bedeutung muß sich indeß schon frühzeitig in der lateinischen Sprache hervorgethan haben. Denn Sallustius sagt: Quos omnes eadem cupere, eadem odisse, eadem metuere in unum coëgit. Sed haec inter bonos amicitia, inter malos factio est *).

Diese böse Bedeutung ist in der Folge die herrschende geworden und ist es noch. Faction unterscheidet sich demnach von Partey

1) Dadurch, daß eine Partey auch ruhig und unthätig seyn kann, eine Faction hingegen immer unruhig und thätig ist. Die Parteyen können sich auch durch bloße speculative Meynungen unterscheiden, die Factionen wirken gegen einander um politischer Zwecke willen.

2) Die Parteyen können auch zu erlaubten und löblichen Zwecken gemeinschaftlich handeln, und sie sind nur Parteyen, so lange sie sich dazu erlaubter Mittel bedienen; den Factionen giebt man überhaupt Zwecke Schuld, die sie durch unerlaubte Mittel zu erreichen trachten. Man nennte diejenigen in Frankreich, welche den König vom Throne stürzen wollten, um den Herzog von Orleans darauf zu erheben, und die sich dazu der strafbarsten Mittel bedienten, die Orleanische Faction. Es hat aber in dem großbritannischen Parlamente seit langer Zeit eine Ministerial- und Oppositionspartey gegeben, wovon die Eine mit dem Minister und die Andre gegen ihn stimmt. So lange keine von diesen Parteyen die strafbare Absicht hat, die höchste Gewalt der Krone und des Parlaments zu vernichten, und sich zu ihren Absichten keiner unerlaubten Mittel bedient, kann man sie ohne Beleidigung keine Faction nennen.

Eine Faction unterscheidet sich von einer Partey und bloßen Rotte dadurch, daß sie

1) eine

*) Sallust. de Bello Jug. cap. 31.

1) eine regelmäßig eingerichtete oder organisirte Vereinigung Mehrerer ist, die ihr bestimmtes Haupt und solche Glieder hat, die einander bekannt sind, die zu ihren Absichten dienenden Arbeiten unter sich vertheilt haben, und zu dem Ende auch regelmäßige Versammlungen halten, worin sie ihre Maaßregeln mit einander verabreden. Eine Rotte hingegen kann ein zusammengelaufener Haufen seyn, wovon wenige einander kennen, ob sie gleich alle zu einerley Zweck thätig sind. Eine Faction kann sich einer oder mehrerer Rotten zu ihren strafbaren Absichten bedienen; aber darum wird die Rotte keine Faction. So, sagt man, habe sich die Orleanische Faction einer Rotte von lüderlichem Gesindel bedient, um das Haus des Fabrikanten Reveillon zu plündern. Man hat daher auch in den Unruhen zu Paris oft gesehen, daß die verschiedenen auf einander folgenden Factionen sich der nähmlichen Rotten bedient haben, um sich einander zu Grunde zu richten.

2) Eine Faction hat zur Absicht, sich der höchsten Gewalt zu bemächtigen. Die Verfasser politischer Tagebücher sind in Parteyen getheilt, wovon keine eine Faction ist, obgleich ein jeder in den Diensten einer Faction stehen kann.

3) Die Faction stützt sich auf die Gewalt mehrerer, die an der öffentlichen Macht Theil nehmen. Die Partey des Catilina war eine Faction, sie hatte mehrere Senatoren und selbst einen Consul in ihr Interesse zu ziehen gewußt. Die Rojalisten in Frankreich sind eine bloße Partey und keine Faction, so lange nicht einige von ihnen in der Volksversammlung, unter den Direktoren oder andern Administrationsobrigkeiten sind.

Faden. Faser. Zaser.

I. üb. Die feinern Grundtheile eines Gewebes.

II. V. Fäden sind diese, so lange sie Theile eines Gewebes sind, oder doch dazu verschlungen werden können, es sey, daß man sie darin verwebt oder etwas damit zusammen nähet oder heftet.

Fasern

Fasern sind die zerrissenen Fäden, die von dem Gewebe ausgehen und nicht in dasselbe verschlungen werden können. Wenn irgend ein Stoff, er sey von Leinwand, Wolle oder Seide so abgenutzt ist, daß seine Fäden abgeschabt und zerrissen sind, so löset er sich in Fasern auf.

Bey den Naturgeweben heißen diese feinsten Theile Fasern, die in dem Gewebe der Lebenswerkzeuge Fibern heißen.

Diese Unterschiede finden auch in dem uneigentlichen Gebrauche dieser Wörter Statt. Das menschliche Herz ist durch mannichfaltige unmerkliche Fäden umschlungen, die es mit gleich empfindenden Wesen vereinigen.

Fähig. Empfänglich. S. Empfänglich.

Fähigkeit. Vermögen. — Fähig. Vermögend.

I. üb. Diese Wörter bedeuten in ihrem physischen Sinne eine gewisse Beschaffenheit, vermittelst welcher ein Ding etwas wirken kann.

II. V. Wenn diese Beschaffenheit weiter nichts, als die Kraft selbst ist, wodurch es dem Dinge möglich wird, eine Wirkung hervorzubringen, so giebt sie ihm das Vermögen dazu; so fern es gewisse Eigenschaften sind, wodurch die Kraft ihr freies Spiel erhält, sich äußern zu können, nennen wir diese Beschaffenheit Fähigkeit. Vermögen drückt, nach seiner Ableitung blos die Möglichkeit aus, etwas zu verrichten. Denn beyde Wörter haben einerlei Stammsylbe. Dieses wird noch deutlicher in der veralteten Form Mugenheit für Vermögen, die beym Taulerus vorkömmt.

> So ist der vatter, daz der Son ist, in mugenheit
> in wisheit vnd in minnen.

Der Mensch hat durch seine Sprachwerkzeuge nicht blos ein Sprachvermögen, sondern auch eine Sprachfähigkeit, das Erstere, sofern er die Kraft hat, sie zu bewegen, die Letztere,

tere, sofern die Anlagen seiner Seele ihn in den Stand setzen, sie so zweckmäßig zu bewegen, als es die Hervorbringung der Laute erfodert, die er hervorbringen will. Jeder Mensch hat von Natur das Vermögen, Andern nützlich zu seyn, sofern er die gehörigen Kräfte dazu besitzt; Viele machen sich aber durch ihre Laster unfähig zu jeder edeln Entschließung, indem sie ihren Kräften keine gemeinnützige Richtung mehr geben können.

Fähigkeit. Geschicklichkeit. Fertigkeit.

I. üb. Diese kommen einem jeden zu, dem es möglich ist, gewisse Wirkungen hervorzubringen.

II. B. Die Beschaffenheit, die einem zukommen muß, der eine Wirkung soll hervorbringen können, muß zuförderst ein entfernteres Vermögen dazu seyn, und dieses, wenn es mit den Eigenschaften verbunden ist, die Kräfte zweckmäßig anzuwenden, ist die Fähigkeit. Wenn aber die Wirkung sehr zusammengesetzt ist: so gehören mehrere Handlungen zu ihrer Hervorbringung, zu welchen der Handelnde seine Kräfte muß zu modificiren wissen. Dieses geschieht durch die Beobachtung der nöthigen und dienlichen Regeln, die man sich auch unvermerkt durch Penetration, Nachdenken, Aufmerksamkeit und Erfahrung absehen kann. Wer diese Regeln zu einer Wirkung anzuwenden weiß, hat Geschicklichkeit dazu. Wenn die Anwendung dieser Regeln durch wiederholte Uebung so leicht geworden ist, daß sie geschwind und ohne Anstrengung, ja ohne merkliche Aufmerksamkeit erfolgen kann, so ist die Fertigkeit zu den Handlungen vorhanden, wodurch eine Wirkung gewirkt wird.

Wer plumpe und unbewegliche Hände hätte, wer zu dumm wäre, um einen listigen Streich auszuführen, würde keine Fähigkeit zu einem Beutelschneider haben. Hätte er aber diese, so würde es ihm doch so lange an der nöthigen Geschicklichkeit dazu fehlen, als er noch nicht die nöthigen Kunstgriffe zu seinem Handwerke kennte und anzuwenden wüßte.

Hätte er aber diese ehrlose Kunst schon lange geübt, so daß ihm die dazu gehörigen Handgriffe leicht von Statten giengen: so würde er zu einer Fertigket darin gelangt seyn.

Die Fähigkeit entsteht aus den angebornen und erworbenen Anlagen, sowohl des Körpers als der Seele, und in diesen sowohl des Willens als des Verstandes; indeß legt sie der Sprachgebrauch vorzüglich der Seele bey. Man sagt von einem Menschen, der von Natur ein feines richtiges Gehör besitzt, daß er viel Fähigkeit zum Spielen eines musikalischen Instruments habe, gesetzt daß es ihm auch an den gehörigen Gliedmaßen fehlen sollte, je ein Tonstück auf irgend einem Instrumente auszuführen.

Wenn die Handlungen von Seiten ihrer Sittlichkeit betrachtet werden, und man bemerkt, daß sie dem Handelnden, vermöge seines Charakters, oder einer herrschenden Leidenschaft, oder eines natürlichen oder erworbenen Hanges dazu, möglich oder unmöglich sind, so hält man ihn dazu fähig, ohne ihm die Geschicklichkeit und noch weniger die Fertigkeit dazu beyzulegen. Aus Liebe ist man der größten Aufopferungen, und aus Rache der größten Verbrechen fähig. Einen verworfenen Menschen macht sein Charakter zu allen Betrügereien fähig, er ist nur nicht immer geschickt dazu. Ein Anderer hat alle Geschicklichkeit und Fertigkeit in Kartenkünsten, er ist aber zu ehrlich, um fähig zu seyn, sie je zum Betriegen im Spiele zu gebrauchen.

Die Fähigkeit haben wir daher zu Allem, wozu die entfernten Anlagen in dem Verstande und dem Willen vorhanden sind; Geschicklichkeit zu den besondern Arten von Handlungen, zu deren Ausführung wir noch außerdem die Regeln der Kunst anzuwenden wissen, und Fertigkeit zu dem, worin wir durch übung, Leichtigkeit und Geschwindigkeit erworben haben.

Geschicklichkeit und Fertigkeit unterscheidet sich folglich durch die drey Merkmahle von einander, daß 1) der, welcher

welcher eine Fertigkeit in einer gewissen Art von Handlungen hat, sie leichter, geschwinder und ohne merkliche Überlegung, als geschehe es mechanisch, verrichten kann; 2) daß zu der Geschicklichkeit immer die Anwendung gewisser Kunstregeln erfordert wird, bey der Fertigkeit hingegen nicht; 3) daß Geschicklichkeit mit Absicht gewonnen wird, eine Fertigkeit hingegen auch unabsichtlich, durch die bloße Wiederholung von einer gewissen Art Handlungen entstehen kann. Ein Mensch hat eine Fertigkeit im Fluchen, wenn er ohne daran zu denken flucht, weil er schon oft geflucht hat; es ist aber keine Geschicklichkeit, denn es gehört keine Kunst dazu, und er hat sich nicht absichtlich darin geübt.

Fähigkeiten. Anlagen.

I. Üb. Beydes ist das in dem Menschen, was es ihm möglich macht, die Geschicklichkeit zu gewissen Handlungen und Verrichtungen zu erwerben.

II. V. Wenn man ihm aber die Fähigkeit zu einer gewissen Kunst beylegt: so urtheilt man bloß, daß es ihm möglich sey, eine Geschicklichkeit darin zu erhalten, ohne die Eigenschaften zu benennen, worauf man dieses Urtheil gründet. Diese Eigenschaften sind die Gründe, welche es ihm möglich machen, es in einer Sache zu einer beträchtlichen Geschicklichkeit zu bringen, und aus denen man schließt, so bald man sie bei ihm wahrnimmt, daß er viel Fähigkeit dazu habe. So sind ein feines Ohr, ein natürliches Taktgefühl u. dgl. die Gründe, woraus man schließt, daß es jemand in der Tonkunst weit bringen könne, und um derentwillen man ihm daher eine besondere Fähigkeit zu der Tonkunst beilegt. Man nennt aber diese Gründe die Anlagen zur Tonkunst.

Diesen Sprachgebrauch bestätigt auch die Ableitung beyder Wörter. Wer die Geschicklichkeit zu einer Kunst soll fahen, fassen oder erhalten können, bey dem müssen die dazu erforderlichen Eigenschaften bereits voran oder zum Grunde liegen. Wer z. B. zu der Sprachkunde soll Fähigkeit besitzen, und also eine Menge Wörter fahen oder fassen können, der muß in einem glücklichen Gedächtnisse die Anlage dazu erhalten haben, dieses muß in seiner Seele schon dazu angelegt seyn.

Fahrlässig. Nachlässig. Lässig. Träge. Faul. Phlegmatisch. S. Faul.

Fallen. Sinken. Stürzen.

I. Üb. Sich nach unten oder nach dem Mittelpunkte der anziehenden Kraft eines Körpers, z. B. der Erde, bewegen.

II. V. Den geringsten Grad dieser Bewegung drückt das Sinken aus. Es bezeichnet blos die Bewegung nach einem niedrigern Orte. Fallen setzt zu diesem Begriffe die Andeutung der Ursach hinzu, warum der Körper sich nach unten bewegt, weil er nämlich von seinem Haltungspunkte getrennt ist, und erst dann ruhet, wann er einen andern Haltungspunkt gefunden hat. Das Haupt der trostlosen Niobe wird von den Künstlern in ihren Schooß herabgesunken vorgestellt, heißt: es ist bis in ihren Schooß niedergebeugt; in ihren Schooß herabgefallen, würde heißen, es ist von ihrem Körper getrennt und in ihren Schooß herabgerollt. Ein Senkbley senkt man ins Wasser, wenn man es darin herabläßt, es fällt aber ins Wasser, wenn es von der Schnur losgeht und den Grund berührt.

Dieser Unterschied wird durch die Etymologie des Wortes Sinken bestätigt. Es stammt von Sigen, erniedrigen her. — Ein Zweig dieses veralteten Wortes ist noch in dem Niederdeutschen: Sied, niedrig, vorhanden. Man sagt noch in Westphalen und Niedersachsen, ich sitze zu sied, der Stuhl ist mir zu sied, für: zu niedrig. Dieses ist ohne Zweifel von siget zusammengezogen. Sigen kömmt aber in dem Angelsächsischen unter der Form von Sigkam vor, welches, wenn man das g vor k wie das griechische γ lieset, völlig unser Sinken ist, das also blos den Begriff der Bewegung nach unten ausdruckt.

Fallen

Fallen ist mit dem französischen faillir verwandt, und stammt mit diesem ohne Zweifel von einem gemeinschaftlichen Stamme her, durch den es mit dem lateinischen fallere und dem deutschen Fehl, Fehler, Fehlen verschwistert ist. Danach bedeutet es seinen Unterstützungspunkt verliehren, und danach ist es dann eine Bewegung nach Unten, die aus der Trennung von seinen Unterstützungspunkten entsteht. Ein Haus sinkt, wenn seine obersten Stockwerke durch ihre Schwere zu sehr auf die untersten drücken, und es fällt, wenn diese Letzteren die Ersteren gar nicht mehr unterstützen.

Der nämliche Unterschied ist in den thätigen Zeitwörtern: Senken und Fällen noch sichtbarer. Die Bäume senken ihre Zweige, um dem Wilden ihre Früchte anzubieten; er aber fällt sie lieber, um diese Früchte noch bequemer pflücken zu können. Hier ist Senken blos niederbeugen, Fällen hingegen den Baum von seinen Haltungspunkten trennen, daß er sich auf die Erde legen muß.

Auf diesen ursprünglichen Unterschied zwischen Sinken und Fallen gründet sich ein Anderer, nach welchem Sinken nur von einer langsamen, Fallen hingegen auch von einer geschwinden und selbst der geschwindesten gesagt wird. Die Macht des Macedonischen Reiches war nach dem Cyrus allmählig gesunken und geringer geworden, ehe der letzte Darius sein Reich verlor, seine Familie in Alexanders Gefangenschaft gerieth, und er selbst ermordet wurde.

Er sang den Perser, groß und gut,
Der durch des Schicksals Wuth
Fällt, fällt, fällt, fällt
Von seiner Höhe fällt,
Und sich im Blute wälzt,
Verlassen in der letzten Noth
Von allen die sein Herz geliebt,
Auf bloßen Sand dahin gestreckt:
Bis ohne Freund sein Auge bricht.

Ramler.

Der

Der Kredit eines Kaufmanns ist gesunken, so fern er bloß nicht mehr so groß ist, als bisher, er ist gefallen, so fern er gar keinen Kredit mehr hat, und zwar weil er die Stützen seines Kredits verloren hat, indem seine Vermögensumstände oder sein Betrug ist bekannt geworden; da ihn bisher die gute Meynung von seinem Vermögen und seiner Redlichkeit unterstützten.

Stürzen als sinnverwandt mit Fallen, setzt zu dem Begriffe der Bewegung nach Unten, den Begriff der Geschwindigkeit hinzu.

> Ich weiß nicht, welcher feindselige Dämon jetzt unsre Schauspieler besonders weiblichen Geschlechts beherrscht, daß sie eine so große Kunst im Fallen, oder soll ich sagen, im Stürzen? suchen.
>
> Engel.

Es ist mit dem Englischen start verschwistert. Es kann daher von einer plötzlichen Bewegung nach jeder Richtung gebraucht werden. Diese läßt sich nur aus der Zusammensetzung mit den Richtungswörtern oder der Verbindung der Rede abnehmen. Man sagt eben so gut: Er stürzte in das Zimmer hinein, als er stürzte von dem Dache auf die Straße herab.

> — — — Er nun voll Bangigkeit
> Sich rettend vor sich selbst, springt wild empor, stürzt weit
> Vom Ufer weg nnd fliehet durch die Wildniß.
>
> Alxinger.

Fallstrick. Schlinge.

I. üb. Im eigentlichen Sinne bedeutet beydes biegsame Körper, die mit den Enden locker zusammengebunden sind, so daß sie sich zusammenziehen und etwas festhalten können.

II. V. Die Zusammensetzung von Fallstrick zeigt schon an, daß er zuförderst für stärkere Thiere bestimmt ist. Denn er ist ein Strick und also dicker, dichter und fester. Eine Schlinge kann auch ein dünner Faden seyn, der bestimmt ist, auch kleinere Thiere, so wie die kleinern Vögel, fest zu halten.

Hiernächst hat der Fallstrick nicht bloß die Absicht, zu fangen und fest zu halten, sondern auch das Gefangene niederzuwerfen. Daher legt man den vierfüßigen Thieren Fallstricke und fängt die Vögel in Schlingen.

Dieser Unterschied ist auch in dem uneigentlichen Gebrauche dieser Wörter bemerklich. Wer sagt: daß man ihm Schlingen lege, der will nur anzeigen, daß man listige und verdeckte Mittel anwende, um ihn in Schaden und Verlegenheit zu bringen, oder ihn zu unrechten Absichten zu mißbrauchen. Fallstricke legt die tückische boshafte Arglist, um den Untergang eines Feindes zu befördern.

Falsch. Unecht. Unrecht. Unrichtig.

I. üb. Was nicht so beschaffen ist, wie es seyn soll, sondern bloß so scheint. Ein Schluß ist falsch und unrichtig, wenn er nicht den Regeln der Vernunftlehre gemäß ist. Falsches und unechtes Gold scheint bloß Gold zu seyn, ist es aber nicht.

II. V. Falsch nennt man das, was keine von den Beschaffenheiten hat, die einem Dinge seiner Art zukommen müssen, so fern es alsdenn nicht das Ding ist, das es scheint und für das es angegeben wird; unecht aber, sofern es die Vollkommenheiten nicht hat, die ihm den Werth geben, der einem Dinge seiner Art zukömmt. Falsches Gold scheint bloß Gold, ist es aber nicht, und unechtes Gold hat nicht die Vollkommenheiten, die dem wahren Golde einen so großen Werth geben. (S. Echt. Wahr. Recht.) Dieser Nebenbegriff von Falsch, daß es scheint, was es nicht ist, liegt in seiner Abstammung von fallus und fallere. Danach ist es also das, was durch seinen Schein betrügen kann, indem es irrig für das gehalten wird, was es nicht ist.

II. W. Die Farben unterscheiden sich von einander durch die verschiedenen Lichtstrahlen, die von dem Körper zurückgeworfen werden; es giebt eine blaue, rothe, grüne Farbe u. s. w. Wenn aber mehrere von ihnen in einem Gegenstande vereinigt werden; so machen sie seine Farmenmischung, seine Farbengebung, sein Colorit aus. Ein roth angestrichenes Haus, ein blaues Tuch hat eine Farbe, aber keine Farbengebung, kein Colorit; die Farbe desselben ist nur Eine, sie ist nicht die Vereinigung mehrerer einfacher Farben.

Farbenmischung ist die bloße Vereinigung mehrerer einfachen Farben zu Einer zusammengesetzten, und sie unterscheidet sich von dem Colorit, sowohl dadurch, daß es eine Farbenmischung geben kann, worin die einfachen Farben so wie eine, worin die eigenthümlichen Farben eines bestimmten Gegenstandes nicht unterschieden werden. Ein Mahler muß die Farbenmischung auf seiner Palette verstehen, wenn er seinem Gemälde eine gute Farbengebung, ein gutes Colorit geben will, und zu dem schönen Colorit eines Landschaftsgemäldes ist nicht eine bloße angenehme Farbenmischung hinreichend; dieses erfordert noch die eigenthümlichen Farben des Gegenstandes, so wie sie durch Haltung und Widerschein abgeändert werden. Zu einem guten Colorit gehört auch eine gute Farbenmischung, aber sie macht es allein nicht aus.

Da das Wort Colorit ein fremdes ist: so kann man fragen, ob es nicht mit einem deutschen zu vertauschen wäre? und mit welchen? Hagedorn in seinen Betrachtungen über die Mahlerey hat zuerst dafür Farbengebung gebraucht. Doch findet man noch Colorit an mehrern Stellen *) bey ihm. Sulzer **) will dieses letztere nicht aufgeben, und macht zwischen denselben und Farbengebung einen Unterschied. Diese letztere ist, seiner Meynung nach, bloß die Nachahmung der Farben, die ein Gegenstand in der Natur hat, und die er in dem Gemälde haben muß, damit er als

*) S. Betracht. über die Mahl. S. 319. 643. 655. 743. 746.

**) S. Theorie der sch. K. unter Colorit.

als ein in der Natur vorhandener Gegenstand erscheine. Unter Colorit versteht er aber auch zugleich die Beschaffenheit aller im Gemälde sichtbaren Farben in ihrem Zusammenhange und in ihrer Wirkung auf das Auge.

So viel ist gewiß, daß die Künstler und Kunstrichter unter Colorit eigentlich nur die ästhetische Farbengebung oder die ästhetische Nachahmung der Farben verstehen, also nur die schöne Zusammensetzung der Farben zu einem Ganzen, und zwar verschönert und idealisirt. So könnte man den Gemälden oder den gemahlten Kupfern in einem Werke über die Naturgeschichte eine gute Farbengebung beylegen, sobald sie nur richtig ist, indes man an Rubens Gemälden das vortreffliche Colorit bewunderte, das schöner, lebhafter und glänzender als in der Natur ist. Man würde also so lange das Wort Colorit nicht entbehren können, als man noch kein Wort gefunden hat, das diesen letztern Begriff bezeichnet.

Fangen. Ergreifen. Erhaschen. Erwischen. Ertappen. Greifen. Haschen. S. Ergreifen.

Fassen. Begreifen. Erforschen. Ergründen. S. Begreifen.

Faß. Gefäß. Geschirr. S. Gefäß.

Fast. Beynahe.

I. üb. Beyde Wörter bezeichnen die größte Annäherung zu einer Sache. Das Haus war fast und beynahe unter dem Dache, als es schon wieder einstürzte.

II. V. Die Ableitung der kleinern Redetheile der Sprachen, dergleichen die Bindewörter und Nebenwörter sind, liegt mehrentheils so sehr im Dunkeln, daß es gemeiniglich schwer ist, ihre Bedeutung bis auf die feinsten Nebenzüge genau anzugeben. Bey der weitern Ausbildung der Sprache, die auch auf Deutlichkeit und Regelmäßigkeit in der Ableitung der Wörter hinarbeitet, pflegt sich dem ältern oft ein neueres zur Seite zu stellen, welches das ältere bisweilen verdrängt, aber auch eben so oft neben sich bestehen läßt, indem es sich davon durch einige feine Schattirungen unterscheidet, die in seiner deutlichern Zusammensetzung bemerkbar sind, indeß sie bey dem ältern desto mehr im Dunkeln liegen.

Das ist auch der Fall mit Fast und Beynahe. Um hier einen Unterschied zu finden, müssen wir zuförderst die Handlungen von den räumlichen Ganzen unterscheiden. Ist die Annäherung zu der Wirklichkeit einer Handlung so groß, daß nur noch ein Unmerkliches an ihrem Anfange fehlt: so wird man beynahe sagen, fehlt nur noch so wenig an dem räumlichen Ganzen, das man es kaum davon unterscheiden kann: so wird man besser fast gebrauchen. Man wird dieses nicht leichter fühlen, als wenn man beydes neben einander stellt; z. B.: Ich hätte aus Zerstreuung beynahe das Dintenfaß statt der Streusandbüchse ergriffen. Hier ist eine Handlung, die ihrem Anfange sehr nahe ist, aber doch noch nicht angefangen hat, wirklich zu werden. Hingegen: Ich habe fast das ganze Dintenfaß auf das Papier geschüttet, zeigt an, daß die Handlung wirklich geworden ist, und fast beziehet sich bloß auf das räumliche Ganze, das bis auf einen unmerklich kleinen Theil erschöpft ist.

Fast würde also nicht von unangefangenen Handlungen, sondern bloß von zugleichseyenden Ganzen, an denen nur ein unmerklicher Theil fehlt, zu gebrauchen seyn, beynahe könnte von beyden gebraucht werden. Und hier liegt noch ein feiner Unterschied in der Zusammensetzung des Letztern, daß man darin merkt, das was beynahe das Ganze ist, sey noch von seiner Grenze oder seiner Vollendung, wiewohl nur um ein Geringes entfernt. Bey Fast ist diese Entfernung nicht durch die Zusammensetzung angedeutet, und es kann daher eine Annäherung bis zu einem Grade anzeigen, der mit der Grenze, wenigstens für die Wahrnehmung, zusammen fällt. Es ist ehemals mit Fest einerley gewesen, (S. Frisch.) und dieses zeigt ein Zusammenhalten durch Berührung an, in welchem sich kein Zwischenraum unterscheiden läßt. Auch hat es wahrscheinlich das ehemahls mehr als jetzt gebräuchliche Schier verdrängt, welches dem ebenfalls veraltenden französischen Quasi entspricht; und dann hieße: die Tochter ist schier oder fast

so

so groß (quasi aussi grande) als ihre Mutter, so viel, als: es ist zwischen ihrer Größe kein bemerkbarer Unterschied.

Faul. Träge. Lässig. Fahrlässig. Nachlässig. Phlegmatisch. Verdrossen. — Faulheit. Trägheit. Lässigkeit. Fahrlässigkeit. Nachlässigkeit. Phlegma. Verdrossenheit.

I. üb. Alle diese Wörter bezeichnen einen solchen, der es an der gehörigen Thätigkeit und Anwendung seiner Kräfte fehlen läßt.

II. V. Sie unterscheiden sich von einander durch die Grade, die Ursachen und die Arten dieses Mangels. Den höchsten Grad druckt Faul aus, und es enthält daher alle übrigen Grade und Arten desselben in sich. Wer faul ist, der ist auch träge, nachlässig, fahrlässig, u. s. w. Die Ursachen desselben sind nicht zufällige und äußere, sondern innere und eben darum daurende. Ein gewohnter Fauler wird daher als ein völlig unnützer Mensch angesehen, und da keine Gemeinnützigkeit ohne Thätigkeit seyn, und kein Mensch ohne Gemeinnützigkeit geschätzt werden kann: so kann er der Verachtung nicht entgehen.

Von diesem Nebenbegriffe hat man auch die Neigung zur Unthätigkeit durch Faulheit bezeichnet. Denn ursprünglich hat Faul so viel als schlecht bedeutet, wovon die Spuren noch in mehrern mit dem Deutschen verschwisterten Sprache, wie z. B. in der Englischen, worin foul, häßlich, schlecht bedeutet, vorhanden sind. In Luthers Bibelübersetzung heißt noch ein fauler Baum, ein solcher, der keine guten Früchte bringt, also ein schlechter, und er wird dem guten Baume entgegen gesetzt. Noch jetzt heißt faules Wasser, Holz, Fleisch u. s. w. verdorbenes, unbrauchbares.

Träge bezeichnet einen geringern Grad der Unthätigkeit als Faul. Der Träge handelt, er bewegt sich, aber langsam und schleppend. Der Träge ist dem Raschen entgegengesetzt, die träge Bewegung der raschen. Der Träge und der Rasche bewegen sich, nur der Eine langsam der Andere schnell. Die Begriffe von langsam und geschwind sind aber relativ, und daher kann das, was in Vergleichung mit langsamern sehr schnell ist, in Vergleichung mit Schnellern, träge heißen.

Hoch in den Wolken fleugt
Der Adler, dem ein Blick die fernen Raben zeigt,
Die sich beym Aas geschwätzig freuen;
Der königliche Vogel schweigt,
Und läßt die trägen Thiere schreyen.

Uz.

Ferner haben unsere Urtheile über Langsamkeit und Geschwindigkeit auch subjektive Gründe. Was daher dem Einen schnell scheint, kann dem Andern langsam, was dem Einen rasch scheint, kann dem Andern träge scheinen. So scheint sich die Zeit langsam fortzubewegen, wenn wir etwas mit Ungeduld erwarten. Indeß bewegt sie sich doch, und zwar mit immer gleichen Schritten.

Ihm darf die träge Zeit mit mitleidvollen Schwingen
Nicht ihren späten Trost, nicht ihre Lindrung bringen.

Uz.

Wenn es, wie es wahrscheinlich ist, so wie das Niederdeutsche Traag, von trecken, ziehen, abstammt: so läßt es sich begreifen, wie man einen Menschen, der sich nur mühsam und saumselig bewegt, träge nennen könne, da seine Bewegungen so langsam sind, als wenn er eine schwere Last zu ziehen und mit sich zu schleppen hätte. Man hat es daher auch von leblosen Körpern zu gebrauchen angefangen, deren Widerstand gegen die Bewegung desto größer, und deren eigene Bewegung desto geringer ist, je mehr Masse sie haben.

Keppler, der die Trägheit der Himmelskörper zuerst in die physische Astronomie eingeführt hat, behauptet, daß die Umläufe der Planeten um den Sonnenkörper von der Bewegung desselben um seine Axe, womit er sie fortreißt, verursacht werde. Als man ihm den Einwurf machte, daß die Sonne die Bewegung um ihre Axe in einigen Tagen vollende, indeß die obern Planeten mehrere Erdenjahre zu ihren Umlaufen bedürfen: so antwortete er: daß diese Langsamkeit ihren

Grund

Grund in der Trägheit derselben habe, d. i. in ihrem Widerstande gegen die Bewegung.

Von Seiten der Art und des Grades der Unthätigkeit kommt der Lässige, der Phlegmatische, der Verdrossene dem Faulen und Trägen am nächsten; sie sehen ihnen und sich einander am meisten ähnlich. Aber ihre Unthätigkeit hat verschiedene Ursachen. Bey dem Lässigen ist es das Gefühl der Mühe, das ihm alle Thätigkeit beschwerlich macht. Denn Lässig stammt von Laß ab, welches mit dem Lateinischen lassus, dem Französischen las, lâche, dem Englischen lazy verwandt ist. Wir haben Ursach, dieses Wort, ob es gleich jetzt immer seltner wird, nicht untergehen zu lassen. Denn es druckt einen nothwendigen Nebenbegriff aus. Ich glaube nicht, daß es in der Stelle:

> Einem Lässigen geräth sein Handel nicht.
>
> Sprichw. 12, 27.

durch Faul oder Träge gut könne ersetzt werden. Denn es soll andeuten, daß wer in seinen Unterhandlungen wolle glücklich seyn, der müsse keine Mühe, allenfalls auch keine vielleicht vergeblichen Schritte scheuen.

Um thätig zu seyn, muß der Mensch den Gegenstand seiner Thätigkeit stärker und heftiger begehren. Darin besteht der Eifer, womit er die Sache angreift. Wer aber etwas heftig begehrt und eifrig darnach trachtet, der läßt sich durch keine Schwierigkeit in der Verfolgung des Gegenstandes seines Begehrens ermüden. Und darum ist das Lässige in unserm Handeln dem Eifrigen entgegengesetzt; so wie Faul dem Fleißigen und Rasch dem Trägen.

Wenn es dem Lässigen an Eifer fehlt: so fehlt es dem Phlegmatischen an Empfindlichkeit. Um den Menschen zur Thätigkeit zu reitzen, müssen die Gegenstände mit gehöriger Stärke auf seine Empfindung wirken. Ist er gegen alle angenehmen und unangenehmen Eindrücke unempfindlich: so kann nichts ein merkliches Begehren und Verabscheuen in seiner Seele wirken, es kann ihn also nichts zur Thätigkeit bewegen. Er bleibt also nicht unthätig, weil er die Mühe scheuet, wie der Lässige, sondern weil ihn nichts zum Handeln reizen kann. Von dieser Seite kann das Phlegma der Mäßigkeit und der Geduld ähnlich seyn, und oft damit verwechselt werden. Denn wer gar nichts begehrt, der begehrt auch die Vergnügungen nicht zu stark, und wer gar nichts verabscheuet, der verabscheuet auch die nothwendigen übel nicht. Das übermaaß und der Mangel haben, wie Aristoteles ungemein scharfsinnig bemerkt, immer etwas mit dem Mittelmaaß gemein, und daher können Tugend und Laster in vielen Fällen nur von einem sehr scharfsichtigen und aufmerksamen Beobachter unterschieden werden.

Das geistige Phlegma hat übrigens seinen Grund in dem körperlichen, welches man zu den bekannten vier Temperamenten rechnen kann. Man thut indeß wohl, hier bloß bey dem Erstern stehen zu bleiben, da seine Erklärung aus dem Letztern doch immer auf Hypothesen beruht, zu welchem die grammatischen Zergliederungen nicht zurück geführt werden müssen, wenn man nicht etwas überflüssiges thun und zugleich ihrer Evidenz schaden will.

Verdrossen ist derjenige, dessen Mangel an Thätigkeit aus innerm Verdrusse entspringt. Zu dem Anhalten in der Arbeit gehört eine gewisse Freudigkeit, die uns entweder die innere Liebe der Sache oder eine äußere Aufmunterung giebt. Dieser Mangel an Freudigkeit ermangelt nicht, bald einen nachtheiligen Einfluß auf den Eifer des Arbeiters zu haben, und man sieht es bald seinen erstorbenen Bewegungen an, daß er nur verdrossen fortarbeitet. Es ist die letzte Aeußerung der hinsterbenden Kraft, womit er sich noch in schleichender, vergehender Bewegung erhält.

Fahrlässigkeit und Nachlässigkeit sind besondere Arten von Mangel an Thätigkeit. Ein wichtiger Gegenstand, der uns zu beschäftigen verdient, erfordert einen gewissen Grad der Anstrengung und der Sorgfalt, wer es daran fehlen läßt, ist nachlässig, er läßt in der Anstrengung seiner Kräfte nach. Wer seine Pflichten und Geschäfte nachlässig betreibt, dem fehlt es an der gehörigen Aufmerksamkeit,

um

um die dienlichsten Mittel zu ihrer glücklichen Ausrichtung zu gebrauchen, die besten Gelegenheiten, die sich darbieten, wahrzunehmen und zu benutzen, und die erschwerenden Hindernisse vorhetzusehen und ihnen zuvorzukommen.

Ein nachlässiger Anzug verräth den Mangel an Mühe und Sorgfalt, der zu der Reinlichkeit, dem Anpassen und der Erhaltung der Kleidung erforderlich ist. Eine nachlässige Lage des Körpers ist eine solche, worin ein merklicher Mangel der Aufmerksamkeit auf ein zweckmäßiges Halten der Glieder, in der Abspannung und Erschlaffung der Muskeln sichtbar ist. Und dieser sich zu überlassen, erlaubt der Wohlstand nur, wenn wir allein sind, und der Ruhe pflegen.

Nachlässig hingelehnet
Schlief sie an dem Klavier,
Zur Ehrfurcht stets gewöhnet,
Naht ich mich nicht zu ihr.

Zachariä.

Fahrlässig ist derjenige, welchem es an dem gehörigen Ernste und der daraus entspringenden Aufmerksamkeit fehlt. Kinder sind fahrlässig, weil sie ihre Gedanken noch nicht sammlen und mit einem merklichen Grade der Aufmerksamkeit, wenigstens nicht anhaltend, auf eine Sache richten können, auch noch nicht Überlegung genug haben, um die Wichtigkeit einer Beschäftigung, wozu man sie anhält, zu fühlen. Erwachsene sind fahrlässig aus Leichtsinn, Gedankenlosigkeit und Zerstreuung. Der Fahrlässige ist nicht faul, träge, lässig oder phlegmatisch. Er kann thätig seyn, aber wenn er es ist, so richtet er seine Thätigkeit nicht auf den Gegenstand, der ihn beschäftigen soll, er vergißt über jeden Eindruck, der ihm gefällt, das, woran er denken sollte, und wenn er nachlässig ist: so ist er es nicht immer, weil er abgespannt, sondern mehrentheils bloß, weil er durch tausend Armseligkeiten zerstreut ist, oder seinen eigenen kindischen Gedanken nachhängt.

Diese Nebenbegriffe liegen so deutlich in der Zusammensetzung des Wortes, daß seine Stammsylben geradezu darauf führen. Der Fahrlässige hängt an keinem Gegenstande mit

so

so vieler Aufmerksamkeit, er hat seine Gemüthskräfte auf nichts so ausschließend gesammelt, daß er es nicht sollte sogleich fahren lassen, sobald ihm ein anderer Gedanke, es sey von innen oder von außen begegnet. Er vergißt das Wichtigste, weil er es nicht mit gespannten Gedanken auffaßt und mit Aufmerksamkeit festhält. Er scheint gedankenlos und an nichts zu denken, weil er nicht an das denkt, woran er denken sollte.

Der Faule ist unthätig, weil er nichts als die Ruhe liebt, und er macht sich dadurch verächtlich; denn er und alle seine Kräfte sind sich und andern Menschen unnütz; er thut nichts Gutes, und das Böse, das er nicht thut, unterläßt er nicht, weil es böse ist, sondern weil es ihn in Bewegung setzen würde.

Die Thätigkeit des Trägen ist gering und langsam, weil sie ihm beschwerlich ist.

Der Lässige ist nicht munter und wacker in seinen Verrichtungen, weil es ihm an dem gehörigen Eifer dazu fehlt. Er scheut alles, was ihm Mühe macht, und der innere Trieb zur Thätigkeit ist nicht stark genug, um ihn zu ermuntern, sich der Mühe zu unterziehen.

Der Phlegmatische bleibt in seiner Unthätigkeit, weil er gegen Alles gleichgültig ist, was gewöhnlich einen Menschen in Bewegung setzt. Die Eindrücke, die er erhält, sie mögen angenehm oder unangenehm seyn, wirken nicht stark genug auf ihn, um ihn aus seiner Gleichgültigkeit zu wecken, und ein Begehren oder Verabscheuen zu erregen, das ihn in Bewegung setzen könnte.

Der Verdrossene läßt die Arbeit liegen, oder setzt sie nur schwach fort, weil er niedergeschlagen ist, und es ihm an Aufmunterung fehlt.

Dem Nachlässigen fehlt es an Aufmerksamkeit und Sorgfalt in dem, was ihn beschäftigen sollte, es sey, daß es ihm zu viel Mühe macht, oder daß er es nicht für wichtig genug hält.

Der Fahrlässige verrichtet seine Pflichten schlecht, ihm entgeht Alles, was zur glücklichen Erfüllung derselben gehört, weil er gedankenlos und zerstreut ist.

Den Faulen muß man durch Verachtung, und wo das nicht helfen will, durch Zwang aus seiner Unthätigkeit herausreißen; den Trägen muß man zur Verdopplung seiner Kräfte antreiben; den Lässigen muß man anspornen, um seinen Eifer zu wecken; den Verdrossenen aufmuntern, den Phlegmatischen reitzen; den Nachlässigen zur Aufmerksamkeit und Sorgfalt, so wie den Fahrlässigen zum Nachdenken und zur Sammlung seiner Gedanken durch angemessene Zucht gewöhnen.

Fehlen. Mangeln. Gebrechen. Entstehen.

I. üb. So weit diese Wörter sinnverwandt sind, bedeuten sie, daß eine Sache nicht da sey.

II. V. Die feinen Züge, wodurch sich diese Wörter unterscheiden, beziehen sich theils auf die Sache, bey der das Abwesende nicht ist, theils auf die Gemüthsstimmung dessen, der sie braucht.

Das fehlt, was der Regel, der Bestimmung, der Erwartung oder auch nur dem Begriffe der Sache nach, da seyn sollte, und nicht da ist. Es fehlt dem Essen an Salz, es ist nicht darin, wo es doch seiner Bestimmung nach darin seyn sollte; denn es ist die Bestimmung des Essens, daß es wohlschmeckend sey, und das kann es ohne Salz nicht seyn; und daher erwartet man, daß es gesalzen sey. Es fehlt zu diesem Spiele der vierte Mann; denn es gehört zum Wesen dieses Spieles, daß es von Vieren gespielt werde.

Bey Mangeln sieht man theils auf den Nebenbegriff der Unvollständigkeit, der Unbrauchbarkeit der Sache, die aus der Abwesenheit eines dazu gehörigen unentbehrlichen Erfodernisses entsteht, theils auf das aus der Abwesenheit einer unentbehrlichen Erforderniß entstehende unangenehme Gefühl des Entbehrens ihres Gebrauchs. Es mangeln an einem Spiele Karten einige Karten, dadurch wird es unvollständig und unbrauchbar. Wenn man sagt: sie fehlen daran, so will man sagen: daß sie der Regel nach darin seyn müßten, und daß man sie darin erwartete.

Wenn es daher Psalm 23, 1. heißt: der Herr ist mein Hirt, mir wird nichts mangeln: so sagt das so viel als: ich habe Alles, was zu meiner Zufriedenheit unentbehrlich ist. Dieser Nebenbegriff des Nothwendigen und Unentbehrlichen bemerkt man auch in der Redensart: Ich habe Mangel an Etwas, anstatt: es mangelt mir.

> Es sey Zeit, an Sachen von größerer Nothwendigkeit, an welchen man Mangel habe, zu denken.
>
> Mosheim.

Mangeln ist unstreitig das älteste unter diesen Synonymen, indem es schon im Ottfried vorkömmt, und mit dem französischen manquer und dem italienischen mancare auf einen ältern Stamm hindeutet. Es hat daher ursprünglich eine jede Abwesenheit von Etwas bedeutet. Fehlen, das sich in dieser Bedeutung zu ihm gesellete, brachte von seiner ursprünglichen Bedeutung den Nebenbegriff mit, daß das Abwesende der Absicht, der Bestimmung und dem Wesen des Dinges nach da seyn müsse, und dann erhielt Mangeln den Nebenbegriff der Abwesenheit eines Bedürfnisses und eines zur Vollständigkeit und Brauchbarkeit der Sache gehörigen Erfodernisses.

Gebrechen deutet auf ein unentbehrliches Gut, dessen Abwesenheit wir auf eine sehr schmerzhafte Weise empfinden. Das davon abstammende Hauptwort: Gebrechen, z. B. Leibesgebrechen sind daher solche übel des Leibes, die gefährlich und schmerzhaft sind, und den Menschen zu vielen Verrichtungen untüchtig machen, oder sie ihm wenigstens erschweren.

> So viel gewährt ein Freund, daß auch das Leben nicht
> Mehr als ein Daseyn ist, wenn uns ein Freund gebricht.
>
> Hagedorn.

Und wenn es, nach Luthers übersetzung auf der Hochzeit zu Cana am Weine gebrach: so druckt das die Unentbehrlichlichkeit eines solchen Bedürfnisses bey einem feyerlichen Hochzeitfeste und die schmerzhafte Verlegenheit des Wirthes über die Abwesenheit desselben stärker aus, als mangelte oder fehlte.

Entstehen wird jetzt im Hochdeutschen nur noch im Infinitiv und mit der Verneinung gebraucht; es kann, es wird mir nicht entstehen. Ent hat in der Zusammensetzung desselben die Bedeutung der Entfernung, wie Adelung und nach ihm Ramler bemerkt; und danach wäre es dann so viel als von Jemanden entfernt stehen, nicht in dem Besitze und Genusse desselben seyn. Es bezieht sich daher nie auf Sachen und immer auf Personen, denen der Besitz oder Genuß eines Gutes verweigert oder auf andere Art gehindert wird.

> Wie du schonest, so müsse die Schlingen in Lemnos dein muntres Weib dir verzeihn, und nie deiner Umarmung entstehn.
>
> Ramler.

Fehlen. Irren.

I. üb. Das Unrechte für das Rechte halten. (S. Echt. Wahr. Recht. wie auch: Falsch. Unecht. Unrecht. Unrichtig.)

II. V. Fehlen bezeichnet einen Begriff von weiterm Umfang; denn es begreift nicht bloß, wie Irren, das Unrechte der Erkenntniß, das Falsche oder das bloß Scheinbare, das man für wahr hält, sondern auch das Unrechte des Begehrens, das Böse oder bloß Scheingute, daß man für wahres Gute hält. Man muß daher sagen: ein Jeder, der irrt, fehlt; er fehlt, denn er hält das Unrechte für das Rechte, und er irrt, indem dieses Unrechte, das er für das Rechte hält, das Falsche ist, das ihm wahr scheint. Hingegen könnte man nicht sagen: wer fehlt, irre; denn das Erstere ist in dem Willen, das Letztere im Verstande. Indeß setzt jedes Fehlen des Willens einen Irrthum des Verstandes voraus, indem man das Scheingute für das wahre Gute hält.

Fehlen. Sündigen.

I. Üb. Diese Wörter werden als sinnverwandt angesehen, so fern sie bedeuten: einem sittlichen Gesetze entgegen handeln.

II. V. Solche Handlungen können aber ihrer Verschuldung nach verschieden seyn. Fehlen sagt man auch von unverschuldeten Übertretungen des Gesetze; Sündigen hingegen nur von verschuldeten. Der beste Mensch kann jeden Augenblick fehlen, denn er kann aus Übereilung, aus unüberwindlicher Unwissenheit und Irrthum unrecht handeln.

Fehlen ist das Loos der Sterblichen.

Moses Mendelssohn.

Ein tugendhafter Mensch kann aber nicht alle Augenblicke sündigen, d. i. wissentlich und vorsätzlich unrecht thun. Dieser Nebenbegriff der Wörter Sünde und Sündigen, scheint selbst durch die Abstammung derselben bestätigt zu werden. Denn der rohe Mensch erhält viele seiner sittlichen Begriffe durch den Kanal der Religion, und diese stellt ihm seine Vergehungen als Beleidigungen der Gottheit vor, die ausgesühnt werden müssen. Wenn also Süne, des Wohlklangs wegen mit dem eingeschobenen d Sünde, wie von Gemeine Gemeinde, Genugthuung für ein Vergehen bedeutet: so kann nach einer gewöhnlichen Metonymie der Wirkung und Folge für die Ursach, Sünde das zu sünende Vergehen anzeigen. Da in niedersächsischen Urkunden auch Sone und Son, Genugthuung vorkömmt: (S. Brem. Wörterb. unter Süne) so kann auch das Lateinische Sons damit verwandt seyn.

Fehler. Mangel. Gebrechen.

I. Üb. Die Unvollkommenheit eines Dinges. Was eine Vollkommenheit nicht hat, die zu seinem Zwecke gehört oder einem Dinge seiner Art zukömmt, hat einen Fehler, einen Mangel, ein Gebrechen.

II. B. Stosch will die Fehler von den Mängeln so unterschieden wissen, daß die Erstern „eine Beziehung auf denjenigen haben, der an der Unvollkommenheit Schuld ist, die „Letzteren hingegen die Unvollkommenheit selbst anzeigen, ohne „Absicht auf den Urheber derselben.“ Demnach würde Fehler nicht allein die Unvollkommenheit selbst anzeigen, sondern auch noch in dem Urheber derselben den Begriff der Schuld hinzusetzen. Für Beydes führt er keine Gründe an; und es giebt auch keine. Vielmehr erklärt sich der Sprachgebrauch laut dagegen. Denn dieser nennt einige Fehler Naturfehler, und das sind solche, die in dem Subjekte der Unvollkommenheit selbst sind, und wovon der Mensch nicht als Urheber betrachtet wird, die ihm auch nicht können zur Last gelegt werden; man urtheilt nicht, daß er Schuld daran sey. Wenn man bey einem Kinde das Schielen für einen Naturfehler erklärt: so legt man ihm nicht allein diese Unvollkommenheit selbst bey, sondern man urtheilt auch, daß man ihm die Schuld davon nicht beymessen könne.

Der Hauptunterschied, den uns der Sprachgebrauch anzunehmen berechtigt, ist, daß Mangel bloß die Abwesenheit einer nöthigen Vollkommenheit, Fehler hingegen zugleich die derselben entgegengesetzte Unvollkommenheit anzeigt. Eine Mühle geht nicht, wenn sie einen Mangel an Wasser hat, sie würde aber auch nicht gehen, wenn sie den Fehler hätte, daß das Wasserrad zu hoch stände, als daß der Strom die Schaufeln desselben berühren könnte. Ein Mangel an Urtheilskraft ist oft Schuld daran, daß ein Mensch in der Gesellschaft viele Fehler begeht. Daher ist Mangel weniger als Fehler, und man glaubt sein Urtheil über die Unvollkommenheiten eines Menschen zu mildern, wenn man das bloß Mängel nennt, was Andere, die ihn strenger richten, Fehler nennen.

> Lutherus steht bey mir in einer solchen Verehrung, daß es mir, alles wohl überlegt, recht lieb ist, einige kleine Mängel an ihm entdeckt zu haben.
>
> Lessing.

Wenn in dem Werke eine Unvollkommenheit ist: so giebt man diese allerdings dem Urheber als einen Fehler Schuld, indeß diese Unvollkommenheit oft selbst ein Fehler ist; denn eine Unvollkommenheit in der Wirkung setzt eine Unvollkommenheit in der Ursach voraus. Man sagt: die Sache hat einen Fehler, und der Urheber derselben hat einen Fehler begangen, daß er sie nicht anders gemacht hat. Die Sache verfehlt ihren Zweck, und ihr Urheber hat seine Absicht verfehlt. (S. Fehlen. Mangeln. Gebrechen. — Absicht. Zweck. Endzweck) Stosch hat ohne Zweifel bloß an das Erstere gedacht, ohne zugleich den Unterschied ins Auge zu fassen, den die Sprache schon selbst in die Bedeutungen dieses Wortes durch seine Verbindung mit Begehen und Haben gelegt hat, wovon die Eine auf das Werk, die Andere auf seinen Urheber hindeutet. Eben so deutlich zeigt sich dieser Unterschied in den verschiedenen Bedeutungen des Wortes Fehlen, seinen Zweck nicht erreichen. Wenn dem Werke etwas fehlt, daß es zur Erreichung seines Zweckes untüchtig ist: so hat der gefehlt, er hat seine Absicht nicht erreicht.

Gebrechen sind empfindlichere Fehler und Mängel, und daher versteht man darunter zunächst die hartnäckigen äußern Übel an einem Theile des menschlichen Leibes, die den Menschen zu manchen nothwendigen Verrichtungen untüchtig machen, wenn sie auch nicht immer schmerzhaft sind, und man nennt sie oft ausdrücklich Leibesgebrechen. Es wird daher auch mit Heilen verbunden.

— — — Zur selbigen Stunde
War er von aller Krankheit befreyt und allen Gebrechen.

Göthe.

Was den edelsten Gliedern gebrach, verstand er zu heilen.

Ebend.

Wenn auch außer den belebten Körpern andern Dingen Gebrechen beyzelegt werden: so geschieht es durch eine gewöhnliche Personendichtung. Man legt einem Staate bisweilen Gebrechen bey; dann sieht man ihn aber als eine Person an. Und so sagt man: die Physiokraten trauten ihrem Systeme die Kraft zu, alle Staatsgebrechen zu heilen. Denn durch eine ähnliche Personendichtung legt man auch Dingen Krankheiten bey.

Ein Fleck oder eine Narbe sind Fehler und Zahnlücken sind Mängel, die ein schönes Gesicht entstellen; ein Kropf, ein lahmer Fuß, eine lahme Hand u. dgl. sind Gebrechen, weil sie nicht bloß der Schönheit schaden, sondern auch beschwerliche Uebel sind, und zu den nöthigen Bewegungen ungeschickt machen. Auf diese Unterschiede gründet sich folgende schöne Steigerung.

——— Und hatte Jemand im Antlitz
Einen Fehler, wie er auch war, ein Fleckchen im Auge,
Durft er sich nur im Spiegel besehn, so giengen von Stund an
Alle Mängel hinweg und alle fremden Gebrechen.

Göthe.

Es beweiset allemal einen großen Mangel an Wohlwollen, wenn man einen Menschen wegen seiner Gebrechen lächerlich zu machen sucht; die einzigen Fehler, die ein guter Mensch zum Gegenstande seines Spottes macht, sind die, welche er aus Affectation begeht. Denn, sagt La Bruyere: on n'est pas ridicule par ce qu'on est mais par ce qu'on affecte d'etre. Man ist nicht lächerlich durch das, was man ist, (und am wenigsten durch seine Leibesgebrechen, die vielmehr Mitleid erregen sollten) sondern nur durch das, was man zu seyn affectirt.

Fehlerhaft. Mangelhaft.

I. üb. Alles, was nicht die Vollkommenheit seiner Art hat.

II. V. Mangelhaft ist das, was bloß die gehörige Vollkommenheit nicht hat; Fehlerhaft, was außerdem noch, anstatt der gehörigen Vollkommenheit, die ihr entgegenstehende Unvollkommenheit hat. Das Erstere zeigt eine bloße Abwesenheit eines nöthigen Stückes an; das Letztere zugleich das Daseyn eines unrechten Stückes an der Stelle des Rechten. Eine Handschrift ist mangelhaft, wenn sie nicht alle zu einem Werke gehörigen Blätter, Seiten und Worte enthält; sie ist fehlerhaft, wenn sie anstatt der rechten Worte unrechte enthält.

Dieser Unterschied gründet sich auf den, welcher bey den Wörtern Fehler und Mängel ist angegeben worden, (S. Fehler. Mängel.) und bestätigt ihn noch mehr.

Feig. Furchtsam. Verzagt. Zaghaft. Muthlos.

I. Üb. Wer übel und Gefahren zu sehr verabscheuet.

II. V. Das kann aber aus mehr als einer Ursache entstehen, und sich auf verschiedene Weise äußern. Zuförderst kann eine große und lebhafte Vorstellung des übels, dem man entgegen gehen soll, die Ursach davon seyn, so wie das Gefühl des Mangels an Stärke und Kraft, daß uns besorgen läßt, daß man einer Gefahr nicht gewachsen seyn werde. Das Erstere macht den Menschen furchtsam. Das erhellet aus der Zusammensetzung des Wortes selbst. Wem der Aberglaube die Einbildungskraft mit Bildern von Gespenstern angefüllt hat, der fürchtet sich, wenn er in der Mitternachtstunde an einem öden Orte allein ist, er stellt sich tausend gräßliche Bilder vor, die ihn in Furcht setzen, und diese Vorstellungen machen ihn furchtsam.

Die Furchtsamkeit ist also der Kühnheit entgegengesetzt. Der Kühne verachtet die Gefahren, es sey, daß er sie nicht kennt, oder nicht wahrnimmt, oder für keine unbesieglichen übel hält; (S. Beherzt. Muthig. Kühn. Tapfer.)

pfer. Beherzt. Herzhaft.) Der Furchtsame sieht überall Gefahren, und seine Einbildungskraft vergrößert sie ihm.

Die Feigheit und Muthlosigkeit ist dem Muthe entgegengesetzt, und entspringt also aus dem Bewußtseyn von seiner Schwäche, das ihn hindert, der Gefahr entgegen zu gehen. Wenn der Muthige mit freudigem Vertrauen angreift, so hält der Muthlose mit seinem Angriff inne, der Feige unternimmt nicht einmal, er flieht bey dem geringsten Anscheine von Gefahr. Dem ehrliebenden Manne giebt sein Ehrgefühl Muth, der Feige kann selbst durch die unvermeidlichste Schande nicht dahin gebracht werden, der Gefahr ins Gesicht zu sehen, er legt durch seine Kleinmüthigkeit das Bekenntniß seiner Nichtswürdigkeit ab.

Da die Natur das männliche Geschlecht zur Vertheidigung des weiblichen mit einem größern Antheil von körperlichen Kräften und von Stärke der Seele ausgerüstet hat: so haftet auf demjenigen, der diesen schätzbaren Theil des männlichen Charakters durch seine Feigheit verleugnet, eine so große Verachtung. Man nennt daher bey dem weiblichen Geschlecht das bloß Furchtsamkeit, was man bey dem männlichen als Feigheit brandmarkt. Die zarte Empfindlichkeit, welche der weiblichen Seele die Gefahren vergrößert, der Mangel an Stärke der Vernunft, welche ihr die Selbstbeherrschung dabey erschwert, und die körperliche Schwäche, die sie zu dem Angriffe untüchtig macht, giebt ihrer Furchtsamkeit einen Reitz, der sie nur noch interessanter macht. Ihre Schüchternheit ist ihrer Bildung und Bestimmung gemäß; die Bildung und Bestimmung des Mannes macht diese Furchtsamkeit zur weibischen Feigheit. Wir verbinden daher mit dem Worte Feigheit den Begriff von Schwäche, Weichlichkeit, Kleinmüthigkeit, Trägheit und Verächtlichkeit.

Damit stimmt auch so wohl der älteste Gebrauch dieses Wortes als seine Abstammung überein. Es ist mit Weich verwandt, und seine Ableitung von dem Angelsächsischen fa, feawa, parvus, paucus, vilis, die sich noch in dem Englischen few, wenig,

nig, am deutlichsten erhalten hat, giebt einen guten Grund von den mancherley Bedeutungen, in denen es bey den Alten und zum größten Theile noch jetzt in den niederdeutschen Mundarten vorkömmt. Denn da heißt es so viel als ignavus, worin die Begriffe des Kraftlosen und Verächtlichen vereinigt sind. In sinen fegen Dagen heißt kurz vor seinem Ende, da ihn schon seine besten Lebenskräfte verlassen hatten. Een fegen Blood ist ein armer Tropf, den man nicht achtet. In dieser Bedeutung einer verächtlichen Kraftlosigkeit und Weichlichkeit wird es auch noch jetzt von den besten Schriftstellern gebraucht.

> Nicht zu ruhn noch feige zu ermatten
> Schwört er. — —
>
> A. W. Schlegel.

Das führt zunächst auf den Begriff der weibischen Empfindlichkeit, woraus die verächtliche Schwachheit entsteht, die nicht das geringste Ungemach ertragen kann.

> Ein Geist, der sich zu keiner Zeit
> In feiger Ungeduld verliehret
> Und stets die Weisheit hört, die, wie das Glück uns führet,
> Mit Rosen jeden Pfad bestreut,
> Freund! ein wahrhaftig weiser Geist
> Fühlt kaum die halbe Last der Plagen.
>
> Uz.

Mit der Bedeutung einer weibischen Weichlichkeit hängt auch die Bedeutung zusammen, danach feige so viel heißt, als petulans, lascivus, in welcher es noch bey dem Geiler von Kaysersberg vorkömmt.

Die Feigheit ist also dem Muthe und der Tapferkeit entgegen gesetzt, und sie entsteht so wohl aus einer unmännlichen Scheu vor den Gefahren, als daraus, daß der Feige aus weibischer Weichlichkeit, um seine Haut zu schonen, von seinen Kräften keinen Gebrauch macht, und zu jeder Anstrengung träge ist.

Dem

Dem Muthlosen fehlt es auch an Muth; allein der Zustand der Muthlosigkeit ist weder so daurend, daß er den Charakter des Menschen ausmachte, noch entsteht er aus so verächtlichen Quellen als die Feigheit des Feigen. Der Muthigste kann endlich muthlos werden, wenn er gegen unübersteigliche Hindernisse und immer frischen Widerstand seine Kräfte erschöpft hat, und zuletzt an einem glücklichen Ausgange seines Kampfes verzweifeln muß.

Wer Verzagt ist, ist nicht Beherzt, und die Zaghaftigkeit ist der Herzhaftigkeit entgegengesetzt. Der Beherzte ist von schneller Entschließung, er geht der Gefahr, ohne sich lange zu bedenken, entgegen; der Verzagte und Zaghafte zaudert, mißt die Schwierigkeiten einer gefährlichen Unternehmung, geht langsam vorwärts, steht bald still und weicht bald furchtsam zurück. Daher kömmt Zagen in der Bedeutung des furchtsamen Zögerns noch jetzt bey den besten Schriftstellern vor.

Er sprach's, und während noch der Sohn
Bloß seinetwegen zagt, zückt er das Messer schon.

Alxinger.

Der Sohn zagt oder zögert, die Ziege zu schlachten, aus Furcht, sie werden Hungers sterben, wenn sie geschlachtet ist, da ihre Milch noch ihre einzige Nahrung war.

Wer zagt ist also aus Furcht unentschlossen, und weiß nicht, wohin er sich wenden soll.

Nimm mir den Trost, daß Jesus Christ
Nicht meine Schuld getragen,
Nicht Gott und mein Erlöser ist,
So werd ich angstvoll zagen.

Gellert.

Dieser Begriff des Mangels an der raschen Entschlossenheit, die ohne langes Bedenken vorwärts geht, liegt in der

Urbe-

Urbedeutung des Wortes Zag, wovon Verzagt und Zaghaft abstammt. Denn dieses ist augenscheinlich mit Ziehen verwandt, wovon Zögern herkömmt, und war selbst in der Bedeutung von cunctari ehemals nicht ungewöhnlich. So findet man Zage, statt: Verzagt und Zaghaft bey den Minnesingern.

Ein arger Zage des guotes.

Denn hier kann es nichts anders heißen, als: saumselig und zögernd zum Guten. Und in dieser Bedeutung hat es ein neuerer Schriftsteller, es sey erhalten oder wieder aufgenommen.

Fürwahr ein Zage wär ich und ein Tropf
Zu schelten. — —

Bürger.

Verzagt ist stärker als Zaghaft. Die Vorsylbe Ver in dem Erstern deutet sowohl auf eine Veränderung in dasjenige, welches das Stammwort ausdruckt, wie in vergöttern, als auf eine Fertigkeit und herrschende Eigenschaft, wie in verliebt. In Zaghaft druckt aber die Nachsylbe haft bloß die Anwesenheit desjenigen aus, was durch die erste Sylbe angezeigt wird. Ein betäubender Schrecken macht verzagt, und nimmt allen Muth und alle Kräfte, eine natürliche Furchtsamkeit macht, daß der Zaghafte zögert, wenn er einer Gefahr entgegen gehen soll.

Fein. Delikat. Zart. S. Delikat.

Feindschaft. Groll. S. Groll.

Feist. Fett.

I. Üb. Beydes wird den thierischen Körpern beygelegt, deren Knochen von vielem Fleische umgeben sind.

II. V. Feist deutet aber bloß die Masse des Fleisches überhaupt an, ohne die Bestandtheile derselben genauer zu bezeichzeichnen; Fett hingegen benennt diese Bestandtheile ausdrücklich. Feist ist ein Thier wegen des größern Umfanges des Fleisches, wenn es auch aus bloßem Muskelfleische bestehet; Fett in Rücksicht auf die öhlichte Substanz, welche das Zellgewebe aufschwellt, und das man eigentlich das Fett nennt. Da aber beydes gewöhnlich mit einander verbunden ist, indem es das Fett des Zellgewebes ist, was die Masse des Fleisches ausdehnt, und man also bey dem größern Umfange des Thieres auch mehr von dieser Substanz vermuthet: so wird auch das nämliche oft Feist und Fett genannt, aber in der angegebenen verschiedenen Rücksicht; man nennt einen starkbeleibten Ochsen sowohl feist als fett.

Stosch bestimmt den Unterschied dieser Wörter so, daß man feist nur von Thieren, fett aber auch von andern Dingen sagt. Das ist zwar allerdings richtig; man muß aber höher hinaufsteigen, um den Grund dieses Unterschiedes angeben zu können. Und den finden wir nur darin, daß feist auf den körperlichen Umfang, fett hingegen auf die Natur der Substanz geht, die darin enthalten ist, und diese bestehet aus dem Fette des Zellgewebes. Das Fett oder das fettichte Oehl, eine Substanz, die sich nicht mit dem Wasser vermischt und mehr oder weniger klebricht ist, findet sich auch in andern Dingen. Der Landwirth sagt, die Stoppelbutter sey nicht so fett als die Maybutter; man nennt einen Acker, der mehr von einer solchen Substanz enthält, einen fetten Acker und unterscheidet ihn von einem magern. (S. Hager. Mager.) Und hier kommen wir an den Uebergang des eigentlichen Gebrauches des Wortes fett zu seinen uneigentlichen. Denn da ein fettes Land fruchtbarer ist, als ein mageres, so nennt man das Einträgliche fett; man nennt eine einträgliche Pfründe eine fette Pfründe.

Fell. Balg. Haut. S. Balg.

Feld. Acker. Land. S. Acker.

Feld.

Feld. Gefilde. Flur.

I. üb. Ebene und offene Theile des festen Landes.

II. V. Felder sind sie, wenn sie in gewisse Stücke abgetheilt sind, und zu den verschiedenen Erzeugnissen des Ackerbaues bestimmt sind. Sie werden daher oft nach diesen Erzeugnissen benannt, Weitzenfeld, Rockenfeld, Gerstenfeld u. s. w.

Bey Gefilden denken wir uns die stätigen, unabgetheilten, unbegränzten Flächen, die zu keinem landwirthschaftlichen Gebrauche bestimmt sind, worauf wir lustwandeln, die Erfrischung der Frühlingsluft, den balsamischen Wohlgeruch der Pflanzen, die Schönheit des Himmelsgewölbes und die entzückende Erweiterung der Brust in einer weiten Aussicht geniessen, worin sich das Auge verliehrt.

Diese Nebenbedeutung wird sowohl durch die Bildung des Wortes selbst, als auch durch seine verschiedenen Zusammensetzungen mit andern Wörtern angezeigt. Denn auch im Gebirge deutet die Vorsylbe Ge auf ein großes Ganzes von Bergen. Die Unterschiede der Theile eines solchen Ganzen verschwinden vor der Betrachtung, wir betrachten nicht die Elemente, wozu sie gehören. Bey Feldern sind diese Erde, Thon, Sand u. dgl. wodurch sie von verschiedener Fruchtbarkeit sind. So sehen wir bey Gewässer nur auf die Masse des Ganzen, ohne die Beschäffenheit seiner Grundtheile in Betrachtung zu ziehen. Wir sagen: rauschende, herabstürzende Gewässer, und faules, reines, unreines Wasser.

Gefilde stellt uns also den abgezogenen Begriff dar, der von allem durch Abtheilung begrenzten und durch mühsame Arbeit benutzten abgesondert, hingegen durch das Grenzenlose und Genußvolle verschönert ist. Die Felder gefallen durch Nutzen, der durch Arbeit erworben wird.

Die Felder sind nun alle leer,
Die Scheuren alle voll.

Weiße.

Die

Die Gefilde ergetzen eine empfängliche Einbildungskraft durch hohen unmittelbaren Genuß, ohne Rücksicht auf Nutzen und Ertrag, und daher können sie solche Beywörter zulassen, welche den Ausdruck der angenehmsten Empfindungen verrathen: Selige Gefilde, Wonnegefilde, Elysische Gefilde. In dem geistlichen Don Quixotte, einem englischen Romane, frägt der Ritter seinen Schildknappen, indem er an einem schönen Sommermorgen eine weite Gegend in der Begeisterung der höchsten Wonne durchwandelt, und voll Entzücken Miltons Beschreibung von den Aufgehen der Sonne wiederholet, wie ihm die Gegend gefalle? — Vortrefflich! antwortet der Schildknappe, ich glaube, daß mehrere tausend Fuder Korn darauf können geärndtet werden. Er betrachtete die Gegend als ein fruchtbares Feld, der Ritter, als ein reitzendes Gefilde.

Das Wort Flur, welches schon in einer andern Bedeutung im Gegensatz der Stadt und des Dorfes vorgekommen ist, (S. Aue. Wiese. Flur) unterscheidet sich im Gegensatze von Feld und Gefilde, von dem Erstern dadurch, daß ein Feld durch seine Fruchtbarkeit an nützlichen Erzeugnissen von Korn, eine Flur aber bloß durch ihre Schönheit gefällt; von dem Letztern hingegen dadurch, daß ihre Schönheit in ihrer angenehmen Bekleidung mit frischen Grasplätzen und mannichfarbigen wohlriechenden Blumen bestehet. Wir stellen uns die seligen Gefilde im Elysium desto schöner vor, wenn wir sie uns mit reizenden Fluren durchschnitten denken.

Und der Sturm, den keine Kräfte zügeln
Ras't umher mit nachtbedeckten Flügeln
Droht Verheerung der geschmückten Flur.

Sophie Mereau.

Glückseliger, wenn diesen glatten Nacken hier
Mein unbescholtner Arm umpfängt,
Als in den Myrtenlauben
Der Nymphen unsrer Flur.

Ramler.

Diese

Diese Nebenbegriffe werden augenscheinlich durch die Abstammung bestätigt; denn Flur trägt die unverkennbaren Spuren seines Ursprunges von flos, floris, die Blume, florere, blühen, an sich.

Aus dieser Zergliederung der Begriffe erhellet, daß Feld so gut in die gemeine als in die edlere Sprache gehört, Fluren und Gefilde aber der poetischen und das Letztere der höchsten in derselben eigen ist.

Fels. Klippe.

I. üb. Große Steinmassen, die in einer merklichen Höhe über den Grund hervorragen.

II. V. Stosch setzt den Unterschied dieser beyden Wörter darin, „daß die Felsen auf der Erde, die Klippen im „Meere sind.“ Allein dieser Unterschied wird durch den Gebrauch der besten Schriftsteller nicht bestätigt. Dieser führt uns vielmehr darauf, daß man bey Fels auf die Materie, bey Klippe hingegen auf die Gestalt sieht. Es giebt daher auch Felsen unter der Erde, deren Gestalt sich gar nicht bestimmen läßt. Wenn der Bergmann sagt, daß er auf einen Fels stoße: so will er bloß anzeigen, daß er eine harte Steinart vor sich finde, und er sucht zu erforschen, wohin sie streiche.

Eben so wenig ist eine Klippe bloß in dem Meere, und das ist desto weniger zu verwundern, da das feste Land an manchen Orten ist Meeresgrund gewesen und sie durch die Ströme der See ihre spitzige Gestalt erhalten haben. Indeß können ihre Seiten auch durch die Länge der Zeit von stürzenden Strömen auf dem Lande ausgewaschen seyn.

Mir zur Seite über die Gefilde
Trotzt ein Klippengrund, dem nie die milde
Frühlingssonne einen Halm entlockt:
Nur des Giesbachs wilde Ströme haben

Tiefe

Tiefe Spuren, zürnend, eingegraben
Wo durch ihn der rasche Lauf gestockt.

Sophie Mereau.

Auf die spitzige Gestalt beziehen sich daher bisweilen die Gleichnisse, welche die Dichter von den Klippen hernehmen.

Der Zähne — — —
Die, wie Klippen hie und dort die schwarzen Spitzen zeigen.

Ahlwardt.

Auch H. Adelung ist der Meynung nicht entgegen, daß bey Fels vielmehr auf die Masse als auf die Höhe gesehen werde. Bey dem Ottfried heißt Fellis ein Stein, ein Grabstein, und die Maurer im Hannöverischen nennen alle Feldsteine von mittelmäßiger Größe Felsen.

Die Form Fels anstatt Felsen ist übrigens aus dem Oberdeutschen genommen, und das ist ohne Zweifel die Ursache, warum sie der höhern Schreibart gemäßer ist. Da sie indeß Luther in seine Bibelübersetzung übergetragen hat, so ist sie der hochdeutschen Mundart ebenfalls geläufig.

Fern. Entfernt. Weit. S. Entfernt.

Fertig. Bereit.

I. üb. Wer sich in dem Zustande befindet, worin er seyn muß, um eine Handlung zu verrichten.

II. V. Fertig druckt aber bloß die Möglichkeit dazu aus. Wenn wir nähmlich etwas thun sollen, so müssen wir erst uns in den Stand gesetzt haben, daß wir es thun können; wir müssen es aber auch thun wollen. Das Erstere wird durch Fertig ausgedruckt; beydes durch bereit.

Ein sehr gesprächiger Mann, welcher zum Disputiren allezeit fertig war, und es darinnen zu einer solchen Geschickschicklichkeit gebracht hatte, daß nicht leicht Jemand ein Wort gegen ihn aufbringen konnte, gieng sehr zufrieden von mir.

J. E. Schlegel.

Fertig kömmt augenscheinlich von Fahren her; es lautet bey dem Notker varig, und im Niederdeutschen fardig; in welchem Letztern das d bloß des Wohllautes wegen eingeschaltet ist. Ja selbst in der gegenwärtigen Gestalt kömmt es bey dem Notker in seiner eigentlichsten Bedeutung vor; denn dieser nennt einen Ort, durch den man gehen kann, tuihfertig. Diese Verschiedenheit ist bey der Unbeständigkeit des Schreibens in den ersten rohen Versuchen eine gesprochene Sprache in Schriftzeichen nachzubilden, nicht zu verwundern. Die ursprüngliche Bedeutung von Fertig ist also ohne Zweifel gewesen: im Stande eine Reise oder einen Weg anzutreten. Allein da Fart schon beym Ottfried ein jedes Geschäft bedeutet, wie Faerd noch im Dänischen: so ist die Synecdoche im Stande ein Geschäft überhaupt anzufangen, ganz natürlich.

Daß aber Fertig das Können bedeutet, erhellet auch daraus, daß es noch jetzt die Beendigung einer Sache anzeigt. Denn um etwas neues anzufangen, müssen wir das, was uns bisher beschäftigte und etwas neues vorzunehmen hinderte, geendigt haben. Wenn ich mit Schreiben fertig bin, so werde ich anfangen zu lesen, heißt: wenn ich das Geschäft des Schreibens werde beendigt haben, so werde ich das Geschäft des Lesens anfangen können.

Bereit ist das Niederdeutsche und Holländische reed, so wie das Englische ready. Alle diese Formen weisen auf ein gemeinschaftliches Stammwort hin, welches mit der meisten Wahrscheinlichkeit in dem Angelsächsischen rath, rattie, raethe, Bald, gefunden wird. Vielleicht findet sich darin schon eine Spur des angegebenen Nebenbegriffs des Wollens. Denn was bald geschehen soll, das müssen wir willig seyn, vorzunehmen. Sollte man diese Ableitung für zu gewagt halten: so würde

würde schon der Gebrauch für unsern Unterschied entscheidend seyn. Wer zur Abreise fertig ist, kann jeden Augenblick abreisen, wer dazu bereit ist, will auch.

Einen höhern Grad des Könnens setzt die Leichtigkeit und Geschwindigkeit des Handels voraus. Wer das, was er verrichtet, leicht und schnell verrichtet, der ist fertig darin, er hat eine Fertigkeit in dieser Art von Verrichtungen. Ein fertiger Klavierspieler kann mit Leichtigkeit und Geschwindigkeit spielen. (S. Fähigkeit. Geschicklichkeit. Fertigkeit.)

Zu den eigentlichen sittlichen Fertigkeiten möchte vielleicht der angegebene Unterschied schwerer zu finden seyn, als in den Kunstfertigkeiten. In den Erstern ist nämlich das leichte Können von dem Wollen schwerer zu unterscheiden. Und daher könnte Fertig in Dienstfertig, Friedfertig und in folgender Stelle mit Bereit völlig gleichbedeutend scheinen.

„Wir müssen stets so fertig zum Vergeben seyn, als es andere sind, uns zu beleidigen.

Gellert.

Indeß ist doch auch hier die Disposition, womit es dem Friedfertigen leicht wird, ohne langes Bedenken und Zureden Frieden zu erhalten und zu machen, und die in einem höhern Grade von Sanftmuth und Bescheidenheit besteht, so wie dem Dienstfertigen, einem Jeden, wo er nur kann, gefällig zu seyn, von dem wirklichen Wollen immer noch so unterscheiden, wie die leichte Möglichkeit von der Wirklichkeit. In den Kunstfertigkeiten ist Beydes oft getrennt; denn der fertigste Spieler ist nicht immer bereit zu spielen, weil er nicht immer will; in den sittlichen hat der Fertige die Disposition, die ihm das Wollen selbst leicht macht. Allein auch bey diesen ist der Fertigste nicht immer bereit. Auch der Friedfertigste kann nicht wollen unter entehrenden Bedingungen bereit seyn, Friede zu machen, noch der Dienstfertigste zu schimpflichem Dienste bereit seyn.

Fertigkeit. Fähigkeit. Geschicklichkeit.

S. Fähigkeit.

Fest. Dicht. S. Dicht.

Fett. Feist S. Feist.

Figur. Tropus. — Figürlich. Tropisch. Uneigentlich.

I. Üb. Der allgemeine Begriff, unter welchen die Bedeutung dieser Wörter am besten gefaßt werden kann, ist, daß sie Verschönerungen der Rede sind. Denn, wenn auch der Redende sich der Absicht des Verschönerns bey dem Gebrauche der Figuren, Tropen und uneigentlichen Ausdrücke nicht immer deutlich bewußt ist, wie in der Leidenschaft und in der rohen Natursprache: so müssen sie doch diese Wirkung haben. Es ist auch gegen diesen Begriff kein Einwurf, daß er nicht überall auf die noch ungebildete Sprache in ihrer ersten Kindheit paßt, wo vieles nothwendiges Bedürfniß war, was in den völlig gebildeten bloß Verschönerung ist, ob dieses gleich den Rhetoren der Griechen und Römer nicht wenig Schwierigkeit gemacht hat. Denn es ist gar nicht widersprechend, daß das, was ein Bedürfniß zur Ursach hat, auch eine Schönheit seyn könne. Die rohe Sprache mußte aus Noth und Armuth unsinnliche Begriffe in sinnliche Bilder kleiden, diese Einkleidung macht aber den Ausdruck lebhafter, und verschönert ihn also. Man mußte vielleicht aus Noth die zur Sinnlichkeit gehörigen Vermögen der Seele geflügelte Pferde nennen, weil noch keine eigentlichen Ausdrücke dafür in der Sprache waren; daß hindert aber nicht, daß das Bild sehr schön sey.

II. V. Da die Sprachlehrer diese Wörter so oft mit einander verwechseln: so ist es vielleicht nicht überflüssig, ihre Bedeutung etwas sorgfältiger aus einander zu setzen. Figur der Rede oder Redefigur bezeichnet den angegebenen Begriff in seiner größten Allgemeinheit; es ist alles in einer Rede, was zu ihrer ästhetischen Vollkommenheit dient. Die griechischen

Lehrer

Lehrer der Beredsamkeit nannten das σχηματα, und davon ist figura die Übersetzung. Sie theilten diese σχηματα in σχηματα λεξεως und διανοιας: die letztern nannten einige von ihnen auch τροπους, und dieses Wort ist auch in die deutsche Sprache übergegangen.

Eine Rede ist nähmlich auch auf dreyerley Art einer Verschönerung fähig, 1) in den Lauten ihrer Worte, 2) in ihren Bedeutungen, 3) in ihrer Stellung. Die Erstere erhalten die Worte durch Verdopplung eines Buchstabens, durch Hinzusetzung oder Abschneidung einer Sylbe oder eines Buchstabens bald im Anfange, bald in der Mitte, bald am Ende. Man kann diese Figuren die grammatischen nennen, weil die Sprachlehrer davon zu handeln pflegen. Die dritte Art der Verschönerung erhält die Rede, indem bald ein Wort unmittelbar wiederholt wird, wie in der Verdopplung, bald im Anfange mehrerer Redesätze, wie in der Anapher u. s. w. man kann diese die rhetorischen Figuren nennen, weil sich die Lehrer der Beredsamkeit ausschließend damit beschäftigen.

Die zweyte Art der Verschönerung entsteht aus der Verwechselung der ästhetisch vollkommnern Nebenvorstellungen mit den weniger schönen Hauptvorstellungen, und dieses sind die eigentlichen Tropen, wie schon das Wort τροπος, Umänderung, Vertauschung, anzeigt, womit sie die griechischen Rhetoren nach dem Aristoteles benennen; denn dieser nennt sie noch in seiner Rhetorik Methaphern. Wir können sie Wortfiguren, zum Unterschiede von den grammatischen und rhetorischen Figuren nennen.

Redefigur und Tropus ist also verschieden, wie Gattung und Art, und es giebt Redefiguren, die keine Tropen sind, wie die Anapher, u. dgl. so wie hingegen alle Tropen Redefiguren sind, denn sie sind alle Verschönerungen der Rede.

Anmerkung 1.

Mit Tropus ist von einer andern Seite uneigentlicher Ausdruck verwandt; denn das ist ein Ausdruck, der eine uneigentliche Bedeutung hat, das ist, eine solche, die von einer andern abgeleitet ist. So ist der Ausdruck: Frühling des Lebens, anstatt: Jugend, ein tropischer, so fern er mit diesem verwechselt ist; ein uneigentlicher, so fern er aus der eigentlichen Bedeutung des Wortes Frühling, die erste und schönste Zeit des Lebens abgeleitet ist, und figürlich, sofern er zur Verschönerung der Rede dient, denn er stellt die Jugend unter dem schönen Bilde des Frühlings vor. (S. Tropisch. Uneigentlich.)

Anmerkung 2.

Der Sprachlehrer und Lexicograph sollte daher in seiner Classification der Bedeutungen der Wörter die abgeleiteten Bedeutungen, die bereits in der Sprache gemein sind, und deswegen nicht mehr, wenigstens nicht immer, den Ausdruck verschönern, weder figürliche, noch tropische, sondern uneigentliche nennen, und das um desto mehr, da er doch die nicht figürlichen Bedeutungen nicht anders als eigentliche nennen kann, dem nur uneigentliche unmittelbar gegen über stehen kann.

Figur. Form. Gestalt. Bildung.

I. üb. Im weitesten Sinne bedeuten diese Wörter das, was die Dinge außer ihrer Materie von einander unterscheidet.

II. V. Die Form unterscheidet sich von der Gestalt und der Figur zunächst dadurch, daß wir die Bestimmungen, die sie ausmachen, als dasjenige an dem Dinge betrachten, durch welche es zu einer gewissen Art gehört; und hiernächst dadurch, daß sie auch unkörperlichen Dingen beygelegt wird. In der Aristotelischen Philosophie heißen daher die Wesen der Dinge, wodurch sie zu einer gewissen Art gehören, formae rerum. Aus einer gewissen Materie können wir Körper machen, die verschiedene Benennungen erhalten, je nachdem sie zu verschiedenen Arten von Dingen gehören. Man kann aus einem Stücke Gold, Ringe, Uhren, Becher u. s. w. machen.

So

So wie man aber den Begriff des Stoffes und der Materie verallgemeinert hat: so hat man auch den Begriff der Form verallgemeinern müssen. Auch unkörperliche Dinge gehören zu gewissen Gattungen und Arten, und diese unterscheiden sich durch ihre innern Bestimmungen, wovon man einige zu ihrem Stoffe andere zu ihrer Form rechnet. So kann man eine gewisse Handlung oder Begebenheit zu dem Stoffe oder der Materie eines Gedichtes wählen, man kann sie aber episch und dramatisch darstellen; in dem ersten Falle giebt man ihr eine dramatische, in dem andern eine epische Form, und es gehört entweder zu der Gattung der dramatischen oder epischen Gedichte.

Die Gestalt ist, was vor unsere Augen gestellt wird, und durch dieselben das ganze Bild des Gegenstandes in uns wirkt. Sie begreift daher alles, was einem Dinge dasjenige giebt, wodurch es so und nicht anders aussieht. Das bestimmt auch den uneigentlichen Gebrauch dieses Wortes für Aussehen.

> Wir beweinten beyde unser Schicksal, wie wir es nannten, dem doch nur unsere eigene Schwachheit diese traurige Gestalt gegeben.
>
> Agnes v. Lilien.

Die Gestalt ist daher eigentlich nur die Form eines Körpers, und zwar so fern sie in der körperlichen Materie ist, und nicht ein von ihr verschiedenes Bestehen hat oder nicht von der Materie abgezogen gedacht wird. Man sagt, eine feiste Gestalt, eine magere Gestalt, weil die Gestalt immer die Materie mit in sich begreift. Der Stoff kann daher wohl zu einem Körper werden, der eine Gestalt hat, ja er kann, nach einer kühnern Figur, eine Gestalt werden, aber nicht eine Form.

> Der Entwurf des ewigen Reiches der Schöpfung
> Ward, zu Gestalt Urstoff. —
>
> Klopstock.

Kömmt die Form zu etwas Unkörperlichen hinzu, oder besteht sie für sich, wird sie wenigstens abgezogen gedacht: so kann sie nicht die Gestalt genannt werden. So sagt man nicht: die dramatische oder epische Gestalt, sondern die dramatische oder epische Form eines Gedichtes; denn der Inhalt eines Gedichtes ist kein Körper. Man sagt hingegen: Jupiter entführte die Europa unter der Gestalt eines Stieres; denn ein Stier ist ein Körper.

Nordheims Gestalt leuchtete mir sogleich vor den Uebrigen hervor.

Agnes v. Lilien.

Wenn die Gestalt daher immer in dem Stoffe ist, so wird die Form auch außer der Materie von dem Stoffe getrennt gedacht, und nicht selten der Materie entgegen gesetzt. Die Form ist oft mehr werth als die Materie, und man schätzt die Werke der Kunst um der Schönheit ihrer Formen willen, nicht um der Kostbarkeit ihrer Materie.

Man nennt auch die Form, worin man einen Stoff zu einem Körper von einer gewissen Art bildet, nicht die Gestalt; denn sie besteht außer dem Stoffe desselben, und die Gestalt erhält der Stoff nur, indem er in die Form gegossen wird. Die Metallgießer geben dem Metalle die Gestalt eines Menschen, indem sie ihn in die Form gießen. Diese Formen sind vor den Gestalten da, und vielleicht ist Plato dadurch auf seine Lehre von den Ideen gekommen, die er als die Formen ansahe, die vor den Körpern vorhanden sind, und die der Materie die Gestalten geben, wodurch sie zu gewissen Arten gehören.

Durch die Form wird das Ding zu einem Dinge von einer gewissen Art, und erhält den Charakter dieses Dinges. Der Mensch erscheint in seinen verschiedenen Lagen unter verschiedenen Charakteren, und diesen entspricht sein Äußeres; dieses Äußere nennt man in der vielfachen Zahl nicht seine Gestalten, denn die Gestalt bezieht sich nur auf die körperliche Materie, sondern seine Formen.

Immer

Immer wurde die Gestalt edler und schöner, und als endlich die lieblichen Formen des Angesichtes aus dem röthlichen Himmel hervorglänzten, dünkte es uns einen freundlichen Bothen des Himmels zu sehen.

Agnes v. Lilien.

Man sagt: eine feine Erziehung und ein steter Umgang mit Gesellschaften von feinem Gefühl und Geschmack giebt einem Menschen schöne Formen nicht schöne Gestalten. Eine häßliche Person kann in ihren Manieren angenehme Formen haben. Das Loos eines Staats ist entschieden, wenn die feine Lebensart selbst dem Laster so schöne Formen zu geben weiß, daß sie seine innere Scheußlichkeit verbergen. Hier kann es nicht Gestalten heißen; denn das Laster, den man diese schönen Formen giebt, ist kein körperlicher Stoff, außer dem aber die Gestalt nicht seyn kann. Die Gestalten sind daher immer das, woran die Formen haften, und die Formen das, was schon vor den Gestalten ist, und für sich gedacht wird. Die Gestalt ist das ganze Bild, die Form nur die Außenlinien desselben.

Jetzt erschienen die Gestalten meiner liebenden Eltern, die an meinem Herzen Ruhe suchten.

Agnes v. Lilien.

Die Figur besteht aus den äußersten Umrissen der körperlichen Gestalt. Sie kann daher nur dem zukommen, was zu dem Körper gehört, zu ihm selbst und den Flächen, die ihn begrenzen. Die Figuren können durch Zeichnung dargestellt werden, wie die geometrischen Figuren, die man weder geometrischen Formen noch Gestalten nennt. Man sagt daher nicht: die Figur eines dramatischen Gedichtes; denn ein dramatisches Gedicht ist kein Körper; noch: Jupiter hat die Europa unter der Figur eines Stiers entführt, sondern unter der Gestalt; denn er hatte sich in die Materie und Form eines Stieres verwandelt.

Indeß,

Indeß, da die Mahlerey nur die äußern Umrisse von den Körpern darstellen kann: so sind die Figuren auf einem Gemälde die wesentlichen Zeichen der Gestalten der Körper, die sie nachahmt, und aus der Figur des Stieres auf einem Gemälde, das die Entführung der Europa vorstellt, ersehe ich, was Jupiter dabey für eine Gestalt angenommen hat.

Da aber kein Körper ohne äußere Umrisse seyn kann, und seine Figur seine Gestalt bestimmt; so kann ich seine Gestalt auch in verschiedenen Fällen seine Figur nennen, aber immer in verschiedener Rücksicht. Wenn ich einem Menschen eine schöne Figur beylege, so sehe ich bloß auf die angenehmen Verhältnisse der Umrisse seines Körpers; ich werde ihm aber keine schöne Gestalt beylegen, wenn er ein zerfetztes und durch Pockennarben und Näthe verunstaltetes Gesicht hat; denn da sehe ich auf das ganze äußere Bild.

Bildung ist zwar ursprünglich die Handlung des Bildens, aber auch durch eine gewöhnliche Metonymie, das, was durch das Bilden entsteht, und nur in dieser letzten Bedeutung kann es mit Form, Figur und Gestalt, als sinnverwandt angesehen werden. Es ist aber davon verschieden, daß es nur von der äußern und innern Organisation der Naturkörper, und in Ansehung der Letztern nur von dem menschlichen Körper gebraucht wird. Das kleinste Insekt ist in seinem Innern sehr künstlich gebildet, und man sagt, es habe unter den Griechen mehr wohlgebildete Männer, als wohlgebildete Weiber gegeben.

Hochgebildet ein Mann von menschenfreundlichem Ansehn
Stand er. — —

Klopstock.

Im uneigentlichen Sinne wird es auch von der menschlichen Seele gesagt, und dann bedeutet es eine höhere Vervollkommung ihrer Erkenntniß- und Begehrungskräfte. Allein dann hat es seine ursprüngliche Bedeutung der Handlung des

Bildens

Bildens und ist mit Form, Figur und Gestalt gar nicht sinnverwandt.

Filzig. Geizig. Karg. Habsüchtig. — Filzigkeit. Geiz. Kargheit. Habsucht.

I. üb. Eine gar zu große Begierde das zu besitzen, was man für ein Gut hält, insonderheit Geld.

II. V. Diese Begierde kann sich auf verschiedene Art äußern und mehrere Grade haben. Sie äußert sich nähmlich sowohl im Erwerben als im Behalten.

Habsucht druckt die unordentliche und zu heftige Begierde aus, viel zu erwerben; das liegt in der Zusammensetzung des Wortes selbst. Der größte Verschwender kann habsüchtig seyn, er scheuet keine Mittel, wenn sie auch noch so schlecht sind, die Lücken, die seine Verschwendung in seinem Vermögen unaufhörlich macht, wieder auszufüllen, um seine herrschende Neigung zu befriedigen. Der Habsüchtige rafft überall zusammen; es ist ihm genug, zu haben, aber oft um wieder zu verschleudern, was er hat.

Der Charakter des Kargen äußert sich im Behalten. Die Liebe zum Gelde gebietet ihm, seine Ausgaben so sehr einzuschränken, als es nur immer möglich ist, und ihr alle Bequemlichkeit und Achtung aufzuopfern, es sey, daß er in seinem Aufwande sich vieles entziehet, dessen Genuß ihm sein Vermögen zuließe, oder sein Stand erforderte, oder daß er in der Anschaffung seiner Bedürfnisse genauer handelt, als es einem menschenfreundlichen und edelm Gemüthe ansteht. Wer karg ist, giebt wenig, und was er giebt, giebt er ungern. Mit karger Hand geben, heißt daher zu wenig geben.

Der karge Philon zürnt beym Anblick eines Armen;
Er rechnet: minder kostet Zürnen als Erbarmen.

L. H. v. Nicolai.

Ein betrübter Esel heulte,
Weil des Schicksals karge Hand
Ihm nicht Hörner zugewandt.

Hagedorn.

Durch eine natürliche Metonymie wird daher auch das was zu wenig ist, oder zu wenig enthält, karg genannt.

Vertraut mit der Welt seiner Visionen wird Dante in seinen kargen Beschreibungen oft unverständlich.

Bürger.

Geitz begreift so wohl die Habsucht als die Kargheit; denn der Geitzige sucht mit eben so unmäßiger Begierde seine Schätze durch unausgesetztes Zusammenscharren zu vermehren, als er sich scheuet, sie durch die geringsten Ausgaben zu vermindern. Es heißt überhaupt die Begierde nach etwas, und wird daher oft mit den Gegenständen verbunden, worauf sich die Begierde bezieht, wie in Ehrgeitz, Geldgeitz.

Wie? Wer nach Golde geitzt, obgleich kein Gold beglücket:
Braucht alle Stunden zum Gewinn,
Und läuft nach Wucher hin,
Wenn kaum der junge Tag aus weißen Wolken blicket.

Uz.

Ein Midas trotzt auf den Besitz der Schätze,
Um die der Geitz nach fremden Ufern reist.

Hagedorn.

Das Stammwort von Geitz ist Geiten, wozu auch Geren, Begehren, in den Zeiten der Minnesinger gehört.

Zu dieser Form kömmt noch Geitigkeit vor, da es schon so viel als Geldgeitz bedeutete.

Geitig-

Geitigkeit liget nit daran, das eins vil oder wenig guts hab, es liget an der begird.

Nieder 24 Ges. Harf.

Der Geitz hat seine verschiedenen Grade, und nach diesen richtet sich jedesmal der Grad der Verachtung, des Hasses und des Abscheues, der ihn begleitet. Schon als ein Mensch, der kein anderes Gut als das Geld kennt, und den Werth des Menschen, so wie seinen eigenen, bloß nach dem Geldreichthume schätzt, dessen Schätze ihm nur Vergnügen machen, wenn er sie ungenutzt in großen Haufen vor sich liegen sieht, dessen Eigennutz beständig mit dem gemeinen Nutzen im Widerspruche stehet, indem ihn sein Geitz hindert, etwas zum Besten Anderer zu verwenden, schon als ein solcher hat der Geitzige die Achtung und Liebe seiner Nebenmenschen verwirkt. Seine Besorgniß, das geringste zu verliehren, macht ihn ängstlich und verzagt, und ein Mensch von solchem Charakter kann weder Anspruch noch Rechnung auf die Achtung anderer machen. Denn wer nichts als dasjenige liebt und schätzt, was große Seelen verachten, der muß selbst klein und niederträchtig seyn.

Ein höherer Grad des Geitzes macht aber auch unbarmherzig, ungerecht und gegen die süßesten und heiligsten Pflichten, selbst gegen seine Kinder und nächsten Verwandten gefühllos, er vernachlässigt ihre Erziehung und läßt sie darben. Nun erregt er Abscheu.

Das Geld hat nur einen Werth, sofern es zu der Bestreitung der Ausgaben dient, womit sich der Besitzer desselben die Bedürfnisse des Lebens verschafft. Diese begreifen Alles, was zu den Annehmlichkeiten, den Bequemlichkeiten und den Nothwendigkeiten des Lebens gehört und der dazu erfoderliche Aufwand gehört zu der Anständigkeit, wozu einen jedem Menschen die Ehre seines Standes verpflichtet. Es giebt aber eine Art von Bequemlichkeiten, die zu den Nothwendigkeiten des Lebens kann gerechnet werden, und dahin gehört die Reinlichkeit.

Wer

Wer sogar den Aufwand für so nothwendige Bedürfnisse scheuet, dessen Geitz ist ein schmutziger Geitz, und dieser Grad desselben ist die Filzigkeit. Die französische Sprache nennt ihn avarice sordide. Ein solcher Geitziger erregt durch sein schmutziges Aeußeres Ekel. Da aber der höchste Grad des Geitzes und der Kargheit auch für den moralischen Sinn einen dem Ekel ähnlichen heftigen Abscheu erregt, und diesem eben so widerlich ist, als das Schmutzige den körperlichen Sinnen; so heißt dieser höchste Grad, von welcher Art er seyn mag, ein schmutziger Geitz, und dieser ist die Filzigkeit. Man hat seit Theophrasts Zeiten den Geitz mit so vielen, bald lächerlichen, bald häßlichen und immer verächtlichen Zügen geschildert, daß man seine Charakteristik für erschöpft halten sollte. Indeß wird nicht leicht Jemand seyn, der sie nicht aus seiner eigenen Erfahrung mit neuen bereichern könnte. Keiner aber möchte so widerlich seyn, als folgender von einem reichen Filze, in einem sehr ansehnlichen Amte, der die Beinkleider der Bedienten bis auf den letzten Lappen trug, wenn er sie aus seinem Dienste gejagt hatte, und als er auf einer Reise vor einer Festung ankam, lieber in einem Fieberanfall, eine stürmische Nacht hindurch in seinem Wagen zubrachte, als acht Pfennig Sperrgeld bezahlte.

Finden. Antreffen. S. Antreffen.

Finden. Ausfündig machen. Erfinden.

S. Ausfündig machen.

Finden. Entdecken. Auftreiben. S. Entdecken.

Finster. Dunkel. Düster. S. Dunkel.

Fittig. Flügel. Schwinge.

I. üb. Die Werkzeuge des Fliegens.

II. V. Diesen Begriff druckt das Wort Flügel in seiner größten Allgemeinheit aus. Vermöge seiner Abstammung bezeich-

bezeichnet es dieses Werkzeug an jedem Thiere, das sich durch Fliegen bewegen kann.

Fittig heißt das Werkzeug des Fliegens, so fern es mit Federn versehen ist. Es lautet in den niederdeutschen Mundarten Fiddik, welches augenscheinlich von dem niederdeutschen Fedder Feder abgeleitet ist. Der Dichter läßt sei Schwan sagen;

So viel Federn mit Zier in meinen Fittigen sitzen
(Amor fiedert dereinst seine Pfeile damit)
So viel Jahre mit Ruh und reinen Freuden bekrönt
Bringt dir der eilenden Zeit günstiger Flügel herbey.

J. N. Götz.

Hier werden den Fittigen die Federn und den Flügeln die Geschwindigkeit beygelegt.

Da die Federn durch ihre sanfte Bewegung Kühlung verursachen; so legt der Dichter sehr richtig dem Schlafe in der Personification nicht Flügel, womit er fortfliegen könnte, sondern Fittige bey, deren Federn durch ihr sanftes Wehen die Luft bewegen und den Schlafenden abkühlen.

Des Schlafes Fittig weht nicht um sein Lager
Der Ruhe Mohn heilt nicht sein krankes Herz.

Meißner.

Aus dieser Ableitung erhellet

1) warum man nur den befiederten Vögeln Fittige und Flügel beylegt, die unbefiederten Insekten hingegen nur Flügel und keine Fittige haben. Die Käfer, die Mücken, die Schmetterlinge u. dgl. haben Flügel, die man aber nicht Fittige nennen kann, weil sie nicht befiedert sind;

2) warum die Bildner und Dichter ihren phantastischen höhern Wesen, den Genien, den Engeln, dem Amor u. s. w. zu ihrem schnellen Fluge Flügel und keine Fittige geben.

geben. Sie sollen auf geistigen Flügeln getragen werden, nicht auf so materiellen, wie unser irdisches Geflügel. Dem richtigen Geistercostume ist es daher nicht gemäß, wenn der Dichter dem personificirtem Glücke Fittige beylegt.

> Auf dünnen Fittigen, fliegt, wie von Ungefähr
> Ein leichter Geist um uns und in der Welt daher.
>
> Lichtwer.

Selbst die Stelle des Dichters, worin dem Schlafe Fittige beygelegt worden, ist diesem nicht entgegen; denn er gebraucht sie nicht zum Fliegen, sondern zum abkühlen. Eben das gilt von den Winden, wenn ihnen in der Personification Fittige beygelegt werden; denn dadurch soll das Rauschen ihres Fluges angedeutet werden.

> — — — Der Nordwind, der
> Mit starken Fittigen die schwarzen Lüfte theilte.
>
> J. E. Schlegel.

> Da auf rauschendem Gefieder
> Zephyr uns den Frühling bringt:
> So erwacht die Freude wieder.
>
> Uz.

3) Endlich warum selbst die Vögel, wenn ihre Flügel der Federn beraubt sind, nicht mehr Fittige sondern Flügel heißen; ein befiederter abgehauener Flügel einer Gans hingegen, der nicht mehr zum Fliegen dienen kann, und im Hochdeutschen ein Flederwisch heißt, ein Fiddik oder Fitje Hochdeutsch ein Fittig genannt wird. Niemand wird von einer gebratenen Gans einen Fittig, sondern einen Flügel anbieten, so wie niemand seiner Magd heißen wird, daß sie den Staub von dem Hausgeräthe mit einem Flügel, sondern mit einem Fittig abfegen solle.

Schwingen sind zunächst eigentlich die Flügel der stärkern Vögel, die sich mit einem reißenden bogenförmigen Fluge

Fluge am höchsten in die Luft erheben, wie der Adler, der Geyer, u. s. w.

Stark war sein hohes Lied,
Wenn es auf Adlers Schwingen
Zum Throne des Allmächtgen drang,
Und wie verklärte Christen singen
Voll seines Geistes, ihn besang.

Kleist.

Der uneigentliche Gebrauch legt daher der stärkern Willenskraft, die sich zu höherer Vollkommenheit zu erheben strebt, Schwingen, der bewegten Einbildungskraft hingegen Flügel bey. Wenigstens sind wir berechtigt, zu urtheilen, daß zwey Schriftsteller, die sich so sehr durch ihre Präcision auszeichnen, unter diesen Ausdrücken nicht ohne Ursach werden gewählt haben.

Wer Ketten trägt, wird durch die Ketten schlecht,
Die Sklaverey lähmt unsers Geistes Schwingen.

Schiller.

Gebt mir den königlichen Rebensaft,
Erzeugt am Rhein, gereift am letzten Hügel
Von Afrika, der meiner Seele neue Flügel,
Und einen kühnern Taumel schafft.

Ramler.

Indem dieses Wort das prächtige Bild der bloßen Bewegung, und zwar in einer hohen schönen Bogenlinie darstellt, und zugleich zu einem solchen kühnen und schnellen Schwunge eine seltene Kraft gehört: so bezeichnet es einen edlern Begriff, und es wird daher in der höhern Sprache anstatt Flügel überhaupt gebraucht. Dieser Gebrauch muß schon alt seyn; denn im Englischen heißen die Flügel, Wings, welches Schwingen ohne den Zischlaut ist.

Es hüpfen die Sänger des Waldes
Fröhlich empor und putzen die Schwingen.

Zachariä.

Flach. Eben. — Fläche. Ebne. S. Eben.

Flamme. Feuer. Lohe.

I. üb. Der Wärmestoff, so wie er sich den Sinnen darstellt und empfindbar wird.

II. V. Feuer ist dieser Wärmestoff an sich in dem Zustande seiner Entbindung, und es kündigt sich, auch ohne Flammen aufzuschlagen, durch seine schmerzhafte dem Gefühl, durch sein Leuchten dem Gesicht an, so wie durch seine Wirkung auf die Körper, die es, nach ihrer verschiedenen Beschaffenheit und nach den verschiedenen Graden seiner Stärke und Dauer bald zerstört, bald erweicht und flüssig macht, bald verhärtet. Alles dieses thut es auch in einem Zustande der scheinbaren Ruhe, wie in einer heftigen Gluth.

Flamme ist das bewegte Feuer, aber mit allen seinen Eigenschaften des Brennens, Zerstörens u. s. w. Lohe ist die feine durchsichtige Flamme, bloß nach ihrer Eigenschaft der subtilsten Flüssigkeit in einer schnellen, duftigen, zitternden und schimmernden Bewegung, wie sie sich dem Gesichte darstellt, ohne Rücksicht auf ihren eigenthümlichen brennenden Stoff.

Samt den verschlossenen Kessel, gefüllt mit der Quelle des Gartens,
Wehend umleckt' ihn die Loh' und es braust aufsiedend der Kessel.

Voß.

Das Nennwort Lohe gehört zu dem Zeitworte Lodern, und von diesem ist schon bemerkt worden, daß es auch von dem im Fallen in einen schnellbewegten schimmernden Duft aufgelößtem Wasser gebraucht werde. (S. Brennen. Lodern. Glühen. Glimmen.)

Es ist hier noch hinzuzusetzen, daß daher auch Lodern im uneigentlichen Gebrauche nur die schnelle Bewegung des innern Gefühles, nicht aber seinen Schmerz wie das Brennen, noch seine Stärke, wie das Glühen, nach seinen Ungestüm, wie das Flammen, oder seine Verborgenheit, wie das Glimmen ausdrucke.

> Nur was dem reichsten Geist bey loderndem Gefühle
> Entquillet, füge mir zum Saitenspiele.
>
> v. Nicolai.

Flehen. Bitten. Beten.

I. üb. Wollen, daß uns Jemand aus Liebe Etwas verleihe.

II. V. Bitten druckt diesen Begriff ganz allgemein aus, Flehen fügt zu demselben noch das Bewußtseyn von der Macht und Würde desjenigen hinzu, den man bittet, oder wenigstens von der dringenden und tiefen Noth, worin sich der Bittende befindet.

Wenn Flehen von dem noch im Niederdeutschen vorhandenen Floyen, Schmeicheln, herkäme, und Schmeicheln von Schmiegen: so wäre es gerade das, was das Lateinische supplicare und das Französische supplier, worin plicare, plier, Biegen, Schmiegen zum Grunde liegt; und diese Ableitung würde dann auf die jetzt gebräuchliche Bedeutung ganz natürlich führen. Sich vor einem Schmiegen und Biegen, das im gemeinen Leben gebräuchlich ist, ist ein natürlicher Ausdruck sowohl des Gefühles der Noth, als des Bedürfnisses der Hülfe, die wir von Hohen und Mächtigen verlangen.

Beten wird bloß von Gott gebraucht, und zwar uneingeschränkt, ohne Beziehung auf einen bestimmten Gegenstand, da hingegen bey Bitten und Flehen dieser Gegenstand ausdrücklich hinzugesetzt wird. Man Bittet und Flehet Gott um Genesung, wenn man krank ist, aber man betet des Morgens und des Abends. Der Grund von diesem Unterschiede ist wohl kein anderer, als das Beten überhaupt eine Religionshandlung ist, die außer dem Bitten auch Danksagen und andere Huldigungen enthält, welche an sich schon als gottesdienstliche und fromme Übungen heilsam sind. In den Ermahnungen der Bibel: Wachet und betet, betet ohne Unterlaß; heißt Beten nichts anders, als seine Gedanken mit Gott beschäftigen, sein Gemüth auf Gott richten, ohne Unterschied des Inhaltes und Gegenstandes dieser frommen Beschäftigungen.

Fleißig. Genau. Correct.

I. üb. Was einen höhern Grad der Vollendung hat.

II. V. Fleißig kömmt eigentlich dem Urheber eines Werkes zu, und wird auf das Werk selbst nur durch eine Metonymie der Ursach anstatt der Wirkung übergetragen. Es wird also dem Werke selbst beygelegt, so fern die Vollkommenheit desselben eine Wirkung der fortgesetzten Anwendung der Kräfte des Urhebers ist.

Genau und Correct kömmt unmittelbar dem Werke selbst zu; das Erstere, sofern in demselben Alles auch im Kleinsten richtig oder dem Zwecke desselben gemäß, und wenn es in einer Nachahmung besteht, dem Urbilde in den kleinsten Theilen ähnlich ist; das Letztere, welches von corrigere, verbessern, herkömmt, sofern es auch in den kleinsten Theilen keinen Fehler enthält. Eine Zeichnung wird fleißig, genau und correct genannt; fleißig, sofern darin die Mühe des Künstlers sie mit der größten Vollendung auszuarbeiten sichtbar ist, genau, sofern sie mit ihrem Zwecke oder mit ihrem Urbilde auch im Kleinsten übereinstimmt, correct, sofern sie auch nicht in den kleinsten Theilen eine Unvollkommenheit enthält, und überall den Regeln der Kunst gemäß ist.

Il n'y a point de Nature, sagt Voltaire, tout est art. Wenn wir also die Natur als das Werk der höchsten Kunst

Kunst betrachten: so können wir alle ihre Werke im höchsten Grade genau und correct nennen, aber nicht fleißig; denn sie haben der Allmacht keine Mühe gekostet.

Fleiß. Arbeitsamkeit. — Fleißig. Arbeitsam.

I. Üb. Die Neigung, seine Kräfte zu gebrauchen, und die Fertigkeit bey diesem Gebrauche seiner Kräfte keine Unlust zu empfinden.

II. V. Der Arbeitsame so wohl als der Fleißige beschäftigen sich ununterbrochen Da aber Arbeit etwas an sich beschwerliches ist, und das wir nur um seines Nutzens und Gewinstes willen verrichten: so können wir dem eigentlich noch nicht Arbeitsamkeit beylegen, der zu seinem Vergnügen beschäftigt ist, ohne dabey auf einen Nutzen zu sehen, ob wir es gleich fleißig nennen. Wer, so oft es seine Zeit zuläßt, zu seinem Vergnügen auf einem musikalischen Instrumente spielt, der ist fleißig, aber nur der würde arbeitsam heißen, der mit dem Spielen auf musikalischen Instrumenten sein Brod verdiente.

Hiernächst lege ich Einem Arbeitsamkeit bey, sofern er die Unlust der Arbeit überhaupt nicht scheuet, Fleiß hingegen, sofern er durch die Anwendung seiner Kräfte der Sache selbst, womit er sich beschäftigt, einen höhern Grad der Vollkommenheit zu geben sucht. Das kann nicht allein das Werk seyn, womit er sich beschäftigt, sondern auch die Geschicklichkeit, die er sich in einer Art von Verrichtungen erwerben will, und dann wird das Werk oder die Kunst ausdrücklich genannt. Ein arbeitsamer Mann scheuet keine Mühe, ein fleißiger Künstler sucht seinen Werken alle mögliche Vollkommenheit zu geben, und ein fleißiger Kunstschüler bestrebt sich in seiner Kunst immer größere Fertigkeit und Geschicklichkeit zu erwerben. (S. Arbeitsam. Geschäftig. Ämsig. Unverdrossen.)

Fliehen. Meiden.

I. üb. Sich bestreben, einem Dinge nicht gegenwärtig zu seyn, die man für gefährlich hält.

II. B. Man meidet aber den Ort, die Person oder die Sache, der man noch nicht gegenwärtig ist, man fliehet die, denen man bereits gegenwärtig ist, oder im Begriffe stehet, es zu werden. H. Adelung sagt zwar: „Meiden und Fliehen sind daher nur in den Graden der Bewegung verschieden." Allein das scheint weder aus seinen eigenen Vordersätzen zu folgen, noch mit dem ältern und neuern Sprachgebrauche übereinzustimmen. Denn er hält Meiden selbst mit dem lateinischen vitare für verwandt, und findet pimidan in den monseeischen Glossen durch declinare übersetzt. Beydes zeigt aber an, daß man an dem Orte noch nicht gegenwärtig ist, den man meidet, da man hingegen dem gegenwärtig seyn muß, was man fliehet. Es schließt also augenscheinlich Bejahung und Verneinung zweyer entgegengesetzter Richtungen in sich. Man fliehet von dem, wo man nicht seyn soll oder will, man meidet das, wohin man nicht gehen soll oder will.

> Dann fleuch, o Sohn! gleich dem geschwinden Blitze,
> Den angenehmen Strand,
> Wo neben dir, auf weichen Rosensitze
> Dich Aegle schön genannt.
>
> J. N. Götz.

Hingegen wird in den alten Gesetzen: die Stadt meiden, non intrare urbem, ein Gut meiden, abstinere a possessione genannt. Und so wird es noch jetzt gebraucht.

> Der Ruhe Glück und ihre reinen Freuden
> Sind mir entflohn, auf immer mich zu meiden.
>
> Schillers Musenalm. 1798.

Die Ruhe, welche bisher bey mir war, ist von mir geflohen; und wird nicht wieder zu mir kommen, sie wird mich meiden.

Die

Die Klugheit gebietet auch dem braven Manne, einen Feind, der Händel an ihm sucht, zu meiden und nicht dahin zu gehen, wo er ihn antreffen könnte; er würde es aber für Feigheit halten, vor ihm zu fliehen.

Eben dieser Unterschied liegt auch bey dem uneigentlichen Gebrauche dieser Wörter zum Grunde. Die Sünde meiden, heißt: sich ihren Versuchungen nicht bloß stellen, und den Gelegenheiten dazu aus dem Wege gehen; die Sünde fliehen; sich dazu versucht fühlen und sich in der Lage befinden, daß man dazu Gelegenheit hat.

Fliehen. Flüchten.

I. üb. Einen Ort in größter Eil verlassen.

II. V. Zu diesem Hauptbegriffe, der allein in Fliehen ausgedruckt wird, kommen in Flüchten die Begriffe hinzu, daß es wegen einer Gefahr und zu seiner Sicherheit geschehe, und diese können in vielen Fällen gerade die Herrschenden seyn, die in der Bedeutung liegen, worin Flüchten gebraucht wird.

Sie fliehet fort, es ist um mich geschehen
Ein weiter Raum trennt Lalagen von mir.
Wo floh sie hin? Komm Luft, mich anzuwehen,
Du kömmst vielleicht von ihr.

Kleist.

Hier kann: sie fliehet mich, nichts weiter heißen, als sie verläßt mich, ohne irgend einen Nebenbegriff von einer Gefahr, vor der sich Lalage retten will, oder einer Sicherheit, die sie sucht.

Und wie ein Reh, in junge Tannenhecken,
Nicht ohne Schalkheit flieht,
Vor ihrem Freunde schnell sich zu verstecken,
Doch so, daß er sie sieht.

J. N. Götz.

Flüchten hingegen druckt den prägnanten Begriff aus: durch die Flucht vor der Gefahr retten. Daher kann man schon von denjenigen sagen, daß sie flüchten, die nur damit beschäftigt sind, etwas vor einer nahen Gefahr in Sicherheit zu bringen, wenn sie auch den Weg der Flucht wirklich noch nicht angetreten haben. Wenn man in eine Stadt kömmt, die mit einem feindlichen Einfalle bedrohet wird: so kann man schon sagen: die Einwohner flüchten, wenn man sieht, daß sie nur ihre Habseligkeiten einpacken.

Daher ist auch begreiflich, warum Flüchten ein Activum und ein Reciprocum seyn kann. Denn wenn das, was man durch die Flucht von der Gefahr rettet, ausdrücklich angezeigt wird: so ist es ein Activum. Die Landleute flüchteten ihre besten Sachen in die Stadt. Wenn man sich selbst durch die Flucht rettet: so ist es ein Reciprocum.

Auch der Hase flüchtet sich nun zum buschichten Vorholz.

Zachariä.

Wer bloß entläuft, fliehet; wer etwas retten will, flüchtet. Die Soldaten, welche bey einem feindlichen Angriffe davon laufen, fliehen; die Landleute und Bürger, die bey dem Anrücken eines feindlichen Heeres das Ihrige retten wollen, flüchten. Nachdem das fliehende Heer zerstreut war, flüchtete sich ein kleiner überrest hinter die Mauern der nächsten Festung, wo sie ihre Sicherheit vor dem verfolgenden Feinde suchten.

H. Adelung will zwischen Fliehen und Flüchten keinen andern Unterschied zulassen, als daß das Erstere mehr in der edlern Schreibart, das Letztere hingegen in der täglichen Sprache üblich ist. Allein die Ausdrücke: die Soldaten flohen und die wehrlosen Einwohner flüchteten, sind gewiß in beyden gleich üblich. Daß Fliehen bisweilen poetischer scheint, kann wohl nur daher kommen, daß es oft ein hyperbolischer Ausdruck, für weggehen, sich entfernen, ist, und also einen leidenschaftlichen Zustand anzeigt; denn die Leidenschaften pflegen

pflegen zu übertreiben. Kleist würde sich freylich zu prosaisch ausgedruckt haben, wenn er, anstatt:

Sie fliehet fort, es ist um mich geschehen.

gesagt hätte: sie gehet fort. Aber nicht weil Fliehen an sich edler ist, sondern weil die Entfernung seiner geliebten Lalage der Leidenschaft des verliebten Damöt eine Flucht scheinen mußte. Diese Bemerkung wird bey der häufigen Unterscheidung des Edeln und Gemeinen oft übersehen.

Fließen. Strömen. Rinnen.

I. üb. Eine Flüssigkeit, die sich nach außen fortschreitend bewegt, fließt, rinnt, strömt.

II. V. Diesen Begriff zeigt Fließen in seiner größten Allgemeinheit an. Es bedeutet schon überhaupt den Zustand eines Körpers, der kein fester Körper ist. (S. Dicht. Fest.) Das Wachs, das einem gewissen Grade der Hitze ausgesetzt wird, fängt nach einer gewissen Zeit an zu fließen.

Davon, wie auch von Rinnen, unterscheidet sich Strömen durch den höhern Grad der Stärke seiner fortschreitenden Bewegung. Da die Körper, welche sich mit einem größern Grade der Geschwindigkeit bewegen, auch eine stärkere Bewegungskraft haben; so ist auch ihr Anstoß auf andere Körper heftiger, und sie sind im Stande, größere Hindernisse zu überwinden und größere Massen in Bewegung zu setzen. Diese Kraft legt man daher einen Körper bey, welcher strömt, nicht bloß fließt oder nur rinnt; und dieses findet selbst bey dem uneigentlichen Gebrauche dieser Wörter Statt.

Durch welche Töne wälzt mein heiliger Gesang
Wie eine Fluth von furchtbarn Klippen,
Sich strömend fort, und braußt von meinen Lippen.

Uz.

Von

Von beyden, sowohl Fließen als Strömen unterscheidet sich Rinnen dadurch, daß es nur die fortschreitende Bewegung der unelastischen und tropfbaren flüssigen Körper, dergleichen, Wasser, Wein, Oehl u. s. w. bedeutet, hingegen Fließen und Strömen auch der elastischen und nicht tropfbaren, dergleichen die Luft, die Dünste, und selbst das Feuer ist. Man sagt von der Luft, daß sie durch enge Kanäle, von der elektrischen Materie, daß sie durch die leitenden Körper, von den Dünsten, daß sie aus dem Aeolipil ausfließe, ströme, aber nicht rinne.

Rinnen setzt zu Fließen den Begriff einer sanftern, langsamern Bewegung hinzu, und steht dadurch dem Strömen entgegen.

Aus hohlen Weyden an den Bächen
Rinnt Honig in die Fluth.

Ramler.

Laß Blut in diese Wangen rinnen,
Geuß Feuer in dies Auge,
Erweiche diese Brust.

Ebend.

Flimmer. Schimmer. Glanz. — Flimmern. Schimmern. Glänzen. Leuchten. Funkeln.

I. Üb. Das Licht, welches leuchtende Körper von sich werfen.

II. V. Diese Wörter unterscheiden sich aber in der Art und dem Grade des Lichtes, die sie bezeichnen. Glanz und Schimmer ist sowohl zurückgeworfenes als ursprüngliches Licht. Die Sonne glänzt und die Sterne schimmern, sie sind selbstleuchtende Körper, aber auch opake Körper können glänzen und schimmern, und ihr Licht ist ein zurückgeworfenes, das von einem Andern auf ihre Oberfläche kömmt. Der Mond glänzt und schimmert, das Gold glänzt und schimmert, ob sie gleich kein eigenes Licht haben.

Glanz

Glanz legen wir dem Körper bey, den wir in dem größten Grade, Schimmer, den wir in einem geringern Grade des Lichtes sehen. Die verschiedenen Grade der Stärke des Lichtes hängen außer der Menge der Lichtmaterie, noch von mehreren Ursachen ab. Das zurückgeworfene Licht ist schwächer als das ursprüngliche, das entferntere schwächer als das nähere; denn die Stärke des Lichtes steht im umgekehrten Verhältniß des Quadrats der Entfernungen der leuchtenden Körper. Daher kann das Licht des Mondes nur ein Schimmer gegen den Glanz der Sonne heißen, und die Sterne schimmern, die Sonne aber glänzt.

Daß ich im Glanze des Tages mich munter vergesse!
Aber mich wieder finde unter dem Schimmer der Nacht.

Schillers Musenalm. 1796.

Des Dorfes Mädchen brachten den Aehrenkranz
Durchschimmert von der Blüte der lieblichen
Kornblume. — —

Klopstock.

Da uns ein starkes Licht lebhafter rührt, als ein schwaches; so nennen wir in dem uneigentlichen Gebrauche dieser Wörter alles, was sehr lebhafte Vorstellungen in uns wirkt, glänzend, wir legen ihm Glanz bey; was weniger lebhafte Vorstellungen erregt, schimmernd. Wir nennen einen prächtigen Hof, einen glänzenden, Gedanken, die uns durch ihre anschauliche Wahrheit, durch ihren treffenden und lebhaften Witz und Scharfsinn auffallen, glänzende Gedanken.

Flimmer ist ein noch schwächeres Licht. Das Zeitwort Flimmern kömmt zwar noch öfter vor, aber auch das Nennwort wird nicht allein in der Bedeutung von glänzenden Goldkörnchen in den Bächen und Flüssen, wie H. Adelung angemerkt hat, sondern auch eines schwachen, zitternden, ungewissen Lichtes von den besten Schriftstellern gebraucht. Insonderheit flimmert das Licht, wenn es seinem Erlöschen nahe,

nahe, und, wenn seine Kraft erschöpft ist, in unmerklichen Unterbrechungen, bald zu ersterben, bald plötzlich wieder zu erwachen scheint. Daher ist auch Flimmer in seinem uneigentlichen Gebrauche eine nicht sehr klare, unsichere und mit Zweifel abwechselnde Überzeugung.

Den Wahrheit rührt und Flimmer nicht besticht.

Schillers Mus.

Der angegebene Unterschied dieser Wörter gründet sich, außer dem Sprachgebrauche, auch auf ihre Abstammung. Denn Glanz ist mit Glühen, welches die stärkste Entbindung des leuchtenden Feuerstoffes ausdruckt, (S. Brennen. Lodern Glühen Glimmen. verwandt, Schimmern ist das Frequentativum von Scheinen, welches einen geringern Grad des Lichtes andeutet, als Glänzen; und Flimmern ist das Frequentativum von Flimmen, so wie dieses durch seinen dünnern Laut des I anstatt des breitern A, das verkleinerte Flammen ist.

Leuchten bedeutet, vermöge seiner unmittelbaren Abstammung von Licht, sich und andere Körper sichtbar machen, es sey durch sein eigenes oder ein erborgtes Licht. Seine allgemeinste Bedeutung ist also: sichtbar machen, es sey sich selbst oder andere an sich dunkle Körper. Selbstleuchtende Körper, oder solche, die, wie der Mond ein starkes Licht haben, machen andere Körper sichtbar, indem sie selbst durch ihr Licht sichtbar sind. So wird es von der Sonne, dem Monde, den Sternen u. s. w. gesagt.

Es leuchten drey Sterne am Himmel,
Die geben der Liebe einen Schein.

Wenn es daher von andern Körpern gebraucht wird, die zwar selbst sichtbar sind, aber nicht andere sichtbar machen: so ist es eine Hyperbel, womit sich die Leidenschaft ausdruckt, der ihr Gegenstand in dem hellsten Lichte erscheint.

Nordheims Gestalt leuchtete mir sogleich aus den übrigen hervor.

Agnes v. Lilien.

Funkeln sagt man von den Körpern, welche ein bewegliches, stärkeres Licht von sich werfen. Durch das erstere Merkmahl unterscheidet es sich von Glänzen und Leuchten, durch das Letztere von Schimmern und Flimmern. Es kömmt von dem Nennworte: Funken her, den Lichttheilchen, die von dem Lichte und dem Feuer abspringen, und davon hat es seinen Nebenbegriff des Auswerfens der Lichtstrahlen. Die Sterne funkeln in kalten Winternächten, und die Diamanten funkeln bey hellem Kerzenlichte.

Des Tages Licht hat sich verdunkelt,
Der Purpur, der im Westen funkelt,
Erblasset in ein falbes Grau.

Haller.

Fluchen. Schwören. — Fluch. Schwur.

I. üb. Einem etwas wünschen, das man für ein Übel hält. Der Ausdruck eines solchen Wunsches ist ein Fluch und ein Schwur.

II. V. Schwur ist von Eid dadurch unterschieden worden, daß dieses eine feyerliche Betheurung, jenes aber nur eine gemeine ist, dergleichen man in dem gemeinen Leben täglich unzählige hört. (S. Eid. Schwur. Eidschwur.)

Fern von des Krämers Schwur und der Gerichte Streit.

J. N. Götz.

Diesen Betheurungen pflegt nun ein ungebildeter Mensch durch Verwünschungsformeln, die sich in der niedrigern Sprache eines jeden Volkes finden, Beglaubigungskraft zu geben. Sie sind daher alle Augenblicke auf seinen Lippen, weil er seinen Worten damit ein Gewicht zu geben sucht, daß er nach

einem

einem sichern, wiewohl dunkeln Gefühl, weder in ihnen selbst, noch in der Achtung vor seinem Charakter zu finden hoffe. Durch die Gewohnheit verliehren sie aber bey andern ihre Wirkung, und werden bey ihm selbst gehaltlose Laute, denen man nichts weiter anhört, als seine eigene gedankenlose Rohigkeit.

Diese Verwünschungen sind nun Schwüre; sofern sie auf den, der sie gebraucht, selbst gehen, und zugleich seine Behauptungen unterstützen und beglaubigen sollen. Flüche, sofern sie auf Andere gehen, und Ausbrüche des Zorns sind. Da aber nicht allein die Wuth und Verzweiflung ihre Verwünschungen gegen sich selbst richten, da ein Mensch in der Raserey der Leidenschaft sich selbst fluchen kann, sondern auch der Ungebildete solche Verwünschungen seiner selbst zur Beglaubigung seiner Behauptungen im Munde führt: so wird dieses leichtsinnige Schwören auch Fluchen genannt.

Daß Schwören auch von feyerlichen Eiden gebraucht wird, wie wenn man sagt: die Soldaten haben geschworen, kömmt ohne Zweifel daher, weil das einfache Zeitwort Eiden von Eid nicht gewöhnlich ist. Indeß sagt man doch in der feyerlichen Sprache bey wichtigen Gelegenheiten, einen Eid leisten, ablegen; und Schwören wird auch von leichtsinnigen Verwünschungen gebraucht, wie z. B. in dem bekannten Sprichworte:

An der Hunde Hinken,
An der Huren Winken,
An der Krämer Schwören
Soll sich niemand kehren.

(S. auch St.)

Flur. Aue. Wiese. S. Aue.

Flur. Feld. Gefilde. S. Feld.

Flügel.

Flügel. Fittig. Schwingen. S. Fittig.

Flüstern. Raunen. Wispern. Zischeln.

I. üb. So weit diese Wörter sinnverwandt sind, bedeuten sie so leise und unvernehmlich reden, daß man den Sprechenden nur verstehet, wenn sein Mund dem Ohre Hörenden ganz nahe ist.

II. V. Das Wort Raunen druckt diesen Begriff mit der Nebenbestimmung aus, daß das, was man Jemand in die Ohren raunet, ein Geheimniß sey, das kein Anderer, als er, wissen soll.

> Wie würde sie der Rache sich erfreun,
> Und meine Schmach von Hain zu Hain
> Den Schwestern in die Ohren raunen.
>
> Wieland.

Mir scheint dieser Nebenbegriff des Geheimnißvollen in der Abstammung des Wortes zu liegen. H. Adelung leitet seine Bedeutung zwar aus dem nachahmenden Laute her, und hält es mit den übrigen für völlig gleichbedeutend. Allein ich gestehe zuförderst, daß ich dieses Nachahmende in den Lauten nicht finden kann. Hiernächst finden wir es immer nur bey dem Sprechen und in der Verbindung in die Ohren raunen. Flüstern, Wispern, Zischeln wird auch von andern leisen Tönen gebraucht.

> Allein bald wisperte ihr vom Flusse her, das grüne melodische Schilf, von einem Gotte durch sanfter Lüfte lindes Geflüster beseelet, diese Worte entgegen.
>
> Rode.

Dazu kömmt endlich noch, daß wenn es von den Runen abgeleitet wird, dem es in seiner ältesten Form runen beym Notker so nahe ist, und diese die älteste Schrift der deutschen und nördlichen Völker waren, die mit der Einführung der lateinischen Schrift durch das Christenthum aufhörte verständlich zu seyn: so kann runen und raunen gar wohl bedeuten: unverständlich, unvernehmlich reden.

Flüstern, Zischeln und Wispern ahmen durch ihren Laut augenscheinlich insgesamt das Leisereden nach, und darum ist der Unterschied zwischen ihnen so schwer anzugeben, daß man sie gemeiniglich für völlig gleichbedeutend hält. Inzwischen scheint der Gebrauch einen Unterschied festzusetzen, den die Etymologie begünstigt.

Bey dem Leisereden pflegt man nehmlich die Blase- und Zischlaute, weil sie mit dem vordern Munde herausgeblasen und gezischt werden, am meisten zu hören. Und daß diese Laute den Stamm der vorliegenden Wörter ausmachen, das giebt ihnen ihre nachahmende Farbe.

Flüstern aber wird von den angenehmen, liebkosenden Reden gebraucht, dergleichen die Reden der Verliebten in ihren süßesten Augenblicken sind. Der stärkere Blaselaut F, womit es anfängt, ist auch vielleicht der natürliche Ausdruck des Verlangens und des Wonnegefühls.

Aber ach! wann wird ihr holdes Flüstern
Seinen Liebesreden sich verschwistern.

W. A. Schlegel.

Es ist augenscheinlich, daß man hier Flüstern nicht mit Zischeln und Wispern vertauschen kann.

Zischeln ist das Gegentheil von Flüstern in Ansehung seines Inhaltes. Denn wenn dieser bey Flüstern die Geheimnisse der Liebe und Freundschaft sind, die man den Ungeweihten verbergen will: so sind es bey Zischeln die Geheimnisse der Schmähsucht, die man der Aufmerksamkeit derer entziehen will, die dabey interessirt sind. Es enthält ohne die mildernden Blaselaute lauter scharfe Zischlaute, mit welchen der Eifer der Schmähsucht ihre lieblose Nachrede hervorstößt.

In

In diesem Sinne gebraucht Voß in den myth. Brief. Th. 1. S. 21. ins Ohr zischeln. Es ist hiernächst das verkleinernde Iterativum von Zischen, das von schädlichen und übelthätigen Thieren, dergleichen die Schlangen sind, gebraucht wird.

Wispern, in seiner ältern Form, Wispeln, das in seinem Laute weder das Angenehme des Flüsterns, noch das Verhaßte des Zischelns nachahmt, scheint einen gleichgültigen Inhalt der leisen Rede auszudrucken, und so hat es Lessing in seinem theologischen Nachlasse in dem ersten Briefe an den D. Walch gebraucht. Es hat weder den scharfen Zischlaut des Zischelns noch den sanften Blaselaut des Flüsterns.

Folgern. Schließen.

I. Üb. Den Zusammenhang eines Satzes mit seinen Gründen oder Vordersätzen denken.

II. V. Diese Gründe und Vordersätze können von mir selbst für wahr gehalten werden, und alsdann schließe ich daraus, daß auch der damit verknüpfte Satz wahr sey. Ich kann sie aber auch selbst für falsch halten, und nur urtheilen, daß andere Urtheile, die ich mithin selbst für falsch erkenne, darin gegründet sind, dann folgere ich das eine Urtheil aus den andern. Zu der Richtigkeit eines Vernunftschlusses gehört nähmlich, daß sowohl seine Materie als seine Form richtig sey. Seine Form ist aber richtig, wenn er den Regeln der Vernunftschlüsse gemäß ist, so wie seine Materie richtig ist, wenn die Vordersätze in demselben wahr sind. Man folgert daher, es sey, daß man den Vernunftschluß außer seiner Form auch in seiner Materie für wahr hält oder nicht, man schließt aber, wenn man beydes für wahr erkennt.

Spinoza hat aus dem Satze, daß es nur eine Substanz gebe, geschlossen und gefolgert, das Alles in der Welt bloß Modification dieser einzigen Substanz sey, denn er

hielt

hielt in diesem Schlusse sowohl die Folge für richtig, als seine Vordersätze für wahr. Bayle hingegen folgerte daraus, daß Gott, der diese einzige Substanz ist, mit sich selbst Krieg führe, daß ein Theil desselben den andern tödte u. s. w. er schloß es aber nicht; denn er hielt nur die Folge in dem Schlusse für wahr, keinesweges aber den Satz selbst, aus dem er es folgerte. Denn diesen wollte er eben dadurch widerlegen, daß er etwas ungereimtes daraus folgerte.

Folglich. Daher. Also. S. Daher.

Folter. Pein. Qual. Marter. — Foltern. Peinigen. Quälen. Martern. S. Marter.

Fordern. Heischen. Verlangen.

I. üb. Etwas begehren, das man hofft, zu erhalten.

II. V. Dieses Begehren kann eine bloße innere Thätigkeit des Begehrungsvermögen seyn, das auch nicht durch Worte oder andere Zeichen ausgedruckt wird. (S. Begehren. Verlangen Wünschen. Lust haben. Sich gelüsten lassen. Lüstern seyn)

Wenn man etwas fordert oder heischt, so erklärt man, daß man es verlange, ohne es dem, von dem man es verlangt, zu überlassen, was er thun will. Man hofft es zu erhalten, weil man sich überzeugt hält, die Sache sey so beschaffen, daß sie nothwendig zugestanden werden müsse.

Heischen fängt zwar an zu veralten; indeß sind immer noch einige davon abstammende Wörter im Gebrauche, die auf eine besondere Bedeutung desselben zurückweisen. Und diese wäre dann, daß man das Heischet, wovon man mit der größten Gewißheit weiß, daß es uns werde zugestanden werden. So heißt: sich anheischig machen, sich so verpflichten, daß ein Anderer mit völliger Gewißheit weiß, wir werden es ihm leisten müssen. In den strengen Wissenschaften, wie z. B.

in

in der Mathematik, nennt man solche praktische Sätze Heische-sätze, von denen man voraussetzen kann, daß sie ohne Beweis gewiß sind, daß also ihre Gewißheit im höchsten Grade augenscheinlich sey, und daß sie folglich von Jedem, der sie versteht, nothwendig müssen zugestanden werden. So ist der Satz ein Heischesatz: Man kann zwischen zwey Punkten eine Linie ziehen, in der Geometrie ein Heischesatz, weil er so evident ist, daß ihn ein Jeder, der die Worte desselben versteht, nothwendig für wahr erkennen muß, und man also mit völliger Gewißheit erwarten kann, er werde von ihm zugestanden werden.

Heischen würde also heißen, etwas verlangen, von dem man mit Gewißheit erwartet, daß es nicht werde versagt werden. Die Gewißheit ist der Nebenbegriff, durch den es sich von Fordern unterscheidet, und um dessentwillen es beybehalten zu werden verdient. Auch wird es noch von guten Schriftstellern gebraucht.

Süß und züchtig schaut sie nieder
Liebe giebt ihr sanfter Blick
Liebe, Liebe heischt er wieder.

Starke.

Bey Fordern würde die Gewißheit nicht den hohen Grad haben. Sie beruhet auf der Verbindlichkeit desjenigen, der etwas thun oder leiden muß. Diese ist entweder eine Zwangsverbindlichkeit oder eine bloße innere. Die Erstere gewährt dem Fordernden eine größere Gewißheit; denn sie überläßt es dem Verpflichteten nicht, ob er etwas thun oder leiden will; er kann gezwungen werden, wenn er nicht freywillig sich dazu verstehen will. Ich fordere eine Schuld, ich fordere das Geld zurück, daß ich Jemanden geliehen habe.

Die Gründe, worauf die innere Verbindlichkeit beruhet, können von verschiedener Art seyn; es sind bald Bewegungsgründe der Ehre, der Schamhaftigkeit, der Dankbarkeit, der Achtung gegen sich selbst oder gegen Andere u. s. w. Man fordert von einem Frauenzimmer, dem die Achtung der Welt nicht

nicht gleichgültig ist, daß es sich wohlanständig kleide, man fordert von einem gebildeten Manne, daß er seine Muttersprache richtig rede und schreibe; man fordert von einem ehrliebenden Manne, daß er sich wegen eines entehrenden Verdachtes rechtfertige. Ein Kind kann glauben, daß ihm die Dankbarkeit gebiete, sein Leben für seine Eltern aufzuopfern, es kann sagen, daß sie sein Leben von ihm fordern können.

Fordre deiner Tochter Leben
Lange ihr schon eine Last.

Gotter.

Man kann aber auch von Jemanden etwas verlangen, indem man ihm Gründe der Menschenliebe vorhält, und es ihm überläßt, was er thun will. Dieses ist aber nicht fordern sondern Bitten.

Stosch unterscheidet Fodern und Fordern auch durch die Bedeutung von einander. Das letztere soll nähmlich das bekannte und gebräuchliche Fördern seyn, welches er verwirft. Allein Fodern ist bloß die sanftere niederdeutsche Form von Fordern, die auch in das Hochdeutsche übergegangen ist, wie schon H. Adelung richtig bemerkt hat.

Forschen. Untersuchen.

I. üb. Die Wahrheit deutlich zu erkennen streben.

II. V. Dieses zeigt Untersuchen im Allgemeinen und jedem Grade der Anstrengung an, womit man nach der deutlichen Erkenntniß der Wahrheit strebt. Es giebt aber Dinge, wobey die Wahrheit tiefer verborgen ist, deren deutliche Erkenntniß daher eine anhaltendere und angestrengtere Aufmerksamkeit erfordert, und um zu der genauern Erkenntniß von diesen zu gelangen, muß man forschen. Der Zweck des Forschens ist also die tiefer verborgene Wahrheit zu entdecken, und die Erreichung dieses Zweckes ist Erforschen. Die Mittel dazu sind die sorgfältigere, anhaltendere und angestrengtere Aufmerksamkeit auf alle äußere und innere Erkenntnißgründe, und deren immer weiter eindringende Zergliederung, durch Beobachten, Vergleichen, Erwägen, Nachdenken.

> Er forscht und staunt der Wesen Leiter
> Vom Sandkorn bis zum Engelchor.
>
> Voß.

Zur deutlicheren und genaueren Erkenntniß aller Wesen, deren innere Natur so tief verborgen ist, gehört eine größere Anstrengung der Aufmerksamkeit, und darum muß man forschen, um dazu zu gelangen.

Wie diese genauere Bestimmung der Bedeutung des Wortes Forschen durch die Abstammung desselben bestätigt werde, ist schon gezeigt worden. (S. Begreifen. Fassen. Ergründen. Erforschen.)

Fortgehen. Abgehen. Weggehen. S. Abgehen.

Frau. Weib.

I. üb. Eine Person weiblichen Geschlechtes.

II. V. Nach dem gegenwärtigen Sprachgebrauche zeigt aber Frau außer dem Geschlechte auch den Stand, Weib hingegen bloß das Geschlecht an. Die Frau ist dem Herrn, das Weib ist dem Manne entgegengesetzt. Es wird daher auch, wie Herr, Personen vom höchsten Stande beygelegt. Man nennt Katharine II. und Maria Theresia große Frauen.

> Göttinnen, glaubt es dem Merkur,
> Sind eine gute Art von Frauen
> Ihr hoher Stolz sitzt in der Miene nur.
>
> Wieland.

Daher wurden auch schon in den mittleren Zeiten unverheurathete Fürstentöchter Frauen genannt: Die Mutter

Maria hieß und heißt noch im ausnehmenden Sinne, unsere Frau.

Aus dieser Ursach wird auch eine Person weiblichen Geschlechtes, wenn sie verheurathet ist, eine Frau genannt. Sie geht nehmlich nach europäischen Sitten, in einen höhern Stand über. Denn wenn der Stand ihres Mannes auch nicht höher ist, als der Stand ihres Vaters, so erhält sie doch als weibliches Haupt des Hauswesens durch die Regierung desselben den nächsten Rang neben dem Herrn des Hauses; sie wird als Materfamilias das, was ihr Mann als Paterfamilias ist.

In den morgenländischen Sitten ist das anders. Da ist die Verheurathete eine Sklavin, und stehet nicht der häuslichen Regierung vor; sie ist nur ein Weib, sie hat nur den allgemeinen Charakter ihres Geschlechtes; und nur in diesem wird sie von ihrem Manne geschätzt. Auf diesem beruhet der Witz in folgenden Sinngedichte.

> Daß Boas seine Magd zu seinem Weib erkohren,
> Deswegen hält man ihn für keinen Thoren;
> Dich nur, Lykander, hat man ausgelacht,
> Dieweil du deine Magd zu deiner Frau gemacht.
>
> Wernike.

Sollte indeß auch, wie der Verfasser selbst zu verstehen giebt, die Spitze darin bestehen, daß Lykander seine Magd auch zu seiner eigenen Beherrscherin gemacht: so würde doch immer daraus erhellen, daß das Wort Frau einen höhern Stand anzeigen soll.

Wenn Frau in den ältesten Zeiten auch von dem männlichen Geschlechte gefunden wird, wie beym Ottfried Fro, ein Herr: so würde es alsdann Fraue von dem weiblichen heißen müssen, und dieses letztere käme dann von dem Erstern her, wie das Italienische Signora von Signor. Bey dem Ulphilas heißt aber Frauga der Herr, und im Angelsächsischen Frea, welches auf Frey deutet, womit Frau verwandt

wäre,

wäre, woraus man dann die Bedeutung des höhern Standes nach den Begriffen des Mittelalters begreifen könnte.

Es ist daher nur ein Beweis, wie willkührlich man zu Luthers Zeiten noch mit der Sprache umgieng, und wie wenig man die sinnverwandten Wörter unterschied, wenn man in seiner Bibelübersetzung von der Verwechselung der Wörter Frau und Weib Beyspiele findet. Denn er übersetzt:

Deine Liebe ist mir sonderlicher gewesen, als Frauenliebe.

2. Sam. 1, 26.

Weib, was hab ich mit dir zu schaffen?

Joh. 2, 4.

Frech. Unverschämt. Schamlos. — Frechheit. Unverschämtheit. Schamlosigkeit.

I. üb. Wer die Urtheile der Menschen nicht scheuet.

II. V. Frech ist vielleicht das Intensivum von Frey und bezeichnete daher ursprünglich einen Jeden, der sich durch keine Furcht gebunden hält. Es wurde daher auch Anfangs in gutem Verstande gebraucht, und bedeutete muthig, tapfer. In seinem Übermaaße bezeichnete es dann denjenigen, der auch einer unüberwindlichen Gefahr trotzt. In diesem Sinne nannte noch ein neuerer Dichter ein Fahrzeug, das eine zu große Gefahr verachtet, ein freches Fahrzeug. (S. Frech. Dreist.)

Ein Mensch ist daher frech, wenn er den gegründeten Urtheilen über das, was recht, sittlich und anständig ist, wenn er also den überall anerkannten Gesetzen der Sittlichkeit und des Wohlstandes trotzt, und dieses durch sein äußeres Betragen zu erkennen giebt. Auch nennt man ein solches Betragen frech. Man sagt: eine freche Stirn, freche Blicke, ein frecher Gang.

Von diesem nahte sich ein junges Weibesbild,
Leichtfertig aufgeputzt, von Ansehn stolz und wild,
Von fern ein schön Gesicht, das feine Schminke deckte,
Der Anzug frey und bunt, der voller Flittern steckte.
Ihr Gang war schnell und frech.

Lichtwer.

Dieser Trotz, womit der Freche sich über alle anerkannten Gesetze hinwegsetzt, und seine Verachtung derselben, so wie den Mangel an Achtung gegen die Menschen, denen sie heilig sind, so ungescheut zur Schau trägt, und gewissermaßen so damit prahlet, daß er ihnen recht geflissentlich damit unter die Augen geht, — dieser beleidigende Trotz ist das, wodurch die Frechheit sich von der Unverschämtheit und Schamlosigkeit unterscheidet. Der Unverschämte und Schamlose scheuet bloß die Urtheile anderer Menschen nicht, der Freche trotzt ihnen.

Unverschämt und Schamlos druckt beydes einen Mangel an Scham aus, und wird sowohl den Menschen beygelegt, bey dem man diesen Mangel bemerkt, als den Handlungen, die daraus entstehen, und welche Zeichen davon sind. Unverschämt ist aber weniger als Schamlos. Auf wen gewisse Betrachtungen nicht stark genug wirken, daß er sich schämt, es sey, daß sie ihm gar nicht beyfallen, oder nicht wirksam genug sind, der ist unverschämt; wer bis auf die geringste Empfindung von Scham verlohren hat, wer ohn alles Gefühl gegen Ehre und Schande ist, der ist schamlos. Der Unverschämte ist das Gegentheil von dem Verschämten oder demjenigen, der bey jeder Gelegenheit Scham fühlt, und dadurch sich leicht in Verwirrung bringen läßt, der Schamlose von dem Schamhaften, der Scham empfindet, wenn gegründete Ursach dazu vorhanden ist.

Eine unverschämte Foderung ist eine solche, die ein Mensch sich nicht schämt zu machen, es sey, daß er ihre Unbilligkeit nicht einsieht, und nicht erwartet, daß man sie unbillig finden werde, oder daß er es wagt, ob man sie so finden werde.

werde. Schamlos würde man sie nennen, wenn ihre Unbilligkeit so groß wäre, daß sie einem jeden Menschen sogleich in die Augen fallen muß, und daß sie also nur der machen kann, der alles Gefühl gegen Ehre und Schande verloren hat.

Fressen. Essen. Speisen. S. Essen.

Freude. Freudigkeit. Fröhligkeit. Lustigkeit.

I. Üb. Diese Wörter kommen darin überein, daß sie einen Gemüthszustand bezeichnen, worin ein starkes Vergnügen herrschend ist.

II. V. Die erstern drey zeigen schon ihre Verwandtschaft durch die Aehnlichkeit ihrer Stammlaute an. Freude unterscheidet sich aber von den andern, so wie von Lustigkeit dadurch, daß sie sich auf ein Gut bezieht, wodurch sie ist gewirkt worden, und das uns entweder wirklich gegenwärtig ist, oder das wir uns durch die Einbildungskraft vergegenwärtigen. Die Geburt eines Kindes macht den Eltern Freude, die Nachricht von einem lange gewünschten Frieden, erregt eine allgemeine Freude. Daher hat auch das Wort Freude, wegen der Mehrheit ihrer Ursachen, eine vielfache Zahl.

Ein Kuß mag freylich sehr behagen,
Doch ists am Ende nur ein Kuß,
Und Freuden, wenn man zittern muß,
Sind doch, (was auch Ovide sagen,)
Für Schönen nicht gemacht, die gerne sicher gehn.

Wieland.

O wer nennt sie alle die farbigen, duftenden Freuden.

Gr. Stollberg.

Hier stehn die Freuden, nach einer kühnen Metonymie für ihre Ursachen selbst.

Auch wenn die Freude personificirt wird, beziehen sich ihre Handlungen auf die Ursachen, welche sie wirken.

Die

Die Freude winkt auf allen Wegen,
Die durch dies Pilgerleben gehn,
Sie bringt uns selbst den Kranz entgegen,
Wenn wir am Scheidewege stehn.

Hölty.

Es giebt für ein heiteres und wohlwollendes Gemüth überall in der Natur Ursachen und Veranlassungen zur Freude.

Die Freudigkeit giebt unserer Seele eine gewisse heitere Farbe, die sich den Gegenständen mittheilt, und sie für uns anziehend und reizend macht. Vermöge dieser Anziehungskraft der Gegenstände, beschäftigen wir uns gern mit ihnen. Sie entsteht theils aus der angenehmen Gemüthsstimmung, worin uns die Freude versetzt, und die Dinge ihrem eigenen Tone verähnlicht, theils aber aus der Aussicht auf den Genuß derselben, so wohl in dem wir ihn mit seinen Annehmlichkeiten voraus ahnden, als auch mit Gewißheit erwarten. Diese Freudigkeit erzeugt alsdann den Muth, uns seinen Besitz zu verschaffen, wenn dieser Besitz mit Schwierigkeiten verknüpft ist.

Der größte Freund der Musik hat keine Freudigkeit, sich auf seinem Instrumente zu üben, wenn er Zahnschmerzen hat, der zärtlichste Vater beschäftigt sich nicht mit Freudigkeit mit dem Unterrichte eines Kindes, dessen Stumpfsinn ihm alle Mühe vereitelt, oder dessen schwächliche Gesundheit einen nahen Tod verkündigt.

Freudigkeit ist also die Wirkung der Freude, welche uns geneigt macht, die Dinge in einem angenehmen Lichte zu sehen, und uns Lust zu ihnen macht.

Die Freude ist eine thätige Gemüthsbewegung, sie setzt daher unsere Lebensgeister in eine schnellere Bewegung, verähnlicht die Gegenstände diesen hüpfenden Aufwallungen und theilt sie auch dem Körper mit. Der Fröhliche sagt:

Land und Meer hüpft um mich her.

Dieser

Dieser Zustand, wodurch sich die Freude äußerlich offenbaret, ist die Fröhlichkeit.

Von ihr ist die Lustigkeit dadurch verschieden, daß sie nicht, wie die Fröhligkeit, bey den bloßen Ausdrücken der Freude stehen bleibt, sondern sich durch Handlungen äußert, die ausgelassenes Lachen erregen. Die Fröhlichkeit ist laut und wird bisweilen lärmend, die Lustigkeit ist muthwillig und wird bisweilen niedrig. Die Fröhlichen tanzen, singen, scherzen; die Lustigen treiben Spaß, erzählen Schwänke, necken sich, führen sich einander an. Bey einem Gastmahle gebildeter Personen herrscht Fröhlichkeit, Kinder sind lustig und in den Gelagen der Bauern herrscht rohe Lustigkeit. Die Genossen des Platonischen Gastmahls waren fröhlich, die Weiber von Windsor beym Shakespear sind lustig.

Lustig grenzt von der einen Seite an Aufgeweckt, Munter; (S. Aufgeweckt. Munter. Lustig.) von der andern an Fröhlich, und die angegebenen Nebenbegriffe in seiner Bedeutung lassen sich durch seine Ableitung bestätigen. Es kömmt von Lust her, und dieses enthält außer dem Begriffe des Vergnügens, der Freude und der Fröhlichkeit, noch den Begriff des Begehrens, welches in der Redensart: wozu Lust haben, sichtbar ist. Die Lustigkeit will also etwas, wodurch die Fröhlichkeit fortgesetzt und verstärkt werde. Der Fröhliche fühlt das Bedürfniß, seine Freude auszudrücken, der Lustige, sie zu verlängern und zu vermehren. Das Erstere disponirt den Fröhlichen, zum Hüpfen, Tanzen, Singen; das Letztere den Lustigen, zum Necken, Spaßen, Schwänke ersinnen und Possen reißen.

Freude. Ergetzen. Entzücken. Vergnügen. Lust. Wollust. Wonne. S. Ergetzen.

Freudig. Froh. Fröhlig.

I. Ub. Das ist derjenige, welcher sich in dem Zustande

befindet, worin das Vergnügen herrschend ist, so wie das, was diesen Zustand wirkt.

II. B. Freudig ist der, welcher Freude empfindet, und das, was Freude erregt; denn man sagt auch, eine freudige Botschaft. Die Freude macht uns froh und fröhlich. (S. Freude. Fröhlichkeit. Lustigkeit.) Froh bezeichnet diesen Zustand, den das Anschauen eines gegenwärtigen Gutes wirkt, von der Seite des innern Vergnügens, das in der Seele empfunden wird, fröhlich von der Seite des äußern Ausdrucks, durch den er sich zu offenbaren strebt.

> Als man noch gern lachte, gern fröhlig war, da gab es sales in der Rede, oder fröhligen Witz; da gesellten sich Menschen in der bloßen Absicht zusammen, um mit einander froh zu seyn.
>
> Rochow.

Freude kann daher mit froh in einem höhern Grade verbunden werden, wenn ihre größere innere Stärke angezeigt werden soll, die sich durch ihren Ausbruch ankündigt.

> — — Wenn sie auch wollte,
> Konnte dann schweigen der Freuden Froheste?
>
> Klopstock.

Fröhligkeit ist das Substantivum von Fröhlig und nicht von Froh, wie Wolf meynt, von diesem kömmt Frohseyn her, welches Baumgarten gebraucht hat. (Met. §. 682. vierte Ausg.) Dieser Sprachgebrauch scheint richtiger zu seyn, denn wir machen zwischen froh und fröhlich einen unverkennbaren Unterschied, und das ist der angegebene.

Froh druckt einen ruhigeren Zustand aus, worin das Vergnügen nicht lebhaft genug ist, um in körperlichen Bewegungen auszubrechen. Damit stimmt ein anderer Sprachgebrauch

brauch überein, nach welchem Frohseyn das Vergnügen bedeutet, das derjenige empfindet, dem ein Übel nicht mehr bevorstehet, oder der von demselben befreyet ist. Man ist froh, wenn man einer Gefahr entkommen, oder aus einem Unfalle glücklich gerettet ist. Man freuet sich, man ist voller Freude, wenn man ein einträgliches Landgut unverhofft geerbt hat, und man ist froh, daß es, wenn man es schon besaß, von einem nahen Feinde nicht ist verheert worden.

Wenn man über ein wirklich empfundenes, aber geendigtes Unglück froh ist: so ist die Freude schon durch das noch frische Andenken des überstandenen Übels gemäßigt, und sie hat also einen Grad, der nicht stark genug ist, um äußerlich sehr auszubrechen. Die Bedeutung eines bloß innern Vergnügens und eines Vergnügens über eine bestandene Gefahr, und ein geendigtes Leiden stimmen also genau zusammen.

Da die angenehme Empfindung, die aus dem Aufhören der Unlust entsteht, Frohseyn heißt: so könnte man wünschen, auch ein Wort zu haben, das die unangenehme Empfindung bezeichnete, welche aus dem Aufhören des Vergnügens entsteht, und dazu hat Moses Mendelssohn das Wort unfroh vorgeschlagen. *)

Frevel. Muthwille. — Frevelhaft. Muthwillig.

I. üb. Das Vergnügen, welches einem Menschen antreibt, schädliche Handlungen vorzunehmen.

II. V. Auf den ersten Anblick unterscheiden sich diese beyden Wörter durch den verschiedenen Grad der Strafbarkeit, der bey Muthwille geringer und bey Frevel größer ist; und bey diesem Unterschiede bleibt Stosch stehen. Er setzt nur noch hinzu: „Der Muthwillige thut das Böse mit Vorsatz und Dreistigkeit, der Frevelhafte thut es mit Bosheit, mit Vorsatz, mit Verwegenheit."

Schon

*) S. Lessings Leben. Th. 2. S. 202.

Schon diese letztere Bestimmung gehört nicht nothwendig zum Frevel, er gehört zum Freventlichen, und dieses ist noch von dem Frevelhaften und dem Frevel verschieden. (S. Freventlich. Frevelhaft. Boshaft.) Indeß hievon vor der Hand abgesehen, so ist es nicht die bloße Dreistigkeit, die den Muthwillen allein charakterisirt, und wie die Bosheit den Frevel ausmache, das muß auch noch näher bestimmt werden. Das ist um desto nothwendiger, da die Gesetze oft danach die Grade der Strafbarkeit mehrerer Vergehungen bestimmen, daß sie Muthwillen oder Frevel zum Grunde haben.

Muthwillig ist in dem alten sächsischen Landrechte noch bloß so viel als, mit Vorsatz.

> Swer des ander vihe totet daz man es iezzn smuz muotuillens ader an sinen Willen,
>
> Ius. Pr. Sax. III. 48.

Zu dieser Zeit war in der Bedeutung des Wortes Muthwille, noch nichts von den Nebenbegriffe der Dreistigkeit enthalten. Hingegen liegt darin, so wie in der Abstammung selbst der Begriff, daß, wer aus Muthwillen schadet, es thue, weil er die Sache selbst zu seinem Vergnügen thue, daß er seinen Scherz damit treibe. Die erste Stammsylbe in Muthwille ist das alte Muat, Gemuat, das beym Ottfried auch Freude, Vergnügen bedeutet, wovon Muthen, gern haben, (S. Einig. Einhellig. Einmüthig. Einträchtig.) abstammt, und das noch in Anmuthig, was man gern hat, was uns Vergnügen macht, in dieser Bedeutung vorhanden ist. (S. Angenehm. Lieblich. Anmuthig.)

Danach wäre dann der Muthwille das Wollen, das uns Vergnügen macht, und im bösen Verstande wäre: etwas aus Muthwillen thun, es darum thun, weil es uns Vergnügen macht, ohne daß wir an den Schaden denken, der daraus entstehen kann, zumal wenn er von keiner Bedeutung ist.

Der

Der Lenz hat Florens Rock voll Veilchen und Narcissen
Muthwillig ausgeschüttelt. — —

J. N. Götz.

Dieses Vergnügen kann auch bloß in dem Gefühle seiner Kräfte bestehen, das der Muthwillige genießen will, ohne zu bedenken, was es für Folgen haben könne. Gewöhnlich besteht er in dem Lachen über die Verlegenheit und Unannehmlichkeit, die man Jemandem verursachen will, und diese kann nur eine kleine seyn, wenn sie Lachen erregen, und aus bloßer Lustigkeit entstehen soll. Muthwillige Knaben werfen mit Steinen nicht in der Absicht einen schwer zu verwunden, sie wollen ihre Kräfte oder ihre Stärke und Geschicklichkeit zeigen, ohne daran zu denken, daß das für einen Andern vielleicht sehr ernsthafte Folgen haben könne; sie nähen ein Paar Personen die Kleider zusammen, sie machen Schlafende von Rus im Gesichte schwarz, um darüber zu lachen und sich an ihrer Verlegenheit zu belustigen.

Frevel wird der Muthwille, wenn das Vergnügen an schädlichen Handlungen, aus dem übel in diesen Handlungen selbst entsteht, wenn es daher der Frevler zur Absicht hat, wenn das übel gewiß und wenn es ein großes und verderbliches ist. über dergleichen übel, und zwar so fern sie übel sind, sich zu freuen, ist boshaft, und darum kann man sagen, daß der Frevel aus Bosheit des Gemüthes, und zwar aus einem sehr hohem Grade derselben entstehe. So war es kein bloßer Muthwille, sondern ein strafbarer Frevel, daß bey der feyerlichen Procession des Königes und der beyden Parlementshäuser nach der Paulskirche in London boshafte Personen Fußangeln auf dem Kirchhofe gelegt hatten, weil dadurch Menschen ums Leben kommen konnten. Es war kein bloßer Muthwille, wenn Nero die Stadt Rom anzünden ließ, es war der verruchteste Frevel. Denn beydes konnte nur ein äußerst boshaftes Gemüth fähig seyn, daß an dem größten Unglück Vergnügen findet.

Diese Bedeutung von dem Worte Frevel kann sehr wohl nach und nach aus dem Stammworte Frey, Freu in Freude, mit der Endsylbe el entstanden seyn. Das Erstere liegt darin zum Grunde, sofern ein Frevler für seine Bosheit keine Schranken kennt, und das Andere, sofern seine Schadenfreude sich jede Befriedigung erlaubt.

Frevelthat. Missethat. Verbrechen.

I. üb: Eine Handlung, die den vollkommenen Gesetzen entgegen ist.

II. V: Verbrechen druckt diesen Begriff in seiner größten Allgemeinheit aus; eine jede Frevelthat, eine jede Missethat ist auch ein Verbrechen. In der bürgerlichen Gesellschaft werden die Verbrechen durch die Obrigkeit öffentlich bestraft; denn sie verwaltet das Strafrecht im Nahmen der Staatsbürger, die es ihr aus guten Gründen übertragen haben. Ein Verbrechen, das mit dem Tode bestraft wird, ist eine Missethat. Diese Bedeutung hat keinen besondern Grund in der Abstammung dieses Wortes; der Sprachgebrauch allein hat sie eingeführt. Denn man nennt einen Verbrecher, der zum Tode geführt wird, einen Missethäter.

Da wir indeß die Größe der Verbrechen nach der Größe der Strafe schätzen: so bedeutet Missethat auch ein jedes schwereres Verbrechen, das die Todesstrafe oder eine ihr ähnliche verdient. Wenn daher in Luthers Bibelübersetzung der reuige Sünder seine Vergehungen Missethaten nennt, so will er dadurch die Größe ihrer Strafbarkeit anzeigen, er bekennt, daß er damit den Tod verdient habe.

Eine Frevelthat ist ein Verbrechen, das um der Bosheit willen, womit es verübt ist, eine härtere Strafe verdient. Ein Verbrechen kann nähmlich mit solchen empörenden Umständen begleitet seyn, welche in dem Gemüthe des Verbrechers eine verruchte, teufelische Freude an den Leiden des Gemißhandelten

delten voraussetzt. Ein Mord kann vorsätzlich verübt seyn, und eine schwere Strafe verdienen; er ist daher ein Verbrechen und eine Missethat, aber nicht immer eine Frevelthat. Eine Frevelthat wird er, wenn der Mörder den Ermordeten durch unnöthige, ausgesuchte Qualen ums Leben gebracht, wenn er seinen Körper verstümmelt oder beschimpft hat, und durch ähnliche barbarische Mißhandlungen seine scheußliche Rache und unmenschliche Brutalität zu vergnügen gesucht hat.

Ein Mensch, der durch empfindliche Beschimpfungen gereitzt wird, wenn er zum Unglück ein tödtliches Gewehr in der Hand hat, und in der Hitze des Zornes einen Andern umbringet, hat alsdann ein Verbrechen begangen, und wenn er zum Tode verdammt wird: so ist er ein Missethäter. Es war aber kein bloßes Verbrechen, wenn der Pöbel in Holland den berühmten Johann de Witt nicht bloß ums Leben brachte, sondern ihm auch das Herz aus dem Leibe riß und seine zerrissenen Glieder mit wilder Freude im Triumph herum schleppte; es waren Frevelthaten, wenn in Frankreich Ungeheuer in menschlicher Gestalt in den berüchtigten Noyaden junge Personen beyderley Geschlechts nackt an einander banden, sie so in den Fluß versinken ließen, und dieses barbarische Schauspiel republikanische Hochzeiten nannten.

Es giebt auch Verbrechen und Frevelthaten unter ganzen Völkern, indeß man eigentlich Missethaten nur von Verbrechen sagt, die nach bürgerlichen Gesetzen den Tod verdienen. Diese Verbrechen und Frevelthaten sind solche Verletzungen des Völkerrechtes, die dem beleidigten Staate eine gerechte Ursach zum Kriege geben, und es findet ebenfalls der angegebene Unterschied zwischen ihnen Statt. Ein Krieg, der durch eine Frevelthat veranlaßt wird, pflegt daher mit doppelter Erbitterung geführt zu werden.

So fieng der Krieg zwischen Spanien und Großbrittannien im Jahr 1739 damit an, daß ein spanischer Küstenbewahrer ein englisches Schiff wegnahm, das im Verdacht der

Contre-

Contrebande war, und dem Schiffskapitain Jenkins Nasen und Ohren abschneiden ließ. In dieser beschimpften Gestalt kam er nach England und stellte sich dem Parlamente vor, welches einmüthig den Krieg gegen Spanien verlangte, um eine solche Frevelthat zu rächen.

Freventlich. Frevelhaft. Boshaft.

I. üb. Im höchsten Grade strafbar.

II. V. Die Grade der Strafbarkeit böser Handlungen werden von der Größe des übels, welches sie wirken, und des bösen Willens, womit sie gewirkt werden, bestimmt. Es setzt aber einen höhern Grad des bösen Willens voraus, wenn der Handelnde das Böse als Böses will, und wenn er sich durch keine Schwierigkeit bey der Ausführung des bösen Vorhabens abschrecken läßt. Das Erstere wird durch Frevelhaft und Boshaft, das Letztere durch Freventlich ausgedruckt.

Der Boshafte und Frevelhafte findet an dem Bösen, das er wirkt, selbst Vergnügen, er freuet sich über den Schaden, den er anrichtet, das übel ist ihm Zweck, nicht bloß Mittel, er wird nicht durch Leidenschaft über die verderblichen Folgen verblendet, er will sie mit bewußter Absicht. Bey Frevelhaft kömmt aber auch die Größe des übels selbst mit in Anschlag, und es wird nur bey den höhern Graden desselben gebraucht, Boshaft auch bey den kleinern. Man sagt: Sie sind sehr boshaft, nicht, Sie sind sehr frevelhaft, daß sie mich so haben in Verlegenheit setzen können. Man fügt zu Bosheit frevelhaft als Beywort hinzu, wenn man den höchsten Grad derselben ausdrucken will, und nennt ihn eine frevelhafte Bosheit. (S Frevel. Muthwille. — Frevelthat. Missethat. Verbrechen.)

Freventlich wird von Verbrechen gesagt, zu welchem außer dem Frevel auch ein höherer Grad der Kühnheit, der Verwegenheit und der Gewaltsamkeit gehört, und es zeigt daher den höchsten Grad der Strafbarkeit des Verbrechens von dieser Seite an.

Wer

Wer raubte frevelich die königlichen Schätze?
Weiße.

Es stammt von Fräsen, kühn, verwegen ab, das noch in einigen Gegenden von Deutschland gebräuchlich ist.

Frey. Unabhängig. — Freyheit. Unabhängigkeit.

I. üb. Was nicht durch ein anderes Ding bestimmt wird. Die Menschen leben in dem unbedingten Naturstande völlig frey und unabhängig; denn sie erkennen keinen Oberherrn, und kein anderer Mensch hat das Recht, zu bestimmen, wie sie handeln sollen.

II. V. Frey druckt aber den Nebenbegriff aus, daß der Freye nicht durch einen Andern in seiner Thätigkeit gehindert und beschränkt wird, oder daß überhaupt die Bestimmungen, die er von dem erhält, von dem er abhängig ist, nicht den Bestimmungen seiner eigenen Natur entgegen sind. Es ist zunächst dem Gebundenen entgegengesetzt, und was gebunden ist, wird gehindert, seine Thätigkeit seinen natürlichen Kräften gemäß zu äußern. Ein Baum stehet frey, wenn seine Zweige nicht an ein Spalier gebunden sind, und noch mehr, wenn er nicht von andern Dingen so umgeben ist, daß er in der Ausbreitung seiner Aeste gehindert wird; die Aussicht ist frey, wenn das Auge durch keine vorliegenden Gegenstände gehindert wird, in das Weite zu sehen. Die Thiere laufen frey herum, wenn sie weder angebunden, noch in Ställen oder Einhegungen eingeschlossen sind.

Wenn wir es von dem Menschen sagen, so betrachten wir ihn in dem Zustande, worin er seine Kräfte nach seinem Gefallen gebrauchen kann. Dahin gehören erstlich seine körperlichen Kräfte. Wem die Fesseln abgenommen werden, womit er gebunden war, oder wer aus dem Gefängnisse entlassen wird, der wird nicht mehr gehindert, sich nach seinem Gefallen zu bewegen, er ist frey. Ferner gehören dahin die Kräfte seiner

seiner Seele, und zwar zuförderst seiner Erkenntnißkräfte. Der Verstand kann zwar in seiner Thätigkeit durch keine Vorschriften und Gesetze gehindert werden, und in dieser Rücksicht ist er wesentlich frey; und man kann sagen, daß uns die Freyheit zum Denken durch keinen Menschen kann genommen werden.

Allein der Mensch ist nicht von dem Einflusse seines Körpers unabhängig und dieser hindert uns im kranken Zustande zu denken. Ferner hindern uns nicht selten unsere Leidenschaften, unsere Furcht und Hoffnung, die Vorurtheile unserer Kindheit, unserer Erziehung, der Schule, zu der wir uns bekennen, die Vorurtheile des Ansehens die Verehrung des Alterthums u. dgl. das für wahr oder falsch zu halten, was wir nach unleugbaren Vernunftgründen für wahr oder falsch halten müßten. Wir denken alsdann nicht frey, aber eben deswegen denken wir auch nicht wohl. Und darum sagt der Dichter sehr wahr:

Wer frey darf denken, denket wohl.

Haller.

Hiernächst kann auch die Mittheilung unserer Gedanken gehindert werden, und zwar nicht bloß durch Gesetze, sondern auch durch Tadel, ungünstige Auslegungen, Besorgniß bey andern damit anzustoßen; wir dürfen nicht frey sagen, was wir denken. Das schadet nicht nur der Wahrheit, es beschränkt auch das unschädliche und unschuldige Vergnügen, das uns diese Mittheilung unserer Gedanken, so wie unseres Kummers und unserer Freuden gewährt.

— — Auch sie versichert ihn,
Uns werd in einem Freund ein heilger Schatz verliehn.
Vergnügen und Verdruß darf man ihm frey bekennen
Ihm frey den Gegenwurf geheimer Wünsche nennen.

Hagedorn.

Eben so frey, wie der Verstand, ist auch der Wille, wenn wir darunter das obere oder vernünftige Begehrungsvermövermögen verstehen; denn dieses kann in seiner Thätigkeit so wenig als der Verstand durch äußere Gewalt gehindert werden. Der Verstand und der Wille sind nicht allein frey, sondern auch von allem äußern Einflusse unmittelbar völlig unabhängig; denn keine Gewalt kann uns bestimmen, etwas falsches für wahr zu halten, noch etwas, das uns durchaus mißfällt, zu wollen.

Indeß können wiederum Leidenschaften und sinnliches Interesse uns bestimmen, etwas zu begehren, was unser vernünftiger Wille verwirft. Alsdann ist unser Wille nicht frey, er wird in seiner Thätigkeit gehindert. Zur Freyheit des Menschen, zu dieser Freyheit, wodurch er sich von den Thieren unterscheidet, und die ein Theil seiner vernünftigen Natur ist, — zu dieser Freyheit gehört also sowohl die innere als die äußere Freyheit; vermöge der Letztern steht er nicht unter der Einwirkung einer äußern Gewalt, vermöge der Erstern ist er von dem Einflusse der Leidenschaften und des sinnlichen Interesses unabhängig und, sofern er nicht durch sie gehindert wird, frey.

Die Stoiker konnten also mit Recht sagen: der Weise, und nur der Weise ist frey und unabhängig; denn sein Wille stehet unter dem Einflusse keiner Leidenschaft, keiner sinnlichen Neigung; und die äußere Gewalt kann nicht auf seinen vernünftigen Willen wirken, weil sie nur Furcht und Schmerz hervorbringt, und diese den Willen des Weisen nicht bestimmen. Er ist also frey selbst in Ketten, er ist unabhängig selbst unter den drohenden Befehlen eines gegenwärtigen Tyrannen; denn seine Entschließungen werden durch keine äußere Gewalt bestimmt, diese Gewalt kann ihnen daher auch nicht entgegen seyn. Sein Wille wird nur durch seine Vernunft bestimmt, er ist nur von seiner Vernunft abhängig.

Allein wie kann der Mensch frey seyn, wenn er nicht völlig, wenn er nicht auch von den Vorschriften der Vernunft unabhängig ist? — Dieser Zweifel hat einigen so unbeantwortlich geschienen, daß sie dem Menschen die Freyheit des Willens abgesprochen haben, und die, welche unter dem

Namen der Indeterministen bekannt sind, um sie ihm zu retten, behaupten, daß der Wille ohne alle Gründe, und also auch das Böse, begehren könne.

Man hat darauf geantwortet, daß eine solche Freyheit keine vernünftige, und also keine wahre Freyheit des menschlichen Willens, sondern Zügellosigkeit seyn würde. (S Frey. Ungebunden. Zügellos.) Allein diese Antwort, so richtig sie auch an sich ist, zeigt noch nicht, wie die Abhängigkeit des Willens von der Vernunft oder seine Bestimmung durch vernünftige Gründe mit seiner Freyheit bestehen könne. Daß sie das aber könne, das läßt sich aus bloß grammatischen Gründen völlig befriedigend darthun. Und das wird uns einen neuen Beweis geben, wie sehr eine genaue Kenntniß der Sprache selbst für die Wissenschaften nützlich sey.

Eine Sache kann frey seyn, auch wenn sie nicht unabhängig ist. Denn vermöge ihrer Abhängigkeit werden ihre natürlichen Thätigkeiten nur von andern bestimmt. Soll sie aber auch nicht frey seyn, so müssen diese fremden Einwirkungen zugleich ihrer eigenen natürlichen Thätigkeit entgegen seyn. So ist schon ein Baum frey, wenn seine Zweige nicht angebunden sind, oder er nicht von andern Dingen so nahe umgeben ist, daß er in seinen Bewegungen gehindert wird. Indeß hängen seine Bewegungen doch von seiner eigenen innern Natur ab. Das Wasser fließt frey, wenn es durch keine Wehre aufgehalten wird, indeß hängt doch seine Bewegung von seiner Schwerkraft ab, die zu seiner Natur gehört.

So ist der Wille von der Vorstellung vernünftiger Gründe abhängig, ohne daß er darum aufhörte, frey zu seyn; denn diese gehören zu der Natur des vernünftigen Willens, und wir nennen alles frey, dessen Thätigkeit nicht gehindert wird, sich nach den Gesetzen seiner eigenen Natur zu äußern.

Das wird selbst durch den vernünftigen politischen Gebrauch dieser Wörter bestätigt; denn die neueste Sprache hat nicht wenig Mißverständniß in diese Untersuchungen gebracht.

Ein weiser Mann, der unter einer weisen Regierung lebt, ist frey, ob er gleich von dem Willen dieser Regierung abhängig ist. Denn diese Regierung bestimmt zwar verschiedene seiner Handlungen, aber, da sie weise ist, nicht anders, als sie seine eigene Vernunft bestimmt. Sein vernünftiger Wille wird also durch diese Abhängigkeit in seiner Thätigkeit nicht gehindert, und er hört nicht auf frey zu seyn.

Selbst die Gewohnheit, nur diejenigen Staatsverfassungen freye zu nennen, worin das Volk selbst entweder ganz oder zum Theil die Herrschaft ausübt, ist diesem nicht entgegen. Denn auch in diesem ist der einzelne Bürger von der Regierung abhängig, und man hat diese Verfassungen nur darum vorgezogen, weil man glaubt, nach diesen am weisesten regiert zu werden. Indeß hat das die Erfahrung nicht immer bestätigt. Denn eine noch so große Anzahl von Menschen, und vielleicht mehr als eine geringere, kann leidenschaftlich handeln. Die freyeste Verfassung würde also immer nach dem Ausspruche der ältesten griechischen Philosophen diejenige seyn, worin nur die Weisesten zum Regieren gelangen, sie mögen viel oder wenig seyn.

Der Stand der Natur soll zwar, dem Rechte nach, ein Zustand der völligen Freyheit und Unabhängigkeit seyn, er ist es aber in der That nicht. Denn obgleich keiner von Natur ein Recht hat, die Handlungen eines Andern zu bestimmen, und ihn also als von sich abhängig zu betrachten, noch ihn zu hindern, daß er nach seinem Gefallen, und also frey handle, so mißbraucht doch der Mächtige dazu oft seine Gewalt gegen den Schwächern.

Frey. Ungebunden. Zügellos. — Freyheit. Ungebundenheit. Zügellosigkeit.

I. üb. Wer sich in seinen Handlungen nicht einschränken läßt. In dieser uneigentlichen Bedeutung kommen diese Wörter mit einander überein.

II. V. Freyheit wird aber in beyderley Sinne, im guten und bösen gebraucht. In dem erstern, wenn es anzeigt, daß Jemand keine äußere Gewalt anerkenne, die ihn einzuschränken im Stande und berechtigt sey; in dem letztern, wenn er keine innere Einschränkung durch sittliche Gesetze anerkennt.

Wir leben ohne Zweck und Plan
In stolzer Freyheit von allen andern Gesetzen,
Als was uns lüstert zu thun.

Wieland.

In dieser bösen Bedeutung ist es einerley mit Ungebundenheit. Denn der führt ein ungebundenes Leben, der sich durch keine innere Verbindlichkeit durch sittliche Gesetze verpflichtet fühlt; und so weit kömmt Ungebunden mit Zügellos überein. Wenn man daher die Freyheit im bösen Sinne bezeichnen will, so setzt man ungebunden und zügellos hinzu, und nennt sie eine ungebundne, zügellose Freyheit.

Zügellos ist aber noch mehr als ungebunden. Denn dieses deutet auf ein Thier, das eines Zügels bedarf, wodurch es gehindert werde, nicht das größte übel anzurichten, und das ohne Zügel seiner ganzen Wildheit überlassen ist. Ein ungebundenes Leben ist also ein solches, worin der Mensch weder eine äußere Gewalt eines Gesetzgebers, noch ein inneres Ansehen der sittlichen Gesetze anerkennt, und daß kann ihm und Andern, wenn eine oder die andere Leidenschaft in ihm erwacht, gefährlich werden. Ein zügelloses Leben muß aber so wohl ihm, als andern Menschen zum Verderben gereichen. Denn die Zügellosigkeit ist der Zustand, worin die Begierden und Leidenschaften wirklich in Bewegung sind, und worin sich der Mensch allem ihren Ungestüm überläßt.

Freyheit. Recht. Vorrecht.

I. üb. Das gesetzliche Vermögen, etwas zu thun oder nicht zu thun.

II. V.

II. V. Diesen Begriff druckt Recht in seinem ganzen Umfange aus, und dieses Recht giebt dem Berechtigten eine gesetzliche Freyheit, so fern er ohne Besorgniß durch gesetzliche Gewalt gehindert zu werden, nach seinem Gefallen handeln kann.

Diese Rechte und Freyheiten sind Vorrechte, wenn sie außer dem Berechtigten kein anderer hat. Zu den Zeiten der Lehnsverfassung war das Volk in Freye und Knechte getheilt; die Erstern genossen der Freyheit, und diese bestand in Rechten, welche die Knechte oder Leibeigenen nicht hatten; diese Rechte waren also Vorrechte.

Stosch hat in diesem Artikel Recht ausgelassen und Vorzug hinzugesetzt. Allein vermittelst des Wortes Recht findet erst eine Verwandtschaft zwischen Freyheit und Vorrecht Statt, und Vorzug ist mit Vorrecht nur von Einer Seite sinnverwandt. (S. Vorrang. Vorrecht. Vorzug.)

Freyen. Heurathen. Ehelichen. Sich vermählen. Sich beweiben. Hochzeit machen. Beylager halten.

I. üb. Mit einer Person verschiedenes Geschlechtes in eheliche Verbindung treten.

II. V. Hochzeit druckt den Anfang dieser Verbindung aus, so wie die feyerlichen Gebräuche, und das Fest, welches die Schließung des ehelichen Vertrages, die nach unsern Sitten durch die Trauung geschieht, begleiten. Noch bis auf das sechszehnte Jahrhundert hieß Hochzeit ein jedes Fest, und nur erst der neuere Sprachgebrauch hat seine Bedeutung auf das Fest eingeschränkt, das bey Gelegenheit einer ehelichen Verbindung angestellt wird.

> Daromb so mag man dem Speer, den negeln, dem Creuz und andern Waffen Gotts Hochzeit machen und reverenz und eer erzoeigen.
>
> Geyler von Kayserberg. Post. p. III. f. 14.

Die

Die vier hohe Feste im Jahr hießen die vier obersten Hochzeiten. Dieser Sprachgebrauch liegt vielleicht noch bey den Redensarten: Hochzeit machen und eine Hochzeit geben, zum Grunde. Das Erstere bedeutet bloß, sie haben ihre Ehe angefangen, das Andere, sie haben ein Fest gegeben. Denn man sagt: Sie haben in aller Stille Hochzeit gemacht, d. i. sich trauen lassen; sie haben eine Hochzeit gegeben oder ausgerichtet, sie haben ein Fest angestellt, ein großes Gastmahl gegeben, das sich oft mit Musik und Tanz endigt.

Die Hochzeit königlicher oder fürstlicher Personen wird das Beylager genannt, welches sich auf ihre eheliche Verbindung beziehet. Denn nach dem alten deutschen Rechte wurde die Ehe durch die Besteigung des Ehebettes vollzogen.

Wenn diese beyden Wörter sich auf die bey dem Anfange der Ehe gewöhnlichen Gebräuche beziehen, so drucken die übrigen diese Verbindung selbst aus.

Heurathen und Ehelichen sind so weit einerley, daß man sowohl von dem Manne, der sich mit einer Person des andern Geschlechtes verbindet, sagt: er habe sie geheurathet, geehligt, als von ihr: Sie habe ihn geheurathet, geehligt. Beyde werden auch mit der Vorsylbe Ver zurückkehrend gebraucht: Sich mit Jemanden verheurathen oder verehlichen.

Allein sie sind schon darin von einander verschieden, daß Heurathen auch bedeutet sich um eine Person ehelich bewerben. Denn so kömmt es in der Redensart vor: Er hat nach ihr geheurathet. Auch druckt es den Bewegungsgrund dieser Bewerbung aus, wenn man sagt: nach Gelde heurathen. In allen diesen Fällen kann man nicht sagen: ehelichen. Es ist aber nicht leicht, den Grund dieses Unterschiedes in der Abstammung zu finden.

Stosch macht die nicht verwerfliche Anmerkung, daß Heurath, wovon Heurathen gemacht ist, nicht von

Heuren, Miethen, wie Westphal (de Consuet. ex sacc. et libr.) sondern von Heim und Rath abstamme. Allerdings hat auch Rath ehemals so viel als Menge, Haufen, Sammlung bedeutet, und von dieser Bedeutung sind noch die Spuren in Vorrath, Hausrath, zu Rathe halten, übrig. So daß dann Heirath — denn so müßte es nach dieser Ableitung geschrieben werden, und nicht Heurath — ein Zusammenthun in Einer Wohnung und gemeinschaftlicher Wirthschaft bedeuten würde. Wer dann mit seiner Frau viel Vermögen erhalten hätte, der hätte eine reiche Heirath gethan, er hätte reich geheirathet; denn er hätte mit ihr viel Vermögen in ihr neues Haus, in ihre neue Wirthschaft zusammen gebracht; da man hingegen nicht sagen kann: reich ehelichen.

Es mag dir wohl wehe thun, daß deine Schwester so reich heurathet.

Gellert.

Ehelichen bezeichnete also nur den ehelichen Vertrag, Heirathen aber, die darauf erfolgende Einrichtung einer gemeinschaftlichen Wirthschaft.

Sich vermählen hat eben die Bedeutung, als sich verehelichen, man gebraucht es aber nur von vornehmen oder zum wenigsten angesehenen Personen. Hier glaubt die Sprache der Höflichkeit und der Schmeicheley mehrentheils lieber etwas zu viel als zu wenig thun zu müssen, und darum lassen sich die Schranken bey dem Gebrauche dieses und ähnlicher Wörter so schwer bestimmen.

Wenn Jemand die eheliche Verbindung mit einer Person sucht, sich bey ihren Aeltern oder Verwandten in Gunst zu setzen, alle Mühe anwendet, und alles thut, um ihre Einwilligung zu einer solchen Verbindung zu erhalten: so sagt man: er freyet nach ihr, und wer das thut, ist ein Freyer. Die Freyer der Penelope oder die jungen Ithaker, die nach der Penelope freyten, gaben sich Mühe, ihre Gunst zu erhalten,

ten, und ein Jeder suchte ihre Wahl für sich zu bestimmen. Da die Absicht und der gewöhnliche Erfolg dieser Bemühungen die eheliche Verbindung zu seyn pflegt: so steht dann auch Freyen für Heirathen selbst. So kömmt es in Luthers Bibelübersetzung vor. 1 Cor. 7, 9. Matth. 19, 9.

Da das Wort Weib eine Person des andern Geschlechtes bloß von ihrem Geschlechte ohne alle Rücksicht auf einen höhern Stand bezeichnet: so bezeichnet Sich beweiben auch die eheliche Verbindung nur von ihrer gemeinsten Seite. In den Kriegesheeren wird es nur von den Ehen der gemeinen Soldaten gebraucht, wenn man sagt: in dieser Compagnie sind so viel Beweibte.

Freyer. Liebhaber.

I. üb. Ein Mann, der sich um die Gunst eines Frauenzimmers bewirbt.

II. V. Dem Ursprunge nach würden diese Wörter völlig gleichbedeutend seyn. Denn Freyer kömmt von Freyen her, im Gothischen frijon, lieben. Welche reine Sitten! Welche schöne Zeit! worin alle Freyer Liebhaber, und alle Liebhaber Freyer waren! Unsere Sitten haben aber leider! einen Unterschied nöthig gemacht. Denn jetzt, da man die alte Bedeutung von Freyer hat verlöschen lassen, ist ein Freyer derjenige, der sich um die Gunst eines Frauenzimmers in der Absicht bewirbt, um es zu heirathen; (S. Freyen. Heirathen.) das geschieht aber, wie die Erfahrung lehrt, oft ohne Liebe, und ein Liebhaber bewirbt sich eben so oft um ihre Gunst, ohne die Absicht, es zu heirathen.

Ein reiches Frauenzimmer hat auch gemeiniglich viel Freyer, selbst wenn ihre Gestalt wenig geschickt ist, Liebe einzuflößen; es bewerben sich viele um sie, in der Absicht, sie zu heirathen, und nur ihre Eigenliebe kann sie überreden, daß diese Freyer auch Liebhaber sind.

Eine schöne aber arme Person hat hingegen viele Liebhaber, sie wird von vielen geliebt und viele suchen ihre Gunst, obgleich unter allen diesen nicht ein einziger Freyer ist, welcher sie wirklich zur Ehe begehrte. Ein Prinz kann der Liebhaber einer Person von geringem Stande seyn, und er darf nicht daran denken, ihr Freyer zu werden. Da es thöricht seyn würde, zu hoffen, daß er je aus einem Liebhaber ein Freyer werden könne: so ist es unklug, wenn sie ihn als Liebhaber duldet.

Eine verheirathete Frau kann keinen Freyer haben, weil sie niemand mehr heirathen kann; es können sich aber noch immer Liebhaber bey ihr einfinden. Sie schadet daher ihrem guten Rufe, wenn sie ein Gefolge von Liebhabern hat; denn sie setzt sich dadurch entweder dem Verdachte der Coketterie oder der ehelichen Untreue aus.

Durch einen Eigensinn, der nur aus unsern Sitten zu erklären ist, hat man das Wort Freyer in die unedle und bloß gemeine Sprache hinabsinken lassen. Man gebraucht anstatt dessen, Liebhaber, und das ist ein Compliment, wodurch man zu verstehen giebt, man glaube, daß alle Ehebewerbungen Liebe zum Grunde haben.

Freyer. Bräutigam.

I. üb. Derjenige, welcher sich mit einer Person des andern Geschlechtes ehelich verbinden will.

II. V. Aber man ist erst Freyer, ehe man Bräutigam wird; denn der Freyer bewirbt sich um die Gunst eines Frauenzimmers, (S Freyen. Heirathen. — Freyer. Liebhaber.) der Bräutigam hat schon die Einwilligung zur Schließung der Ehe erhalten. Man sagt: diese Person hat viele Freyer, es sind viele, die sich um ihre Gunst bewerben und sie zur Ehe verlangen; sie hat sich diesen aus ihren Freyern zum Bräutigam gewählt, indem sie ihn zu heirathen versprochen.

Penelope hatte viele Freyer, worunter sie aber keinen zu ihrem Bräutigam wählte.

Freygebig. Wohlthätig. Gutthätig. Mildthätig. — Freygebigkeit. Wolthätigkeit. Gutthätigkeit. Mildthätigkeit.

I. üb. Sofern diese Wörter sinnverwandt sind, bedeuten sie die Neigung, Andern Gutes zu erweisen.

II. V. Freygebig deutet, vermöge seiner Ableitung, nur auf die Menge deß das gegeben wird, ohne Rücksicht auf seine Beschaffenheit, so daß es auch von bösen Dingen gesagt wird. Wer die Menschen nicht bloß nach vernünftigen Gründen beurtheilt, der ist oft sowohl mit seinem Tadel zu freygebig, als mit seinem Lobe. In dieser weitesten Bedeutung wird es hier nicht in Betrachtung gezogen. Indeß kann sie doch nicht ganz übergangen werden. Denn sie führt zunächst auf das erste Merkmahl, wodurch sich die Freygebigkeit von der Gutthätigkeit und den übrigen Wörtern unterscheidet, nähmlich, daß die Neigung des Freygebigen sich nur auf das Geben bezieht, sofern es ihm selbst Vergnügen macht, ohne durch das Bedürfniß ihrer Gegenstände geleitet zu werden.

Die Gutthätigkeit giebt, wenn sie sich durch Geben äußert, das was für den Empfangenden ein Gut ist, und zwar ein Gut im ausnehmenden Verstande. Daher ist sie vorzüglich auf solche Güter eingeschränkt, die zu den Nothwendigkeiten des Lebens gehört, und wird gegen diejenigen ausgeübt, die an den nothwendigsten Bedürfnissen des Lebens Mangel leiden. Der Freygebige giebt allen ohne Unterschied, der Gutthätige nur den Dürftigen.

Hiernächst schränkt sich die Freygebigkeit, wie das Wort selbst anzeigt, nur auf das Geben ein, die Gutthätigkeit erstreckt sich auch auf das Thun. Der Gutthätige giebt nicht nur dem Dürftigen, er leistet auch Dienste, wodurch

durch er Anderer Noth vermindern, und ihren Zustand verbessern kann. Er nimmt den verlaßnen Fremden, der um eine Herberge bekümmert ist, in seinem Hause auf, er pfleget den Kranken, hat für ihn Heilmittel und Erquickungen bereit, übernimmt gern die Fürsprache für das freundlose Verdienst.

Mildthätig setzt zu diesem Begriffe noch die zwey Züge hinzu, daß sie eine reichliche Gutthätigkeit, und eine Gutthätigkeit ist, die, indem sie aus einem Triebe sanfter Güte entsteht, die einnehmenden Formen dieser schönen Tugend hat. Es kömmt von milde, welches in seinem eigentlichen Sinne den Dingen beygelegt wird, die nicht herbe und strenge für den Geschmack sind. (S. Milde. Sanft.) Die Güte ist daher eine milde Güte, sofern sie sich auf eine sanfte Art äußert. Die Mildthätigkeit giebt allezeit mit einer Leutseligkeit, die der Ausdruck einer sanften Menschenliebe ist.

Es giebt Menschen mit rauhen Formen, die man gutherzige Polterer nennt, und die im höchsten Grade gutthätig sind; sie geben, und geben viel, aber sie wissen ihrer Gutthätigkeit nicht die Gestalt der Mildthätigkeit zu geben.

Noch mehr sticht aber in der Mildthätigkeit der Begriff des Reichlichen hervor. Die Milde giebt gern, oft und viel; und daher ist der Übergang von der ersten Bedeutung zu dieser letztern sehr natürlich. Bey öffentlichen Unglücksfällen, wo ganze Dörfer und Städte in Noth gerathen, müssen die Beyträge zu ihrer Minderung ansehnlich und reichlich seyn, und darum wird dazu die Mildthätigkeit vermögender Personen aufgefordert. Da dieses gewöhnlich in den gottesdienstlichen Versammlungen geschieht, wo eine große Menge Menschen beysammen sind und sich durch Bewegungsgründe der Religion für Güte und Milde gestimmt fühlen: so hat dadurch das Wort Mildthätigkeit einigermaßen eine gottesdienstliche Farbe erhalten.

Wohlthätig ist am schwersten von Gutthätig zu unterscheiden; denn es kömmt dabey auf den feinen Unterschied

zwischen

zwischen Gut und Wohl an. Der kann aber hier nur vor der Hand im Allgemeinen dahin bestimmt werden: daß gut das sey, was seine gehörige Vollkommenheit hat, und die Vollkommenheit eines Andern befördert, wohl aber, was sich dem Gefühle als gut ankündigt, indem es mit Vergnügen und Zufriedenheit empfunden wird. (S. Gut. Wohl.)

Daher ist derjenige Gutthätig, der irgend etwas thut, das für den Dürftigen ein Gut ist, und Wohlthätig, der für irgend Jemand etwas thut, das ihm das Gefühl des Wohlseyns giebt. Die Wohlthätigkeit ist folglich nicht bloß auf das Geben eingeschränkt, und eben so wenig auf das Thun für den Dürftigen, sondern es erstreckt sich auf jede Handlung, die sich auf ein Bedürfniß bezieht. Ein Kind wird, wenn es zu reifern Verstande gekommen ist, einen Verweis, und selbst eine Züchtigung als eine Wohlthat ansehen, und seinen Erzieher als wohlthätig preisen, nachdem es nun fühlt, wie nützlich sie ihm gewesen. Die personificirte Hoffnung giebt uns das angenehme Gefühl einer frohern Aussicht in die Zukunft, das dem Leidenden ein Bedürfniß war, um die Last des Lebens zu tragen.

> Wohlthätigste der Feen,
> Du mit dem weichen Sinn
> Vom Himmel auserseben
> Zur Menschentrösterin.
>
> Bürger.

Ein wohlthätiger Schlaf ist der, welcher uns erquickt und uns das Gefühl unserer erneuerten Kräfte gewährt, eine wohlthätige Ausdünstung in einer Krankheit giebt uns das wiederkehrende Gefühl unseres Wohlseyns, in beyden Fällen kann es nicht heißen gutthätig.

Es scheint, als entspräche Gutthätigkeit und Mildthätigkeit dem französischen beneficence, so wie Wohlthätigkeit dem bienfaisance. Dieses letztere hat die Sprache dem ehrwürdigen Abbé de St. Pierre zu danken, der sein Leben

Leben in Arbeiten und Projecten der Wohlthätigkeit zubrachte, wovon auch die unausführbaren seinem wohlthätigen Herzen Ehre machen. Er braucht für seine Lieblingstugend ein Wort, das sich nicht auf die nothwendigsten Bedürfnisse der Leidenden einschränken sollte; es mußte alles begreifen, was uns wohl thut, und uns das angenehme Gefühl des Frohseyns, der Hoffnung, der Zufriedenheit und der Unbesorgtheit für die Zukunft verschaffen kann. Und darauf zweckte selbst noch immer unausgeführtes Project eines ewigen Friedens ab. Beneficence hat sich daher auch, wie unser Mildthätigkeit nur noch in der gottesdienstlichen Sprache erhalten, nachdem ein so weit umfassendes Wort, wie bienfaisance in die französische Sprache gekommen ist.

Freywillig. Gutwillig. Gern.

I. üb. Wer das, was er thut, ungezwungen thut, der thut es Freywillig, Gutwillig, Gern.

II. V. Diesen Begriff druckt Freywillig ohne alle Nebenbegriffe aus, und das liegt in seiner Zusammensetzung. Denn es zeigt einen Willen an, der frey ist, und sich also ohne äußern Einfluß des Zwanges äußert. Ein Feldherr gebraucht zu einer gefährlichen Unternehmung diejenigen Soldaten, welche sich freywillig dazu erbieten, also nicht dazu commandiert und durch Zwangsbefehle angehalten werden. Es wird daher auch uneigentlich durch Personification von solchen leblosen Dingen gebraucht, die sich ohne äußern Anstoß bewegen, wo man es augenscheinlich nicht mit gutwillig vertauschen kann.

— — Wie ein willkomm'ner Bach
Freywillig aus gesundem Quell dahinströmt.

Eschenburch.

Zu diesem Begriffe kömmt aber bey Gutwillig noch der Nebenbegriff, daß der Gutwillige das, was er thut, aus Güte und Liebe thut, oder um dem, für welchen er etwas

was thut, ein Vergnügen zu machen oder ihm gefällig zu seyn. Kayser Karl der fünfte legte freywillig die Regierung nieder, er wurde dazu nicht gezwungen, er wollte auch damit Niemanden einen Gefallen erweisen. Der Marggraf Johann von Brandenburg hingegen mit dem Zunahmen der Alchymist, trat seinem Bruder gutwillig die Chur ab; er that es nicht allein ungezwungen; denn er that es aus Liebe zu seinem Vater, der es wünschte, und dem er dadurch einen Gefallen erwies. Ein liebreicher Herr hat am liebsten solche Bedienten, die ihm gutwillig dienen, indem sie aus Liebe zu ihm ihren Dienst vorstehen.

Gutwillig hat daher auch den Nebenbegriff, daß man das, was man thut, nicht um eines Gewinstes und einer Belohnung willen thut. Es giebt bisweilen solche gute Menschen in der Classe der Bedienten, die ihrem Herrn so ergeben sind, daß sie ihm auch noch, wenn er verarmt ist, und sie nicht mehr bezahlen kann, noch gutwillig, d. i. aus Liebe dienen. Das ist das größte Lob, sowohl des Herrn als des Dieners.

Da diese Güte bisweilen auch eine Wirkung des Temperaments oder der Schwäche des Verstandes seyn kann, wenigstens in einem egoistischen Zeitalter leicht dafür gehalten wird: so fängt gutwillig an, einen versteckten Tadel zu enthalten, und der Ausdruck, ein gutwilliger Mensch, deutet auf einen Menschen, der sich alles gefallen läßt, und den man leicht zu jeder Gefälligkeit bewegen kann, so bald man sich an seine Gutherzigkeit wendet. Dann ist die Gutwilligkeit eben so herabgewürdiget, als der Ausdruck: un bon homme, ein gutwilliger Mann, der sich die Untreue seiner Frau gefallen läßt, in dem Munde des verderbten Theiles der französischen Nation.

Gern thun wir das, was wir mit Vergnügen thun; und dieser Nebenbegriff unterscheidet es von Freywillig; denn dieses schließt nur den Zwang aus. Wir thun aber oft etwas freywillig, ob wir uns gleich ungern dazu entschliessen. Denn es können uns höhere Bewegungsgründe unseres

wahren

wahren Besten, unserer Ehre u. s. w. dazu nöthigen. Wer den kalten Brand am Fuße hat, unterwirft sich freywillig einer gefährlichen und schmerzhaften Operation, ob er es gleich nicht gern thut; es zwingt ihn Niemand dazu, aber es macht ihm kein Vergnügen.

Wenn wir bisweilen sagen, daß wir etwas gern thun, was uns doch kein Vergnügen macht, sondern vielmehr unangenehm seyn muß: so geschieht das in solchen Fällen, wo es die Gesetze der Höflichkeit und der guten Lebensart verbieten, unsere wahre Gesinnung zu offenbahren. So sagen wir, wenn wir im Spiele verlohren haben, wir setzen gern zu, ob es uns gleich kein Vergnügen macht, weil es unverbindlich würde, zu bekennen, daß es uns unangenehm ist.

Von Gutwillig unterscheidet sich Gern zuförderst dadurch, daß wir bey dem, was wir gutwillig thun, das Vergnügen Anderer zur Absicht haben, was wir Gern thun, hingegen unser eigenes. Gutwillig trinken würde heißen: sich nicht dazu zwingen lassen, sondern aus Gefälligkeit gegen die Gesellschaft mittrinken; Gern trinken würde heißen, selbst daran Vergnügen finden, es sey, daß es uns angenehm ist, der Gesellschaft gefällig zu seyn, oder daß es uns selbst gut schmeckt.

Selbst wenn wir etwas für einen Andern gern thun, so ist es doch immer unser Vergnügen oder Vortheil, warum wir es gern thun; wenn wir es hingegen gutwillig thun, so ist es das Vergnügen des Andern, für den wir es thun; wir thun es aus Liebe und Güte. Einem Herrn, der seine Bedienten gut bezahlt, dem dienen sie gern, ihr eigener Vortheil macht sie willig; einen liebreichen Herrn dienen sie gern und gutwillig; gutwillig, weil sie ihn lieben, gern, weil ihnen sein Dienst Vergnügen macht.

Freymüthig. Aufrichtig. Offenherzig. Treuherzig. Naiv. S. Aufrichtig.

Frisch. Jung. Neu.

I. üb. Was noch nicht lange da gewesen ist. Alle drey Wörter haben zu ihrem Gegensatze Alt, oder das, was schon lange da gewesen ist.

II. V. Neu bezieht sich zuförderst bloß auf die Zeit und bezeichnet jedes Ding, zu welcher Art oder Gattung es auch gehören mag; sey es lebendig oder leblos, ein Mensch oder ein Thier, ja es wird von Accidenzen, wie von Substanzen gebraucht. Ein neues Kleid, heißt ein Kleid, das eben erst gemacht ist, ein neues Haus, das eben erst gebauet ist, ein neugebohrnes Kind, das eben erst ins Leben gekommen ist, eine neue Pflanze, die bisher noch nicht ist bekannt gewesen, ein neuer Baum, der nicht lange ist gepflanzt gewesen, ein neues Pferd, das der Besitzer noch nicht lange gehabt hat, wenn es auch nicht mehr jung ist; ein neuer Gedanke, den noch bisher niemand gehabt hat.

Stosch unterscheidet Jung von neu und frisch dadurch, daß es nur, wie er sagt, von lebendigen Dingen gebraucht wird. Wenn es auch von Pflanzen gesagt wird, meynt er, so geschehe das, weil man den Pflanzen ebenfalls ein gewisses Leben beylege. Allein man sagt auch junger Wein, und diesem legt man doch kein Leben bey. Wir müssen also einen allgemeineru Unterschied suchen.

Nach der verschiedenen Natur der Dinge, verliehren einige etwas von ihrer Vollkommenheit, wenn sie alt werden. Der Mensch verliehrt, wenn er alt wird, vieles von seinen Kräften, seiner Munterkeit und Gesundheit; diesem ist der junge Mensch entgegen gesetzt, der noch alle seine Kräfte hat, bey dem sie zunehmen, indeß sie bey dem Alten im Abnehmen sind; die Pflanzen verliehren von ihrer Feinheit, Weiche und Biegsamkeit; und so ist ein alter Baum einem jungen, so sind alte Erbsen jungen, alter Salat jungen entgegen gesetzt. Indeß sieht man bey dem Jungen bisweilen auf die noch schwachen Kräfte desselben, und es giebt Dinge, die durch die Zeit immer mehr Kräfte bekommen, wie z. B. der Wein. Daher ist der alte Wein stärker als der junge.

Andere Dinge verliehren dadurch von ihrer Vollkommenheit, daß sie sich ihrem Verderben und ihrem Untergange nähern; diesen sind die frischen entgegen gesetzt. Frisches Fleisch ist eßbarer, weil es dem Verderben durch die Verwesung noch nicht so nahe ist, so wie frisches Bier seinem Verderben durch die saure Gährung.

Man sucht diesem Verderben bey dem Fleische dadurch zuvorzukommen, daß man durch das Einsalzen seine Verwesung hindert; und daher ist das frische Fleisch dem eingepökelten und geräucherten entgegen gesetzt. Diese künstlichen Mittel können zwar den Zeitpunkt des Verderbens aufhalten, aber das Verschlimmern nicht ganz hindern. Daher sind frische Heringe besser als alte, weil sie erst vor kurzer Zeit gefangen und eingesalzen sind.

Dieser Nebenbegriff der Entfernung von dem Vergehen, so wie des Besitzes seiner Kraft und Vollkommenheit herrscht in der Bedeutung des Wortes frisch auch in seinem uneigentlichen Gebrauche. Was noch im frischen Andenken ist, haben wir seit kurzen erst gesehen, und daher besorgen wir nicht, daß wir es vergessen werden. Auf frischer That ist in dem Augenblicke, da die That geschieht, wo also noch alle Umstände gegenwärtig sind, und keiner aus dem Gedächtnisse verschwunden.

Alle diese so nahe verwandten Bedeutungen von Frisch lassen sich am leichtesten aus der ersten Bedeutung, in welcher es so viel als kühl ist, herleiten, und diese weiset auf das Stammwort Friesen, Frieren zurück. (S. Adelung unter Frisch.)

Sichtbar jetzt und in Gebüsche
Schwindend, krümmt an seines Ufers Frische
Heimlich sich der schmale Fußsteig hin.

Sophie Mereau.

Die Kühle der Luft hat aber auf den lebendigen thierischen Körper die Wirkung, daß es ihn stärkt, und auf das todte Fleisch, daß sie es vor der Fäulniß bewahrt. Der Erstere hat daher noch seine ganze Kraft und Munterkeit, wie die frischen Pferde, die man unterlegt, das Letztere ist noch von dem Verderben entfernter, wie frisches Fleisch.

Diejenigen Dinge, welche ihre Vollkommenheit nicht durch ihre Natur verliehren, sondern durch den Gebrauch, werden weder frische noch junge, sondern neue genannt; und auch bey diesen sieht man daher nur auf die Zeit, die seit ihrem Gebrauche verflossen ist. Ein neues Kleid ist ein solches, welches man nicht getragen hat. Daher heißt dann neu, was man noch nicht gebraucht hat, ein neuer Bedienter, ein neues Pferd, u. s. w.

Frist. Weile. Termin.

I. üb. Ein Theil der Zeit, worin etwas geschieht.

II. V. Frist und Weile gebrauchte man ehemahls für die Zeit überhaupt. Man sagte: zu dieser Frist, zu aller Frist, anstatt: zu dieser Zeit, zu aller Zeit. Eben so sagte man: in der Weil, anstatt: in der Zeit.

Der neuere Sprachgebrauch aber hat sie nicht nur von Zeit, sondern auch von einander unterschieden. Man gebraucht nähmlich beyde von einem Theile der Zeit oder von einem gewissen Zeitraume, und zwar

1) Frist nur von einem zukünftigen, Weile auch von dem gegenwärtigen und vergangenen. Ich verstatte einem Schuldner eine lange Frist, ich gebe ihm eine kurze Frist, geht auf das Zukünftige. Das findet selbst dann Statt, wenn die Frist schon in die vergangene Zeit gehört, wofern sie nur zu der Zeit, als die Handlung gegenwärtig war, noch in die zukünftige Zeit gehörte.

Man

Man sagt hingegen: es währt schon eine Weile, vor einer kleinen Weile, über eine kleine Weile; eine kleine Weile vorher, eine kleine Weile nachher.

2) Frist bedeutet einen bestimmten Zeitraum, in welchem, oder nach welchem etwas geschehen soll. Diese Zeiträume werden durch die gewöhnlichen Zeitabtheilungen bestimmt, durch Jahre, Monathe, Tage u. s. w. Diese können daher mit Frist verbunden werden, wie in Jahres Frist, in Monaths Frist; nicht aber mit Weile; denn sie sind ein bestimmtes Zeitmaaß, und Weile zeigt keine bestimmte Zeit an.

Es ist noch eine Einschränkung der Bedeutung des Wortes Frist, daß die Zeit, wenn eine Handlung oder eine Reihe von Handlungen anfangen oder endigen soll, nicht durch nothwendige Naturgesetze, sondern durch die Willkühr einer Person bestimmt werden muß; denn es wird nur von Handlungen gebraucht, die in einer gewissen Zeit anfangen oder endigen sollen und also frey seyn müssen. Man sagt nicht: der Mond läuft in einer Frist von neun und zwanzig bis dreyßig Tagen um die Erde; weil wir annehmen, daß seine Umlaufszeit durch Naturgesetze bestimmt ist. Man sagt aber auch nicht, daß es in einer so großen Weile geschehe; weil das Wort Weile immer nur einen unbestimmten Zeitraum anzeigt. Wir können uns auch selbst eine Frist setzen, wenn wir uns die Verbindlichkeit vorstellen, daß eine Handlung, oder eine Reihe von Handlungen in einer gewissen Zeit anfangen oder endigen müsse.

Termin stimmt in allen mit Frist überein, und unterscheidet sich nur dadurch davon, daß Frist einen Raum, Termin einen Punkt in der Zeit bedeutet, in welchem etwas geschehen soll. Wenn der Termin auf einen gewissen Tag gesetzt wird: so heißt das, daß eine gewisse Handlung in einem Theile dieses Tages geschehen soll. Nach dem gerichtlichen Sprachgebrauche verlängert oder verkürzt man die Fristen, man verlegt aber die Termine.

Froh. Fröhlig. Freudig. S. Freudig.

Fröhlig. Lustig. Freudig. S. Freudig.

Frohlocken. Jauchzen.

I. Ub. Diese Wörter drucken die äußerlichen Handlungen des Körpers aus, womit der Mensch eine große und außerordentliche Freude zu erkennen giebt. Diese Handlungen sind eine natürliche Wirkung und eben darum ein natürlicher Ausdruck der innern Empfindung einer großen Freude. (S. Freude. Freudigkeit. Fröhligkeit. Lustigkeit.)

II. V. Das Erstere aber wird von den fröhlichen Bewegungen des Körpers, dem Hüpfen, Springen, Händeklatschen, das Letztere von dem fröhlichen Geschrey gebraucht.

> Frolocket mit Händen, alle Völker, und jauchzet Gott mit großem Schall.
>
> Psalm 7, 42.

Dieser Unterschied wird durch die Ableitung beyder Wörter bestätigt. Frisch leitet Frohlocken von Froh und Läcken, Springen, exultare her. Dieses Hüpfen und Springen kann aber nicht ohne eine lebhafte Bewegung der Hände geschehen. Es ist daher zu verwundern, daß eben dieser Sprachlehrer in seinem Wörterbuche: Frohlocken mit der Stimme, sagt.

Jauchzen ist aus dem unartikulirten Geschrey, Juch! Jo! gebildet, womit eine rohe Menge seine Freude auszudrucken pflegt, und wovon es in den niederdeutschen Mundarten unter der Form von Juchzen vorkömmt, wovon Jauchzen nur die hochdeutsche Form ist.

Als Aaron den Israeliten das goldene Kalb gemacht hatte, jauchzete das Volk, und Moses sagte dann: Ich höre ein Geschrey, als eines Singetanzes. 2. Mos. 32, 17. 18. Sie tanzten unter Freudengeschrey.

Man

Man verbindet auch oft diese beyden Wörter mit einander: Frohlocken und Jauchzen, welches eine müßige Tautologie seyn würde, wenn nicht ein Jedes einen besondern Ausdruck der Freude anzeigte; und da Jauchzen augenscheinlich der Ausdruck der Stimme ist, so kann Frohlocken kein anderer, als der Ausdruck der Bewegungen seyn.

Früh. Zeitig.

I. üb. Diese Wörter werden hier als sinnverwandt untersucht, sofern sie demjenigen beygelegt werden, was nicht später ist oder geschieht, als man es erwartet.

II. V. Was zeitig ist oder geschieht, ist oder geschieht zu der Zeit, wo man es mit Recht erwarten kann, weiter liegt nichts in dem Stammworte, aus dem es gebildet ist; es ist oder geschieht zur rechten Zeit. Ich komme daher zu einem gewissen Geschäfte oder zu einem Besuche zeitig, wenn ich nicht später komme, als es angefangen ist oder es verabredet war.

Früh hingegen ist nicht bloß, was zu der bestimmten Zeit ist, oder nicht später, als man es erwartet hat, sondern was auch noch vor derselben ist. Es stammt ohne Zweifel von dem Stammworte für oder vorher. Denn bey dem Ottfried kömmt der Comparativ in der Form furira vor, und H. Adelung führt aus einem 1514 zu Maynz gedruckten deutschen Livius an: „enmorgen füre als die Son uff ging." Was aber noch vor der bestimmten Zeit ist oder geschieht, das geschieht nicht später, als es seyn sollte. Wenn mich Jemand zu einer verabredeten Zeit abholen will: so schicke ich mich an, ihn nicht warten zu lassen. Wenn ich alsdann fertig bin, gerade da er ankömmt: so bin ich zeitig genug fertig gewesen; denn ich bin es zu der verabredeten Zeit gewesen, und nicht später, als er erwarten konnte. Sag ich: ich will früh fertig seyn: so will ich anzeigen, daß ich noch vor der verabredeten Zeit fertig seyn will.

Da aber das, was vor einer gewissen Zeit zu Stande kömmt, nicht erst nach derselben, und also nicht zu spät wird: so wird das auch zeitig, was früh geworden ist. Was früh wird, wird daher auch zeitig. Es ist indeß in der Wirkung für den Erwartenden einerley, ob etwas schon eher gewesen ist, als er es erwartet hat, oder nicht, wenn es nur nicht später ist; und daher läßt er es sich gefallen, daß das Erwartete früh genannt wird, wenn es nur zeitig gekommen ist.

Gefällige oder ängstliche Personen, die nicht gern auf sich warten lassen, machen sich früh fertig, um desto gewisser zeitig fertig zu seyn. Andere glauben, es sey immer noch zu früh oder zu weit vor der bestimmten Zeit, und sind daher nie zeitig, oder nie zu der gehörigen Zeit fertig. Zeitig zu Bette gehen und aufstehen, ist, nicht später, als es die Umstände erfordern, früh, eher, als es gewöhnlich zu geschehen pflegt; das Erstere bezieht sich auf die Umstände, die es nothwendig machen und die Zeit bestimmen, früh heißt dieses zeitige zu Bette gehen oder Aufstehen in Rücksicht auf die zum Schlafengehen oder Aufstehen bestimmte Zeit, vor der es geschieht.

Frühes Obst ist vor der gewöhnlichen Zeit reif geworden, zeitiges Obst nicht nach der gewöhnlichen Zeit. Zeitiges Obst ist daher auch dasjenige, das seine gehörige Zeit hat, worin es reifen kann, und ist in dieser Rücksicht mit reifes sinnverwandt. (S. Reif. Zeitig.) Wenn man das Obst eher abpflückt, als es zeitig ist; so ist es noch unreif; man muß es also nicht zu früh abpflücken.

In diesen Fällen ist es sichtbar, daß zeitig immer das anzeigt, was zur gehörigen Zeit ist. Denn, wenn zwar öfters das, was vor derselben geschieht, auch zugleich zeitig geschieht, so ist das doch nicht immer der Fall, nähmlich alsdann nicht, wann vor der rechten Zeit noch ein bestimmter Zeitraum vorhergehen muß, wenn also das, was zeitig seyn muß, nicht früher seyn darf. So darf der Sänger, der zeitig ein-

eintreten soll, nicht früher eintreten, als es der Takt erfordert, und das Obst, das zeitig seyn soll, nicht früher abgenommen werden, als es der Zeit nach, die zu seiner Reifung nöthig ist, geschehen muß.

Zeitig ist also immer zur rechten Zeit, nicht später und dann ist es mit früh verwandt, nicht früher, und dann ist es mit reif verwandt.

Wenn zeitig mit früh in frühzeitig verbunden wird: so bedeutet es, das es die Zeit seiner Reife und Vollkommenheit hat, oder überhaupt zu der rechten Zeit ist, die aber vor der gewöhnlichen vorhergeht. Ein frühzeitiger Gelehrter ist derjenige, der noch sehr jung und doch so gelehrt ist, als man es erst in spätern Jahren zu seyn pflegt; er hat früher als gewöhnlich die Reife und Vollkommenheit der Kenntnisse eines vollendeten Gelehrten. So ist frühzeitiges Obst solches, das früher als gewöhnlich seine Vollkommenheit und Reife erlangt hat. Zeitig druckt in dieser Zusammensetzung die Vollkommenheit aus, die die Zeit giebt, und wenn man es wegläßt, und anstatt: frühzeitiger Gelehrter, frühzeitiges Obst, früher Gelehrter, frühes Obst sagt: so sieht man bloß auf die Zeit, die vor der gewöhnlichen ist, und setzt dabey voraus, daß er die Vollkommenheit haben müsse, die ihm die gewöhnliche Zeit zu geben pflegt.

Frühling. Frühjahr. Lenz.

I. üb. Die Jahreszeit, welche auf den Winter folgt.

II. V. Diese verschiedenen Benennungen von einerley Jahreszeit scheinen in verschiedenen Zeiten der Cultur der germanischen Nationen entstanden zu seyn. Lenz ist, wie es scheint, die ältere; denn sie findet sich in allen bekannten Mundarten, und schon Carl der Große verdeutschte März durch Lenzmonath. Frühjahr und Frühling tragen nicht allein dadurch, daß sie deutlicher sind, sondern auch dadurch,

durch, daß sie auf andere Ansichten hindeuten, die Spuren eines spätern Ursprunges an der Stirn.

Wenn Lenz von Lau und Leinen, schmelzen, abstammt, wie die gelehrten Wortforscher behaupten: so deutet es auf die erste von den drey Stationen, nach welchen Thomson die erste von den vier Jahreszeiten geschildert hat, worin die wiederkehrende Wärme Schnee und Eis schmilzt und der Winter in den Frühling übergeht. Das wird auch dadurch noch wahrscheinlich, daß Lent im Englischen, die Fastenzeit, die Zeit vor Ostern; die in den Anfang des Frühlings fällt, bedeutet. Das ist die Zeit, die Horaz in den Worten bezeichnet:

Solvitur acris hiems grata vice
Veris et Favoni.

Eben so beschreibt ein deutscher Dichter den Lenz.

Durchzeuch nicht länger, o Nord! verheerend unsere Gefilde,
Entfleuch nach ewigem Eise zurück,
Weil nun der schönere Lenz, den Zephyrs Fittige kühlen
Siegprangend unsre Gefilde beherrscht.

Uz.

Das ist ohne Zweifel das erste Bild, worunter sich der Mensch den Frühling dachte. Wenn in der Folge sein Verstand den Zeitraum des ganzen Jahres zu umfassen vermochte: so dachte er sich die erste Jahreszeit nach dem Ende des Winters als die Wiederkehr der Feldarbeit und der Zubereitung der Früchte, die in dem spätern Jahre reifen sollten, ohne genauere Zeitbestimmung, und nannte sie das Frühjahr im Gegensatz des Spätjahrs, und dieses ist daher noch die gemeine Benennung dieser Jahreszeiten.

Frühling ist dann die erste von den vier Jahreszeiten, und bezeichnet sie von ihrer Zeitbestimmung vom 21. März bis

bis zum längsten Tage, den 21. Junius. In der Abstammung des Wortes liegt, daß sie vor den übrigen vorher gehe; und das deutet zunächst auf eine Zeit, worin der Kalender das Jahr noch mit dem März anfieng. Die dichterische Einbildungskraft verschönert sich diese angenehme Zeit, indem sie sich dieselbe unter dem reizenden Bilde des jugendlichen Alters des Jahres vorstellt.

Diese Unterschiede könnten uns dann einen ziemlich scheinbaren Grund von dem verschiedenen ästhetischen Werthe dieser Wörter angeben. Denn Frühjahr würde danach schon darum in die gemeine Sprache gehören, weil es in aller Munde ist, und dadurch einen unedeln Anstrich erhält; Frühling in die edlere, weil es nur von den Gebildetern gebraucht wird, und Lenz in die poetische, weil es einen ältern, dunklern und dadurch ehrwürdigen Ursprung hat, und durch die bekanntern und deutlichern sich ganz aus der gemeinen und wissentschaftlichen Sprache verlohren hat.

Sich Fügen. Sich Schicken.

I. üb. Diese beyden Wörter kommen in ihrer uneigentlichen Bedeutung darin überein, daß sie die Beschaffenheit und das Bestreben zweyer Dinge anzeigen, die sich einander nicht zuwider sind.

II. V. Mehrere Dinge schicken sich zu einander, wenn sie einander nicht zuwider sind, sie fügen sich aber zu einander, wenn sie im höhern Grade mit einander übereinstimmen, und das ist der Fall, wenn sie nach mehrern gemeinschaftlichen Gründen zusammen sind. (S. Entsprechen. übereinkommen. übereinstimmen. übereintreffen.) Bey Menschen druckt Sich Fügen einen höhern Grad dieser Beschaffenheit und dieses Bestrebens aus, als Sich schicken. Wer sich in die wunderlichen Launen eines Andern zu schicken weiß, der widerspricht ihnen nicht, handelt ihnen nicht entgegen, läßt sich ihre Ausbrüche geduldig gefallen. Wer sich darin zu fügen weiß, der nimmt sie selbst an, bequemt seine Wünsche und

und Urtheile nach allen Einfällen des Andern, so, daß dieser Andere völlig seines Gleichen in ihm zu sehen glaubt. Eben so ist, sich in sein Unglück schicken, bloß, es mit Gelassenheit ertragen, nicht gegen sein Schicksal murren; sich darin fügen, heißt außerdem noch, die demselben gemäße Gesinnungen und Gewohnheiten annehmen.

Diesem Unterschiede ist die eigentliche Bedeutung dieser Wörter nicht entgegen; denn Fügen wird auch mit in verbunden und zeigt die genaueste Vereinigung an. Zwey Dinge fügen sich in einander, wenn das Eine auf das genaueste mit dem Andern vereinigt werden kann; sie schicken sich aber zu einander, wenn das Eine von dem Andern nicht disparat ist. Eine blaßrothe Bandschleife schickt sich zu einem weißen Kleide, denn beyde Farben stechen nicht zu sehr von einander ab.

Fügung. Schickung. Geschick. Schicksal. Verhängniß.

I. üb. Die Bestimmung der Begebenheiten in der Welt, insonderheit die einzelnen Menschen begegnen, so fern ihre Verbindung nicht durch seine eigenen Entwürfe geordnet wird.

II. V. Den Unterschied dieser Wörter genau und faßlich anzugeben, ist darum nicht leicht, weil er bey einigen sehr fein ist, und die Wörter selbst von manchen Schriftstellern nicht immer in ihrer genauesten Eigenthümlichkeit gebraucht werden. Stosch hat sich dieses Geschäft um ein großes dadurch erleichtert, daß er sie in Classen theilt, indem er Schicksal und Verhängniß von den übrigen absondert, und zwar die Unterschiede der Wörter in jeder Classe, aber nicht Aller zusammen angiebt. Indeß ist Schicksal und Verhängniß auch mit Schickung, Fügung und Geschick sinnverwandt.

Wir müssen sie insgesamt 1) durch die Beschaffenheit der Begebenheiten, die bestimmt werden, ob sie gute oder böse, glückliche oder unglückliche sind, 2) durch die Betrachtung

tung ihrer Bestimmung, als Ursach oder Wirkung unterscheiden.

Verhängniß unterscheidet sich schon dadurch von allen übrigen, daß es immer von böser Bedeutung, oder immer von unglücklichen Begebenheiten gebraucht wird.

Da steht der traurige Verhängnisvolle Pfal.

Ramler.

Dieses Verhängnißvoll ist die Übersetzung von dem lateinischen fatalis, das von fatum herkömmt, welches in der Schule der Weltweisen, die über die Nothwendigkeit und Zufälligkeit der Dinge philosophierten seine allgemeine Bedeutung behielt, in der Sprache des Volkes aber bald auf die böse Bedeutung scheint eingeschränkt zu seyn. Denn das gemeine Volk beschäftigt sich nicht eher mit der Erforschung der Ursachen der Begebenheiten, als wenn seine Aufmerksamkeit durch Unglücksfälle geweckt wird, und wenn es seine Gottheiten für wohlthätige Wesen hält, so kann es die Ursachen dieser Unglücksfälle nirgends anders finden, als in einer gewissen Nothwendigkeit, der auch seine Gottheiten unterworfen sind, oder deren Gewalt sie doch nicht widerstehen können.

Auch das deutsche Wort Verhängen, wovon Verhängniß herkömmt, wird nur im bösen Sinne gebraucht. Denn man sagt nur; eine Strafe verhängen, nicht aber eine Belohnung.

Die übrigen sind nur von einander unterschieden, je nachdem sie Ursach der Nothwendigkeit der Begebenheiten sind, oder diese Begebenheiten selbst einzeln oder in ihrer ganzen Summe betrachtet werden.

Und zwar 1) Schickung dadurch, daß es die Bestimmung der Begebenheiten selbst bedeutet, denn es zeigt ihre Zusammenordnung in ihrer ganzen Verbindung durch das ganze All der Zeit, in der Vergangenheit der Gegenwart und der Zukunft an, ohne etwas von dieser Zeitfolge anzudeuten. Vielmehr

mehr deutet es auf eine gewisse Regelmäßigkeit in der Succession der Begebenheiten, die von der Absicht und dem Plane, den das ordnende Wesen bey den Handlungen befolgt, wodurch es die Begebenheiten herbeyführt, abhängt.

Die du, höchste Vernunft! weislich die Schickung lenkst!

J. N. Götz.

Diese Bedeutung läßt sich aus der Bildung des Wortes Schickung erklären. Denn nach dieser Bildung hat es eine thätige Bedeutung und drückt eigentlich und zunächst die Handlung des Bestimmens aus, die vor allem Bestimmten vorhergeht, und von der man wohl sagen kann, daß sie weise, wohlthätig, günstig, aber weder daß sie gegenwärtig, noch vergangen, noch künftig ist. Wenn es von den bestimmten Begebenheiten selbst gesagt wird: so kann das nur durch eine Metonymie der Ursach für die Wirkung geschehen. Durch den uneigentlichen Gebrauch kann aber die Sphäre des Sinnes eines Wortes so erweitert werden, daß er in die Bedeutung eines Andern übergeht. Von dieser Seite aber liegt es außer der Sphäre der Synonymik.

In Schicksal bedeutet die Endsylbe sal ein Ding, von dem die erste Sylbe etwas aussagt, wie in Scheusal, ein Ding, das erschreckt, in Säumsal, ein Wort, welches Lessing gebraucht, ein Mensch, der säumt. Danach wäre dann Schicksal zunächst das phantastische Wesen, welches die Begebenheiten in der Welt ordnet, schickt und bestimmt. Dieses Wesen ist nicht allein bereits in dem entferntesten Alterthume personificirt und vergöttert, es ist auch die mächtigste, unwiderstehlichste Gottheit, der allen andern Gottheiten unterworfen, und deren Dienerinnen die Parzen sind. Auch die christliche Sprache hat das Wort Schicksal in dieser Bedeutung beybehalten. Es bedeutet aber darin das höchste Wesen selbst, dessen Vorsehung Glück und Unglück mit Güte und Weisheit austheilt.

Mit weiser Huld vertheilt das Schicksal Weh und Freuden,

Das

> Das bald auf Rosen uns durchs Leben wandern heißt,
> Bald aber durch bedornte Leiden
> Des Lasters Armen uns entreißt.
>
> Uz.

Allein durch eben die Metonymie, die schon bey Schickung vorgekommen ist, bedeutet Schicksal auch die Begebenheiten selbst, die bestimmt worden sind.

> Man siehet eine Ariadne, wenn sie von der Göttin des Felsens ihr trauriges Schicksal erfährt, mit der ganzen Länge ihres Körpers hinschlagen.
>
> Engel.

Hier ist Schicksal, das was der Ariadne begegnet ist, daß sie nähmlich Theseus auf der Insel Naxos zurückgelassen hat.

So wie Schicksal bald des Wesens ausdruckt, das unser Glück oder Unglück, so wie alle Begebenheiten bestimmt, bald dieses Glück oder Unglück, oder die Summe dieser Begebenheiten selbst, so bedeutet hingegen Geschick zunächst die Summe dieser Begebenheiten ganz allein. Es ist, wie Geschöpf, was geschaffen ist, Gedicht, was gedichtet ist, Gemählde, was gemahlt ist, u. s. w. von dem Particip des Passivs Schicken gebildet, und bedeutet also ursprünglich das, was geschickt bestimmt, geordnet ist, also die Begebenheiten selbst.

> Mit finstrer Stirne stehn wir da
> Und ordnen das Geschick der Staaten
> Und wissen, was bey Sorr geschah,
> Und wissen Oesterreich zu rathen.
>
> Uz.

Geschick ist also von Schicksal in seiner ersten Bedeutung so verschieden, daß es die Summe der Begebenheiten selbst anzeigt, die durch das Schicksal bestimmt werden; gerade so, wie in der französischen Sprache, Destin, Schicksal und

und Destinée, Geschick. Man klaget die Grausamkeit des Schicksals an, und beweint sein trauriges Geschick Der Weise unterwirft sich den Willen des Schicksals und findet sich in sein widriges oder preiset sein gutes Geschick.

In der abgeleiteten Bedeutung des Wortes Schicksal ist Geschick völlig gleichbedeutend mit demselben.

Die Weisheit selbst entwarf der kleinsten Fliege Glück,
Ihr Schicksal ist bestimmt, so gut, als Roms Geschick.

Uz.

Zwar hat man auch das Geschick personificirt, und dann legt man ihm verschiedene Prädicate bey, die auch dem personificirtem Schicksale beygelegt werden. Allein wenn man die Begriffe von diesem Bildlichen entkleidet, so haben diese Prädicate bey beyden einen verschiedenen Sinn. Bey dem Schicksale ist eine Begebenheit die Wirkung der Nothwendigkeit, bey dem Geschicke ist sie ein Theil der ganzen Summe derselben, die das Geschick ausmacht. Das Schicksal läßt uns von diesem oder einem andern Vater gebohren werden, heißt in dem erstern Falle, es ist eine Wirkung von der Verkettung der Ursachen, die jede Begebenheit bestimmt, in dem andern, es ist ein Theil der Begebenheiten, deren ganze Summe das Geschick eines Menschen ausmacht.

Fügung ist von Verhängniß, Schicksal und Geschick leicht zu unterscheiden. Denn, außer daß es nicht wie Verhängniß bloß auf unglückliche Begebenheiten geht, so ist es auch weder wie Schicksal, eigentlich das Wesen, das sie bestimmt, noch, wie Geschick die Summe der bestimmten Begebenheit. Es ist vielmehr die Handlung, wodurch das ordnende Wesen die Begebenheiten ordnet, und es kömmt daher in seiner Bedeutung dem Worte Schickung am nächsten.

Fügung kömmt aber von Fügen her, und dieses bedeutet bey dem Glück und Unglück der Menschen, so wie bey der Einrichtung der Welt eine Anordnung nach allen möglichen Gründen der Weisheit, Güte und Gerechtigkeit. (S. Fügen. Schicken.)

> Er sieht mit heiligem Vergnügen
> Auf unsrer Erde selbst sich alle Theile fügen,
> Und Ordnung überall, auch wo die Tugend weint;
> Und findet, wenn sein Blick, was bös' und finster scheint,
> Im Schimmer seiner Folgen siehet,
> Daß, was geschieht, aufs beste stets geschiehet.
>
> Uz.

Schickung bedeutet also bloß das Bestimmen der Begebenheiten, Fügung hingegen die Handlung, welche sie nach Gründen der Vernunft und nach Gesetzen der Weisheit bestimmt.

Führen. Leiten. Lenken.

I. üb. Die eigentliche Bedeutung dieser Wörter ist: Die Bewegung eines Dinges bestimmen.

II. V. Stosch, der das letztere von diesen Wörtern übergangen hat, bestimmt den Unterschied der beyden Erstern dahin, „daß man denjenigen leitet, der nicht im Stande ist, allein zu gehen, oder welcher ohne diese Hülfe den Weg nicht „finden kann; den hingegen führet, der selber gehen, nur „damit man ihm den Weg zeige, oder ihm in Gehen eine Bequemlichkeit verschaffen möge.“ Er setzt hinzu: „Wer geleitet wird, wird allezeit fest gehalten; wer geführt wird, „kann auch frey gehen.“

Beyde Unterschiede sind aber dem gegenwärtigen Sprachgebrauche entgegen. Denn man sagt auch: das Korn darf nicht aus dem Lande geführt werden, und es kann doch nicht selber gehen; man leitet das Wasser durch den Garten, und es bewegt sich doch selbst, und wird nicht fest gehalten. Seine Unterschiede passen also nicht einmal auf die eigentliche

Bedeutung dieser Wörter und noch weit weniger auf ihre uneigentliche, wie aus dem Folgenden erhellen wird.

Führen und Leiten sind ursprünglich nicht so genau unterschieden worden, als jetzt, wie schon daraus erhellet, daß im Englischen to lead noch immer beydes bedeutet. Jetzt aber zeigt Führen bloß die Mittheilung der Bewegung und die Bestimmung ihrer Richtung an. Zu diesem Begriffe setzt Leiten noch das Ziel und den Zweck hinzu, auf welchen die Bewegung gerichtet ist, nebst der Bemühung, diesen Zweck ohne zu besorgende Gefahr zu erreichen. Lenken aber druckt die Bemühung aus, dem Bewegten einen solchen Eindruck zu geben, daß es nicht die Richtung verlasse, die dem beabsichteten Ziele gemäß ist.

Die doppelte Seite, welche die Bedeutung von Führen darstellt, hat es ohne Zweifel von seiner doppelten Verwandtschaft, der Einen mit Fahren, das auf Bären, ferre, Pegen hinweiset, und dadurch auf Bewegung deutet; der Andern mit Für, das ehemals mit Vor einerley war, und wodurch die Richtung angezeigt wird, die das Vorgehende dem Nachfolgenden zeigt. Man führet einen Kranken, der keine Kräfte zum Gehen hat, man führet einen Blinden, der sonst die rechte Richtung nicht nehmen würde, man führet einen Verirrten auf den rechten Weg, man geht mit ihm, um ihm die Richtung zu geben, nach welcher er sich auf den rechten Weg findet; man führet einen Reisenden durch den Wald, um ihm die Richtung zu geben, mit welcher er hindurch kommen kann. Der Weg, die Straße, das Thor führet an einen Ort, indem es die Richtung bezeichnet, die man nehmen muß, um dahin zu gelangen.

Daß Führen auch die bloße Mittheilung der Bewegung bedeute, erhellet schon daraus, daß es von Dingen gebraucht wird, die sich nicht selbst bewegen.

> Und sie ließen die Lade Gottes führen auf einem neuen Wagen.
>
> 2. Sam. 6, 3.

Leiten

Leiten setzt in dem Bewegten immer seine eigene Bewegung voraus, und richtet dieselbe nur auf ein gewisses Ziel, indem es zugleich die Bemühung ausdruckt, das vorgesetzte Ziel ohne Gefahr und auf die bequemste Art zu erreichen. Man leitet ein Kind, einen Blinden, u. s. w. wenn man sie an den Ort hinbringen will, den sie sonst nicht finden würden, und wenn man zugleich verhüten will, daß sie unterweges nicht fallen oder anstoßen. Man leitet das Wasser in den Garten, indem man ihm den Abfluß giebt, der es an den Ort bringt, wohin man es haben will. Daß man den, welchen man leitet, gewöhnlich fest hält, hat seinen Grund in diesem Hauptbegriffe des Wortes, daß man die Gefahr verhüten will, und ist nur in diesem Falle nöthig. Denn daß es nicht überall nöthig sey, sieht man aus Leithammel.

Nach der angegebenen Bedeutung von Lenken erfordert es allemal einen Eindruck, durch den man das Bewegte hindert, eine unrechte Richtung zu nehmen. Darum lenkt der Reuter und der Fuhrmann die Pferde, daß sie nicht wo anders hingehen, als wohin er sie haben will. Man lenkt auch sich selbst von einem Wege ab, wenn man eine andere, als die bisherige Richtung wählt.

Diese eigentlichen Bedeutungen liegen bey dem uneigentlichen Gebrauche dieser Wörter zum Grunde und bestätigen ihn. Da Führen Bewegung und Richtung giebt, Leiten hingegen den Zweck zeigt und den Gefahren ausweichen und die Schwierigkeiten überwinden lehrt: so geschieht das Erstere durch Erregung der Thätigkeit, wozu auch Gewalt gebraucht werden kann, das Andere aber durch Anweisung der Mittel, wozu Belehrung erfordert wird; richtige und deutliche Erkenntniß, Weisheit und Aufklärung des Verstandes soll unsere Handlungen leiten.

— — — Möcht auch hier
Des Lichtes Quell, allsehend, allgenügend,
Durch jeden Irrgang unsern Fußtritt leiten.

Eschenburg.

 Man

Man leitet durch Rath; man führt auch durch Befehl.

Manche müssen mit dem Opfer eines ganzen Lebens wenige Augenblicke büßen, in welchen sie verschmäheten, auf jene leitenden Winke zu achten.

Agnes v. Lilien.

Wer sich nicht von der Vernunft leiten läßt, der läuft Gefahr, daß ihn seine Leidenschaften ins Verderben führen.

Lenken setzt immer eine thätige, aber blinde Kraft voraus, die von einer höhern, erleuchtetern ihre Richtung erhalten muß, um nicht eine unrechte Richtung zu nehmen.

Von jedem Irrthum lenk ihn ab.

Eschenburg.

Die geübtere Vernunft und Erfahrung der Aeltern sucht die Kinder zum Guten zu lenken, indem sie ihrer Neigung zum Bösen entgegen arbeitet, und sie hindert, der Richtung zu folgen, die ihre Triebe und Leidenschaften ihrem Willen geben. Die Weisheit aber muß uns zur Glückseligkeit leiten, indem sie uns lehrt, wie wir dahin gelangen, und die Gefahren, die wir auf ihrem Wege antreffen, vermeiden können.

Erhaltet mir, Unsterbliche, was ich empfieng;
Ihr lenket ja die mannichfachen Triebe
Der Herzen.

J. N. Götz.

— — — Ihn muß sie sehn,
Wohin sich ihre Blicke lenken.

Wieland.

Das Haupt einer Verschwörung führt die ganze Unternehmung, indem sie alle seinen Befehlen gehorchen und seine

Anwei-

Anweisungen befolgen, er leitet einen jeden mit seinem Rath und Belehrung, und lenkt den Willen eines Jeden nach seinen Absichten.

Fürchten. Scheuen.

I. üb. Beydes druckt die unangenehme Empfindung aus, die eine Gefahr oder übel, das uns treffen könnte, erregt.

II. V. In Fürchten wird diese Empfindung selbst und zwar ganz allein ausgedruckt. In Scheuen wird zugleich die Folge davon angedeutet, und diese ist, daß man sich einem Gegenstande, der Furcht erregt, nicht nähert, und wenn man ihm nahe ist, sich von ihm entfernet. Ein scheues Pferd erschrickt vor einem ungewohnten Gegenstande und fliehet vor demselben; ein gebranntes Kind scheuet das Feuer; nachdem es nähmlich die Erfahrung von dem Schmerze, den es ihm verursacht, gemacht hat: so nähert es sich demselben nicht mehr.

Dieser Nebenbegriff ist in dem mit Scheu verwandten shy im Englischen noch sichtbarer, welches das Bestreben, sich einem Gegenstande nicht zu nähern, ihn zu vermeiden, ihm auszuweichen, oder ihn zu fliehen, noch deutlicher anzeigt.

Fürchterlich. Furchtbar.

I. üb. Diese Beywörter kommen denjenigen Dingen zu, die Furcht erregen.

II. V. Ihr Unterschied muß aus den verschiedenen Bedeutungen des Wortes Fürchten hergeleitet werden, und da H. Adelung diese mit seiner gewöhnlichen Genauigkeit und Scharfsinn angegeben hat, so hat ihm jener nicht entgehen können. Stosch fängt den Artikel, worin er von diesen beyden Wörtern handelt, mit der richtigen Bemerkung an, daß Fürchterlich älter sey, als Furchtbar. Allein anstatt sich dadurch auf die rechte Spur bringen zu lassen, begnügt er sich hinzuzusetzen, daß man das Wort Furchtbar eingeführt

 habe,

habe, weil man die unregelmäßige Bildung von Fürchterlich bemerkt, welches nach der Analogie von menschlich, sträflich u. s. w. ohne die eingeschaltete Zwischensylbe er, nicht fürchterlich, sondern fürchtlich heißen müßte.

Allein nicht zu gedenken, daß diese Zwischensylbe sich auch in andern Wörtern, wie leserlich, lächerlich findet, ob man gleich nicht angeben kann, wie sie dahin gekommen ist: so müßte, wenn Furchtbar anstatt des unregelmäßigen Fürchterlich wäre eingeführt worden, gar kein Unterschied zwischen beyden Statt finden, und das Letztere ganz aus der Sprache verschwunden seyn. Allein es ist nicht nur vorhanden, sondern Stosch sucht selbst es von Furchtbar zu unterscheiden, seine Unterscheidung ist aber das gerade Gegentheil von der, welche in dem Sprachgebrauche und in der Ableitung gegründet ist. (Befürchten. Fürchten. Besorgen.)

Wenn Fürchterlich das älteste von diesen Wörtern ist: so ist es auch nothwendig von der ältesten Bedeutung des Wortes sich Fürchten gemacht worden, die ist aber: vor etwas erschrecken. Den Schrecken wirkt ein plötzlicher und im höchsten Grade heftiger Eindruck oder ein scheußlicher Anblick. Und was einen solchen wirkt, ist fürchterlich. In der Folge findet man aber auch Fürchten in einer thätigen Bedeutung, und dann zeigt es an, mit einer unangenehmen Empfindung einem Übel entgegen sehen, daß man für sehr gefährlich hält, und deutet nur auf einen höhern Grad der Aengstlichkeit. Es ist für die Sinnlichkeit das, was für die Vernunft besorgen ist. Der Weise der Stoiker durfte etwas besorgen, aber nichts fürchten; denn das Erstere ist eine Gemüthsbewegung, das Letztere ein vernünftiges Vorhersehen. (S. Befürchten. Fürchten. Besorgen.)

Danach ist dann fürchterlich, was durch einen plötzlichen Eindruck Schrecken, oder durch seinen scheußlichen Anblick Grauen verursacht; furchtbar aber dasjenige, dem man als einem künftigen gefährlichen Übel entgegen siehet. Das Fürchterliche erregt eine heftigere Gemüthsbewegung als

als das Furchtbare. Ein Gewitter ist fürchterlich, so fern seine plötzlichen betäubenden Schläge Schrecken verursachen, es ist furchtbar, so fern wir unüberwindliche Gefahren des Einschlagens, der Überschwemmung und eines schleunigen Todes davon besorgen. Alexander war durch seine Kriegeskunst und damit erfochtenen Siege ein furchtbarer Feldherr für seine Feinde, und Attila ein durch seine scheußliche Gestalt und seine Grausamkeiten, die Jedermann in Schrecken setzten, ein fürchterlicher Barbar. Klippen, die gar keine fürchterliche Gestalt haben, und an sich und auf dem festen Lande auch gar nicht furchtbar sind, werden furchtbar, wenn ein gewaltiger Wasserstrom von ihnen herabstürzt, oder wenn sie in der See stehen, wo Schiffe an ihnen scheitern können, so werden sie den Schiffern furchtbar.

Durch welche Töne wälzt mein heiliger Gesang
Wie eine Fluth von furchtbaren Klippen,
Sich strömend fort und braust von meinen Lippen.

Uz.

Furchtsam. Blöde. Schüchtern. — Furchtsamkeit. Blödigkeit. Schüchternheit.

I. üb. Diese letztern Wörter bezeichnen eine Leidenschaftliche Besorgniß, so wie die Erstern diejenigen, die sie an sich spüren lassen.

II. V. Furchtsam ist derjenige, dem die Fertigkeit, zu fürchten, beywohnt. (S. Besorgt. Sorgsam. Sorgfältig) Blöde druckt zugleich die Ursach aus, die die Furchtsamkeit in den Fällen hat, wo sie uns hindert, mit dem nöthigen Selbstvertrauen frey zu handeln; und diese Ursach ist die gegründete oder ungegründete verworrene Vorstellung, daß man uns verachten werde. Diese Vorstellung entsteht aus einer Verstandesschwäche, die den Blöden hindert, sich der Herrschaft dunkler und verworrener Empfindungen zu entziehen, und die Dinge überhaupt in ihrem wahren Lichte zu sehen,

sehen, als auch sich selbst, und die Personen, denen er sich nähert, so wie sein Verhältniß zu ihnen, richtig zu beurtheilen.

Es scheint, als wenn in dieser Bedeutung zwey Urbedeutungen, die zwey verschiedene Stämme haben, zusammen geschmolzen sind. (S. Adelung im W. B. unter Blöde.) Die eine davon ist diejenige Furchtsamkeit, die aus Mangel an Selbstvertrauen, und aus der Vorstellung von anderer ungünstigen Urtheilen oder aus Scham entstehet, und die der Dreistigkeit entgegengesetzt ist. Die andere ist Schwachheit insonderheit des Gesichtes und hernach des Verstandes überhaupt.

Euch selbst fehlts unterm Schopfe, wenn
Ihr so blöde mich anseht.
Daß ich den Pinsel mache,
Geschieht mit allem Fleiße.

Wieland.

Darum sind Kinder und Personen, die noch nicht viel in Gesellschaft gekommen sind, insonderheit von niederm Stande, wenn sie zum ersten Mahle vor Vornehmern erscheinen, blöde. Sie werden von der verworrenen Vorstellung geängstigt, daß man sie ungünstig beurtheilen werde, und die entsteht aus dem dunkeln Gefühle ihres Unvermögens, es recht zu machen.

Das Unvermögen des Blöden ist auch eine Wirkung der Furcht, die seine Geisteskräfte gebunden hält, und ihn hindert, davon den nöthigen freyen Gebrauch zu machen. Und hier ist wiederum eine umgekehrte Mischung von Unvermögen und Furcht. Es giebt sehr geschickte Männer, die zu blöde sind, um vor einer großen Versammlung zu reden, die Furcht hindert sie, von ihrem Verstande freyen Gebrauch zu machen; sie hält sie unter der Herrschaft dunkler und verworrener Vorstellungen, die alle ihre noch so schönen Geisteskräfte lähmt.

Schüchternheit bezeichnet die Furchtsamkeit von Seiten derjenigen ihrer Wirkungen, daß der Schüchterne sich

nicht

nicht getraut, sich dem Gegenstande seiner Furcht zu nähern, oder daß er, wenn er ihm nahe ist, sich von ihm entfernt und vor ihm fliehet. Es stammt von Scheuchen ab, durch furchterregende Bewegungen verjagen, (S. Jagen. Scheuchen.) und dieses von Scheu, Scheuen. (S. Fürchten. Scheuen.) Daher sind furchtsame Vögel, die durch die geringste Bewegung verscheucht werden, schüchtern.

Gleich schüchternen Tauben am Gange.
Voß.

Ein Liebhaber ist schüchtern, wenn er aus Furcht, zu mißfallen, sich nicht getraut, sich seiner Geliebten zu nahen, oder ihr seine Liebe zu entdecken.

Und, sollt er noch aus Schüchternheit verziehen,
Mit süßer Stimme spricht:
Wo bist du Freund? muß ich noch weiter fliehen?
O Sohn! so folg ihr nicht.
J. N. Götz.

Daher werden auch die Handlungen selbst schüchtern genannt, wenn sie mit der Furcht begleitet sind, sie möchten unrecht seyn, und der Schüchterne sie so gleich zu unterlassen bereit ist.

Es sind schüchterne Vermuthungen.
Voß.

Fußstapfen. Spuren.

I. üb. Die Wirkungen der Gegenwart eines Körpers, die Zeichen seiner Wirklichkeit und seiner Eigenschaften sind, wenn er nicht mehr gegenwärtig ist.

II. V. In dieser eigentlichen Bedeutung sind diese Wörter leicht zu unterscheiden. Denn bey dem Worte Fußstapfen führten schon die Wörter, aus denen es zusammengesetzt ist, darauf, daß sie Eindrücke von den Füssen der Thiere sind, so fern sie zu Zeichen dienen können, woraus man schließen kann, daß ein solches an dem Orte ist gegenwärtig gewesen, und zu welcher Gattung und Art es gehöre.

Spu-

Spuren sind aber auch 1) Wirkungen von andern Körpern, als von thierischen Körpern. Denn auch andere harte Körper machen Eindrücke auf weichere, und hinterlassen Spuren, die zu Zeichen ihrer Gegenwart dienen können, und aus welchen man schließen kann, von welcher Beschaffenheit sie sind, und welche Richtung sie genommen haben. 2) Die Spur kann auch die Wirkung eines Körpers seyn, die kein Eindruck in einem weichern ist. So folgen die Hunde der Spur des Wildes durch den Geruch, und auf diesen wirken die Ausdünstungen des verfolgten Wildes.

Mir scheint daher die Ableitung des Wortes Spur von spähen, sehen, welche in dem Spüren, wahrnehmen, noch sichtbarer ist, wahrscheinlicher, als von Fahren, sich bewegen, mit dem vorgesetzten Zischlaute. Von Spähen kömmt das Italienische spiare, das Französische epier, so wie unser Wort Spion, und beym Kero ist schon Spaher ein Weiser, der aus dem Gegenwärtigen das Zukünftige und Vergangene spürt.

Wohin sie sich verliebt, sey's an den Silberbach,
Sey's in die grüne Flur, sey's in des Parks Alleen
Eilt ihre Spuren auszuspähen.

Manso.

Daraus läßt sich dann erklären, wie Spuren auch in dem uneigentlichen Gebrauche einen weitern Umfang von Bedeutung hat erhalten können, als Fußstapfen. Denn man sagt, so wie, den Fußstapfen folgen, nachgehen, den Spuren folgen und nachgehen, und zwar das Letztere sowohl im Theoretischen als im Praktischen. Man sagt aber außerdem noch, auf der Spur seyn, auf die Spur kommen, für: etwas finden, woraus man hoffen kann, etwas Anderes unbekanntes zu entdecken, die Spuren von etwas an sich tragen, keine Spur von etwas haben, u. s. w.

G.

Gaben. Naturgaben. Talent.

I. üb. Vollkommenheiten des Menschen, die er zu seinen und anderer Nutzen gebrauchen kann.

II. V. **Talent** unterscheidet sich zuförderst von **Gabe** dadurch, daß es auf die Vollkommenheiten der Seele und zwar nur ihrer Erkenntnißvermögen eingeschränkt ist. Die Leibesstärke Simsons, womit er einen Löwen zerreißen konnte, war eine **Gabe**, es sey nun eine **Naturgabe** oder eine solche, die er einer übernaturlichen Mitwirkung Gottes zu verdanken hatte, aber kein **Talent**. Selbst die **Talente**, die sich durch den Körper äußern, als das **Talent** zu tanzen, zu reiten, zu singen, werden doch, als solche, von der Seite desjenigen betrachtet, was der Verstand, der Geschmack, das Gefühl von Tact, Anmuth, Reitz und Schönheit dazu beyträgt.

Eine **Gabe** kann hiernächst auch eine praktische Vollkommenheit seyn, die zu dem Charakter des Menschen gehört, ein **Talent** ist nur eine Vollkommenheit des Erkenntnißvermögens. So sind ein natürlicher Frohsinn, eine natürliche Unerschrockenheit, die Geduld und Gelassenheit schöne **Gaben**, die die menschliche Glückseligkeit in einem hohen Grade befördern, aber keine **Talente**.

Gaben

Gaben und Naturgaben sind endlich Vollkommenheiten, wovon wir uns nichts selbst zu verdanken haben, sie sind Anlagen, die durch Kunst, Übung und Fleiß erst zu der Geschicklichkeit und Fertigkeit reifen, die wir Talente nennen. (S. Anlagen. Naturgaben.) Zeichnen, Singen, auf einem musikalischen Instrumente mit Anmuth und Fertigkeit spielen, sind angenehme Talente, die aber keiner erwerben kann, der die nöthigen Anlagen dazu nicht als Naturgaben mit auf die Welt bringt. (S. Fähigkeiten. Anlagen.)

Die Gründe dieses Unterschiedes lassen sich in Gaben leichter auffinden, als in Talente. Denn Gaben sind Vollkommenheiten, die uns sind gegeben worden, und die wir uns nicht selbst verschafft haben. Das fremde Wort Talent hat unsere Sprache aus dem Französischen genommen, und es mit den Nebenbegriffen zu uns herüber getragen, mit denen sie es da gefunden hat.

Naturgabe bestimmt nur den näher, der die angebohrne Vollkommenheit gegeben hat, als Gabe nähmlich die schon längst personificirte Natur. Jetzt möchten daher auch beyde Wörter wenig verschieden seyn, wenn nicht dem Worte Gaben noch ein geheiligter Nebenbegriff anklebte, der auf Meynungen früherer Zeiten hinweiset. In diesen Zeiten sahe man gewisse Vollkommenheiten als Gaben an, aber nicht als Gaben der Natur, sondern als außerordentliche Wirkungen der Gottheit. So waren die Gabe der Sprache, die Gabe Kranke zu heilen, die Gabe der Weißagung oder des Lehrens und der Auslegung der h. Schrift bey den Aposteln weder Naturgaben noch Talente.

Es ist ohne Zweifel noch eine Spur von diesem Glauben, daß man nicht vor langer Zeit die Beredtsamkeit und den geistvollen Vortrag eines Kanzelredners nicht Talente sondern Kanzelgaben nennte. Und hier finden wir wieder einen Beweis von dem Einflusse der Meynungen eines Volkes auf seine Sprache, nach welchem man der Geschichte der Bildung desselben in seiner Sprache nachgehen kann. Denn seitdem man sich überzeugt hat, daß man die geistliche Beredtsamkeit eben so durch Kunst und Übung erwerben muß, wie jede andere Geschicklichkeit und Fertigkeit, so trägt man kein Bedenken mehr, von den Talenten eines geistlichen Redners zu sprechen.

Gabe. Geschenk.

I. Üb. Das, was man an einem unentgeltlich veräußert, wovon man ihm das Eigenthum unentgeltlich überträgt.

II. V. Nach dem heutigem Sprachgebrauche können diese Wörter nur darin von einander verschieden seyn, daß das Erstere dasjenige bezeichnet, was ein höherer und Reicherer einem Niedrigern oder Bedürftigern giebt. Man macht seinen Freunden, man macht Höhern und Reichern Geschenke, man reicht einem Bettler eine Gabe. Wir nennen daher die Wohlthaten, die wir Gott verdanken, Gaben, und so nennt sie Luther in seiner Bibelübersetzung.

> Alle gute Gaben und alle vollkommene Gaben kommen
> von oben herab, von dem Vater des Lichts.
>
> Jac. 1, 17.

So nennt noch die neueste Sprache das, was wir von einem höhern Wesen, oder von einem Wesen, das wir für ein höheres halten, bekommen eine Gabe.

> Und theilte jedem eine Gabe,
> Dem Früchte, jenem Blumen aus.
>
> Göthe.

> Willkommen waren alle Gäste!
> Doch nahte sich ein liebend Paar,
> Dem reichte sie der Gaben beste,
> Der Blumen allerschönste dar.
>
> Ebert.

Die

Die Demuth und Dankbarkeit nennt daher Alles eine Gabe, was ihr geschenkt wird, um die Hoheit und den Reichthum des Gebers, so wie ihre eigene Bedürftigkeit anzuzeigen.

O du, mein Stolz, mein Ruhm und meine Habe,
O du, des Himmels letzte, beste Gabe,
Du gabst mir alles, Beste, was mir fehlt,
Und nahmst mir alles, Engel, was mich quält.

Kosegarten.

So ausgemacht dieser Unterschied in dem Sprachgebrauche ist, so streitig ist seine Ableitung. Geben druckt ganz allgemein aus: darreichen, das Eigenthum übertragen, und es kann auch eine unentgeltliche Übertragung von einem Höhern und Reichern an einen Niedrigern und Bedürftigern bedeuten, und dahin hat es der Gebrauch durch eine in jeder Sprache so gewöhnliche herabsteigende Synecdoche bestimmt. Hier ist also die Schwierigkeit geringer. Aber Schenken — Dieses bedeutet, wie H. Adelung nach Wachter sehr richtig bemerkt, in der alten Sprache immer nur: Eingießen, Getränk darreichen. Er will daher lieber Schenken für Geben zur Urbedeutung annehmen, und daraus durch eine herabsteigende Synecdoche Getränk geben, darreichen, eingießen herleiten.

Dem ist aber seine eigene Bemerkung entgegen, daß es in dieser allgemeinern Bedeutung bey den alten Schriftstellern nicht vorkomme. Die bestimmtere des Darreichens der Getränke hingegen kömmt bey ihnen nicht nur vor, sondern findet sich auch ganz allein bey ihnen. Aus dieser kann aber die höhere und allgemeinere des Darreichens überhaupt, weit leichter und natürlicher hergeleitet werden. Denn die hinaufsteigende Synecdoche ist in den Sprachen weit gewöhnlicher und auch der Natur des sinnlichen Menschen, dem es leichter ist, von dem Besondern zu dem Allgemeinen fortzugehen, als umgekehrt, gemäßer.

In den Geschichtschreibern und Urkunden, die Haltaus aus dem funfzehnten Jahrhundert angeführt hat, ist das, was den Höhern von den Niedrigern geschenkt wird, immer Getränk. So soll in einer Urkunde von 1425 der Schultheiß, dem Herzoge oder seinem Gevollmächtigten schenken ein Wiertheil rheinischen Wein, ein Faß Freyberger Bier u. s. w. Was aber die Sache völlig ausmacht, so übersetzen die lateinischen Geschichtschreiber dieses Schenken durch propinare. Und so kömmt es auch von andern Sachen, als Getränken in Io. de Leydis Annal. ad an. 1478 vor. Der Abbt Haemund schenkte zu Harlem dem Herzog Maximilian einen Ochsen, dreyßig Gulden am Werthe, und dieses lautet im Lateinischen: propinavit ei bovem valentem XXX. florenos. Hier ist also der Übergang der Bedeutung des Wortes Schenken, von Darreichen der Getränke zu Darreichen überhaupt, sichtbar.

Die bisherige Untersuchung würde hier vielleicht zu ausfürlich seyn, wenn sie uns nicht zugleich auf den oben angegebenen Unterschied zwischen Gabe und Geschenk führen könnte. Sie enthält nähmlich den Beweis, daß wir das Geschenk dem Höhern als ein Zeichen der Ehre, der Achtung, der Zuneigung geben, indeß wir die Gabe dem Bedürftigen aus Menschenliebe reichen. Denn die Darbringung von Wein war ein Beweis der Ehrfurcht und Ergebenheit, wovon die Spuren sich bis auf die neuesten Zeiten in dem so genannten Ehrenweine erhalten haben. Und dieser Nebenbegriff ist dann dem Geschenke unter jeder andern Gestalt geblieben.

Gänge. Gebe.

I. üb. Diese beyden Wörter, die gemeiniglich nur mit einander verbunden gebraucht werden, sagt man in eigentlicher Bedeutung von Gelde und Waaren, die im Verkehr gern und ohne Widerspruch angenommen werden. So kömmt es schon in Luthers Bibelübersetzung vor.

> Abraham wog ihm das Geld dar, nähmlich vierhundert Seckel Silbers, das im Kaufe gäng und gebe war.
>
> 1. Mos. 23, 16.

Und

Und noch jetzt sagt man: Jemanden in gäng und geber Münze bezahlen; diese Münze ist gäng und gebe.

II. V. Das erstere scheint aber mehr anzudeuten, daß die Münze gewöhnlich ist, und im Handel und Wandel angenommen wird. Denn Gang wird bisweilen für Gewohnheit genommen. Man sagt: Er gehet seinen alten Gang, anstatt: er folgt seiner alten Gewohnheit; das Sprichwort ist bey uns im Gange, anstatt: es wird häufig bey uns gebraucht. Die Münze ist hier im Lande gänge, heißt also: sie circulirt hier häufig.

Das Zweyte, Gebe, deutet mehr auf die Gültigkeit und den richtigen Werth derselben, und zeiget an, daß sie wirklich einen solchen Werth habe, daß man sie geben könne, ohne zu wenig zu geben, oder ohne zu fürchten, daß sie Jemand, dem sie gegeben wird, als ungültig und am Gehalte zu gering zu verwerfen befugt sey.

Eben so sagt man von einem Sprichworte, daß es gäng und gebe sey, um anzuzeigen, daß es häufig gebraucht und von Jedermann für wahr gehalten werde.

Daß beyde Wörter immer zusammen gebraucht werden, beweiset nichts gegen ihren Unterschied, es läßt vielmehr vermuthen, daß einer vorhanden sey, und daß es kein Anderer, als der Angezeigte seyn könne. Denn eben darum ist eine Münze gänge, weil sie gebe ist, sie wird darum angenommen, weil ein Jeder in ihr den Werth seiner Sachen darin zu erhalten glaubt; eine Waare wird darum gebraucht, weil sie für gut gehalten wird; ein Sprichwort ist darum in Jedermanns Munde, weil man es für wahr hält. (S. auch St.)

Ganz. Vollständig. Vollkommen.

I. üb. Dasjenige, dem nichts von dem fehlt, was zu einem Dinge seiner Art gehört.

II. V.

II. B. Es ist aber sowohl die Form als die Materie, was ein Ding zu einem Dinge von einer gewissen Art macht. Wenn alle Theile der Materie, die zu dem Dinge erfordert werden, in demselben vorhanden sind: so ist es ganz und vollständig.

Ganz nennt man aber das Ding, so fern seine Theile überhaupt bloß vorhanden sind, vollständig, so fern es dadurch zu dem Gebrauche, wozu es bestimmt ist, geschickt wird, oder überhaupt seiner Bestimmung entspricht. Ein Anzug wird ein ganzer genannt, so fern an ihm bloß kein Theil fehlt, ein vollständiger, so fern er alle Theile enthält, welche zu einer völligen Bekleidung gehören; denn diese ist seine Bestimmung. Ein Ding ist nicht mehr ganz, so fern einige seiner Theile fehlen und aus ihrer Verbindung gerissen sind; nicht vollständig, so fern es dadurch nicht mehr seiner Bestimmung entspricht. Ein Buch ist nicht ganz, so fern einige Bände oder Blätter daran fehlen; es ist unvollständig, so fern es dadurch ist unbrauchbar geworden, weil es nicht alle Theile hat, die seine Bestimmung erfordert.

Zu der Vollkommenhet eines Dinges gehört außer seiner Vollständigkeit oder dem Zusammenseyn seiner Theile, daß es die Form oder die Bestimmungen habe, sie mögen Größen oder Beschaffenheiten seyn, in welcher sein Wesen besteht. Ein Quadrat ist vollständig, so bald es nur vier gerade Linien enthält, es ist aber alsdann erst ein vollkommenes Quadrat, wenn diese vier geraden Linien senkrecht mit einander zusammengesetzt sind; denn diese Lage der Linien ist eine Beschaffenheit, die zu der Form und dem Wesen eines Quadrats gehört. Eine vollständige menschliche Gestalt hat alle menschlichen Glieder, eine vollkommene hat sie in der angenehmsten Form und dem richtigsten Ebenmaaße.

Den unkörperlichen Dingen legt man nicht Vollständigkeit, sondern nur Vollkommenheit bey, weil sie keine auß einander befindliche Theile haben. Man nennt einen Geist, die Weisheit, die Tugend u. s. w. weder ganz noch

voll-

vollständig, sondern vollkommen. Die Form oder das Wesen derselben ist in einer unsinnlichen Materie. Diese Materie ist kein Gegenstand der Sinne, sondern ein von allem Sinnlichen abgesondertes übersinnliches Seyn, dem das Nichtseyn — der Realität die Verneinungen — entgegen gesetzt ist. Die Vollkommenheit der bloßen und reinen Form ohne sinnliche Materie ist daher lauter Realität ohne Schranken, und sie ist also unbeschränkt. Sie kann nur von dem reinen Verstande gedacht werden, und ist ein Ideal, dem sich die Gegenstände des innern und der äußern Sinne desto mehr nähern, je mehr sie von dieser reinen Form haben. Ein geradlinichtes Quadrat ist desto vollkommner, je gerader und senkrechter seine Seiten sind. Denn in dieser geraden Richtung und senkrechten Lage besteht das Wesen und die reine Form eines Quadrats, so wie sie von dem reinen Verstande gedacht wird, die aber in den sinnlichen Figuren, die auf dem Papiere gezeichnet werden, nur unvollkommen ausgedruckt wird. Sie sind indeß desto vollkommner, je mehr sie von dieser reinen Form an sich haben, und sich dem Ideal davon nähern. Ein idealischer Kopf soll die reinen Formen der höchsten Vollkommenheit und Schönheit ohne die Unvollkommenheiten, womit sie in dem Einzelnen ist, ausdrucken. Eben so ist der vollkommne Redner ein Ideal, das die reine Form und das wahre Wesen des Redners darstellt, und alle Redner, die je gehört worden sind, und noch werden gehört werden, sind desto vollkommner, je näher sie diesem Ideal kommen.

Das Nähmliche ist der Fall mit der vollkommnen Weisheit, der vollkommnen Tugend, der vollkommnen Schönheit, Aufklärung, Wissenschaft, u. s. w.; die Weisen, die Tugendhaften, die Schönen, die Aufgeklärten und Wissenden sind desto vollkommner, je mehr sie an der reinen Form und an dem Wesen der Weisheit, der Tugend u. s. w. Theil nehmen, und sich ihrem Ideal nähern.

Die reine Form aller Dinge ist daher unveränderlich, und von jeder Art, wozu sie gehört, nur Eine. Es giebt von jeder Art nur eine unbedingte Vollkommenheit in ihrer

reinen

reinen Form, aber unendlich viele Grade und Abwechselungen der Vollkommenheit in den sinnlichen Dingen. Diese hohe Speculation hat Akenside in seinem Gedichte über die Einbildungskraft poetisch eingekleidet.

So schafft er Bilder sich, die von den Sinnen
Gesondert sind, gesondert vom Gebiete
Des Raumes und der Zeit. Dies ist der Thron,
Den mitten auf der Bahn des Unbestandes
Der Mensch der Wahrheit baue, fest und ruhig
Und unerschüttert; und von dort aus sieht er
Im Bau des morschen Stoffs die reinen Formen
Des Dreiecks, Kreises, Kegels oder Würfels,
Die nicht Gewalt, nicht Zufall ändern kann.

Der Begriff der Vollkommenheit gehört daher zu dem höchsten und abgezogensten; denn er begreift nicht allein die Form des Dinges in sich, die in ihrer Reinheit immer ein Gegenstand des reinen Verstandes ist, und in der Auswahl, und Ordnung des Mannichfaltigen der Materie nach einem gemeinschaftlichen Grunde besteht, und dadurch Zusammenstimmung und Harmonie erhält, sondern diese Materie ist auch selbst unsinnlich und also ein Gegenstand des Verstandes. Eine vollständige Kenntniß eines Theiles der Wissenschaften ist eine solche, der es an keinem nöthigen Stücke in derselben fehlt, eine vollkommne eine solche, die das Wichtigste, Wissenswürdigste, in der lichtvollsten Ordnung, nach der wissenschaftlichsten Methode umfaßt, so daß Alles unter sich zusammenstimmt und harmoniert indem es nach einem gemeinschaftlichen Grunde in dem Verstande verbunden ist.

Garstig. Häßlich. Scheußlich. Gräßlich.

I. üb Diese Wörter kommen darin überein, daß sie von Gegenständen gesagt werden, welche eine merkliche sinnliche Verabscheuung erregen.

II. V. Sie sind aber nach den Graden dieser Verabscheuung von einander verschieden. Häßlich ist ein Gegenstand, der den geringsten Grad derselben erregt. Darauf führt so wohl die Abstammung als der gegenwärtige Gebrauch dieses Wortes. Denn es erregt nur denjenigen Widerwillen, den man ehemals ganz allgemein durch **Haß** ausdruckte. In dieser ursprünglichen Bedeutung kömmt es noch bei ältern Schriftstellern vor:

> Wir sehen, dass die Juden bei ihrem glauben blieben, wiewol sye darum verschmahet und **haeslich** sind in aller Welt.
>
> Geyler von Keysersb.

Jetzt ist das **Häßliche** dem **Schönen** entgegengesetzt und kömmt daher den Gegenständen zu, so fern sie auf den Sinn des **Gesichts** wirken. Man nennt ein Gesicht, das mißfällt, ein **häßliches**, so wie ein Gesicht, das uns gefällt, ein schönes.

Schon dadurch ist das Mißfallen, welches das Häßliche wirkt, nicht so stark, als das, welches das **Garstige** wirkt. Denn dieses erregt eine im höhern Grade unangenehme Empfindung in dem dunklern Sinne des Geschmacks und des Geruches. Diese unangenehme Empfindung ist schon darum, weil sie sinnlicher ist, heftiger. Es mag nun, wie **Frisch** will, mit dem holländischen kros, krot, exerementa, an dem das französische crotte, Koth, zunächst steht, oder, wie H. **Adelung** behauptet, von **Gare** und **Gor**, Mist, herkommen, so bedeutet es doch immer Gegenstände, die höchst sinnlich auf eine unangenehme Art auf die dunklern Sinne wirken.

Dieser Unterschied ist selbst da bemerkbar, wo diese Ausdrücke mit einander verwechselt werden. Der Eine nennt oft das **Garstig**, was der Andre nur **Häßlich** nennt. Der Letztere fühlt nicht so stark als der Erstere, oder will, um nicht die Wohlanständigkeit zu beleidigen, sich nicht zu stark ausdrucken; der Erstere fühlt stärker, kennt die Gesetze der Wohlanständigkeit nicht, oder setzt sich über dieselben hinweg. Denn die Achtung und Schonuug, die wir Andern, insonderheit

heit dem feiner fühlenden weiblichen Geschlechte schuldig sind, erfordern, daß wir ihnen nicht zu starke unangenehme Empfindungen mittheilen. Und das ist wahrscheinlich die Ursach, warum *Garstig* in den feinern Gesellschaften, welche in solchen Fällen den Ton ihrer Empfindungen zu mäßigen wissen, weniger gehört wird.

Scheußlich wird von Gegenständen gebraucht, die eine unangenehme Empfindung erregen, welche noch sinnlicher ist, als die, welche durch das *Häßliche* und *Garstige* erregt wird. Das Stammwort, welches darin zum Grunde liegt, deutet auf die Heftigkeit der Gemüthsbewegung, die es wirkt. Es kömmt nähmlich von *Scheuen*, sich von einem Gegenstande, wegen seines unangenehmen Eindruckes, wegwenden. (S. *Fürchten. Scheuen.*) Das Todesfest, woran einige wilden Völker in Nordamerika ihre gefangenen Feinde erst verstümmeln, und sie dann mit den ausgesuchtesten Martern eines langsamen Todes sterben lassen, ist ein *scheußlicher* Anblick, von dem ein jeder gefühlvoller Mensch mit Abscheu seine Augen wegwendet. Es könnte *Scheußlich* statt *Scheusälig*, für das zusammengezogene Beywort von *Scheusal* gehalten werden; und so kömmt es auch wirklich vor.

> *Scheusäligstes* Gesicht im Himmel und auf Erden.
>
> Zachariä.

Dem ist aber H. *Adelung* entgegen, indem er *scheußlich* von *scheußen*, scheuen, und — el, ein Ding, dem der Begriff der Stammsylbe zukömmt, herleitet. Wenn auch dieses völlig ausgemacht wäre: so dürfte man doch dem klassischen Schriftsteller nicht verbieten, auch aus *Scheusal* ein Beywort zu bilden, das in der höhern Sprache unter dieser Form bestehen könnte. Auch haben sich die größten Schriftsteller dieser Freyheit ohne Bedenken bedient.

> Notus allein wird gesandt, und mit triefenden Schwingen
> entfleugt er,

> Sein scheußeliges Haupt pechschwarz in Dunkel gehüllet.
>
> Voß.

Gräßlich bezeichnet einen Gegenstand, der den höchsten Grad des sinnlichen Abscheues erregt. Es kömmt zwar ursprünglich von Graß, das ehemals sehr, heftig, bedeutete, her. Allein in der Fortbildung der Sprache hat es etwas von der Bedeutung, des in seinem Laute ähnlichen Worte Grausen angenommen. Dieses bezeichnet aber zuförderst den Schauder, oder das krampfhafte Zusammenziehen der Haut, den die Kälte und der Frost, hiernächst aber auch eine heftige Furcht oder ein heftiger Abscheu verursacht. Danach ist dann das Gräßlich, bey dessen Anblicke die Haut schaudert, und die Glieder erstarren, und dieses sind die Wirkungen und Zeichen des höchsten Grades des sinnlichen Abscheues.

> — — — — und, gräßlich zu melden!
> Fest dort klebts um die Glieder, umsonst von den Händen gerüttelt,
> Dort zerrissenes Fleisch und gewaltige Knochen entblößt es.
>
> Voß.

Da die Empfindungen so sehr von den verschiedenen Graden der Empfindlichkeit abhangen: so ist es kein Wunder, daß Personen von zarterm Gefühle das Gräßlich nennen, was Andere scheußlich oder nur häßlich finden. Die Gegenstände dieser Empfindungen können einerlei seyn, aber die Unterschiede der Empfindungen selbst bleiben nicht immer dieselben. Der Anblick eines Todten, der schon mehrere Wochen im Grabe gelegen hat, und an dem schon Verwesung und Würmer ihre Verheerungen angefangen haben, ist gräßlich. Die griechische Fabellehre wollte ohne Zweifel den Medusenkopf als gräßlich bezeichnen, wenn sie sagte, daß sein bloßer Anblick versteinere.

Das Häßliche erweckt keine Liebe, das Garstige erregt Ekel, das Scheußliche Abscheu, das Gräßliche Grausen.

Grausen. Dem Häßlichen nähert man sich nicht, vor dem Garstigen verschließt man die Sinne, von dem Scheußlichen wendet man sich weg und fliehet, vor dem Gräßlichen erstarrt man, sein Anblick wirkt so heftig auf den Körper, daß er die Bewegung der Glieder hemmet.

Gasse. Straße.

1. üb. Ein Weg zwischen den Häusern in einer Stadt oder einem Dorfe.

II. V. Straße wird hier als sinnverwandt mit Gasse betrachtet, und also nicht in seiner weitern Bedeutung genommen, worin es mit Weg, Bahn und ähnlichen Wörtern verwandt ist. (S. Bahn. Weg. Straße. Steig. Pfad.) Denn es kann nach den sichersten Gründen von den lateinischen strata (via) abgeleitet werden, unter welcher Form es noch im Niederdeutschen: Strate vorhanden ist. Es bedeutet also ursprünglich einen gepflasterten Weg; denn die Römer hatten die großen Wege, welche man Heerstraßen nennt, durch ihr ganzes Reich gepflastert; und diese hießen viae stratae. Diese großen Wege nannte man hernach in Deutschland Straßen, ob sie gleich gepflastert waren. Es würde daher sehr gut zu unsern Chausseen passen, und wir würden dadurch dieses fremde Wort entbehren können, wenn Straße nicht bereits eine zu große Allgemeinheit der Bedeutung erhalten hätte.

Da in den Städten, und auch bisweilen in den Dörfern, die Wege zwischen den Häusern pflegen gepflastert zu seyn, so hat man in einem engern Sinne das Wort Straße besonders von gepflasterten Wegen zwischen den Häusern in den Städten und Dörfern gebraucht. Und dann kömmt es mit Gasse überein, in welchem Sinne der Unterschied dieser beyden Wörter hier zu bestimmen ist.

Frisch ist der Meynung, eine Gasse (vicus) hieße ein Weg, so fern er an den Seiten mit Häusern bebauet ist, und

Straße (strata) so fern er mit Steinen gepflastert ist. Vielleicht haben die Alten diesen Unterschied mehr beobachtet; denn man findet, daß auch ein breiter Raum oder Weg zwischen den Häusern in einer Stadt eine Gasse genannt wird.

Mache die Gassen zu Damasko.

1. Kön. 20, 3.

und Esra las das Gesetzbuch auf der breiten Gasse. Nehem. 8, 3.

Allein da jetzt überhaupt alle Wege in den Städten pflegen gepflastert und auf beyden Seiten mit Häusern bebauet zu seyn: so hat der Gebrauch noch einen andern Unterschied eingeführt. Im Gegensatze der offnen Plätze und Märkte nennt man nähmlich zuförderst die Wege zwischen den Häusern, die mehr lang als breit sind, Straßen und Gassen, und unterscheidet hiernächst die Straßen von den Gassen dadurch, daß man unter den Erstern die langen und breiten Wege zwischen den Häusern, unter den Letztern aber die kleinern und engern versteht.

So sagt man: die breite Straße, aber nicht die breite Gasse, es ist in allen großen Straßen ausgerufen worden, und nicht, in allen großen Gassen. Man nennt die Wege, welche von einem Thore zu dem andern durch eine Stadt führen, weil sie die größern und breitern sind, nicht die Hauptgassen, sondern die Hauptstraßen. Der enge Weg zwischen zwey Reihen Soldaten, welche eine bekannte militairische Strafe vollziehen, heißt die Gasse und die Strafe selbst das Gassenlaufen.

Gastgebot. Gastmahl. Mahl. Schmaus. Gelag.

I. üb. Ein gemeinschaftliches Essen und Trinken mehrerer Personen bey besondern Gelegenheiten.

II. B. Mahl wird jetzt selten anders, als in der Zusammensetzung gebraucht, wie in Mahlzeit, Gastmahl. Allein selbst in dieser weiset es auf seinen Ursprung zurück; indem es einen Zeitpunkt anzeigt, der den Tag durch eine bestimmte Zeit in gewisse Theile absondert. Es ist nähmlich ursprünglich Mahl, ein Zeichen, wie in Denkmahl, Brandmahl.

Wenn es noch jetzt allein und außer der Zusammensetzung gebraucht wird: so geschieht es, um ein Essen zu bezeichnen, das an gewissen bestimmten Zeiten gegeben wird, ohne den Begriff eines reichlichern Vorrathes und köstlicherer Speise und Trankes zu enthalten, es sey dann bloß für die, denen es gegeben wird. Bey den Juden war die Gewohnheit, daß, wenn sie die Schafe schoren, sie den Schafscherern ein Mahl zu geben pflegten. Da bezieht es sich augenscheinlich auf die bestimmte, feyerliche und merkwürdige Zeit, wenn es gegeben wurde, und wenn die Speisen dabey etwas reichlicher waren, so war es nicht in Rücksicht auf den Herrn, der vielleicht alle Tage so gut aß, sondern auf die ärmern Arbeiter, die er bewirthete. Eben so geschiehet es noch bey uns an vielen Orten, daß nach der Aerndte den Arbeitern ein Aerndtemahl gegeben wird. Die Beziehung dieser Benennung auf die Zeit ist dabey unverkennbar. Eben so ist es in Hochzeitmahl, Taufmahl; sie deuten selbst in ihrer Zusammensetzung auf die Zeit.

Ein Mahl kann man daher auch seinen Hausgenossen geben, wofern es nur zu einer besondern Zeit geschieht. Ein Gastmahl stellt man aber in der Absicht an, um sich mit seinen Freunden zu erlustigen, und es zeigt, vermöge der ersten Sylbe in seiner Zusammensetzung an, daß nothwendig Fremde oder Gäste daran müssen Theil nehmen. Dadurch unterscheidet es sich von einem Mahle. Da man aber die fremden Gäste durch ihre Einladung ehren will: so ist das Gastmahl auch kostbarer und prächtiger, als ein bloßes Mahl und von dieser Seite ist es zugleich ein Schmaus.

Ein Gastgebot ist ein grosses und feyerliches Gastmahl. Es kömmt her von dem alten Worte Bieten, einladen, und zeiget also ein Gastmahl an, zu welchem viele Fremde eingeladen sind.

In allen diesen Wörtern liegen entweder die Begriffe von besondern Zeiten, die man begehen, oder der Eingeladenen, die man ehren will, zum Grunde, das Wort Schmaus hingegen deutet mehr auf das Vergnügen eines reichlichern und herrlichern Essens und Trinkens. Diesen Begriff druckt augenscheinlich das davon abgeleitete schmausen aus.

Weil ich nicht prächtig schmausen kann,
Soll ich nicht fröhlich schmausen?

Utz.

Die alten Deutschen liessen keine Gelegenheit vorbey, einen Schmaus zu halten. Eine jede frohe Gelegenheit ward von ihnen mit einem Schmaus gefeyert, welcher mehr in einer Menge starker Getränke, als in ausgesuchten Speisen und künstlichen Gerichten bestand. Die Opferschmäuse der nördlichen Völker von Deutschland währeten oft so lange bis alle Lebensmittel aufgezehrt waren. Wenn man ein Gastmahl bey gewissen Gelegenheiten einen Doctorschmaus, einen Kindtaufenschmaus, einen Hochzeitschmaus nennt, so will man durch diese Benennung immer auf einen grössern Ueberfluß an Gerichten und Weine deuten.

Das Wort Gelag scheint nicht, wie Stosch will, von dem Zusammenlegen der Kosten zu einem gemeinschaftlichen Schmause herzukommen, wobey ein jeder seine Zeche bezahlt, oder, wie, bey den neuern Pikenicks, sein Gericht beyträgt. Es würde in diesem Falle höchstens nur noch auf die Schmäuse passen, die an manchen Oertern durch öffentliche Kosten ausgerichtet werden. Alsdann könnte man aber nicht sagen: ein Hochzeitgelag, ein Taufgelag, ein Leichengelag, ein Ehrengelag. Vielmehr scheint es seine Benennung von dem langen Beysammenliegen beym Trunke seine Benennung

nung erhalten zu haben. Und daher kömmt ohne Zweifel der verächtliche Nebenbegriff, der diesen Ausdruck in diejenigen Volksklassen verbannet hat, die keine gesellschaftlichen Vergnügungen ohne Völlerey kennen.

Alle diese Benennungen sind übrigens durch die neuern Sitten aus der Umgangssprache derer Stände, die einen Theil ihrer vaterländischen Eigenthümlichkeit verloren haben, verschwunden, und haben den fremden weniger sagenden Ausdrücken: Diner, Souper, Dejeuner u. s. w. Platz gemacht, welche die Quelle dieser Verfeinerung verrathen.

Gasthof. Gasthaus. Herberge. Wirthshaus.

I. üb. Oeffentliche Häuser, worin Fremde für Geld aufgenommen und bedient werden.

II. V. Herberge druckt diesen Begriff in seiner größten Allgemeinheit aus. Es bedeutet selbst das Nachtlager und die Aufnahme, die man bey guten Freunden und andern Personen findet, die einen Fremden bisweilen aus gutem Willen und ohne Bezahlung aufnehmen. In diesem Sinne könnte man die Karavanserais im Oriente, welche die Frömmigkeit der Muselmänner gestiftet hat, um darin die Pilger und Karavanen unentgeltlich zu verpflegen, Herbergen nennen. In dieser Bedeutung wird es aber hier nicht betrachtet.

Es wurde vor Alters Heerberge geschrieben und bedeutete also ursprünglich einen Ort, wo ein Heer übernachtete. Die Herberge war zugleich ein Recht des Lehnsherrn bey seinen Vasallen mit seinem Gefolge auf gewisse Zeit aufgenommen zu werden, ein Recht, das in der Folge mit Gelde abgekauft wurde. In diesen Zeiten reisten die Großen mit einem Kriegsgefolge, und dadurch gieng die Bedeutung, so wie sich dieses veränderte, aus Heerbergen, ein Lager nehmen, zu der allgemeinen Bedeutung über, nachdem die Großen nicht mehr in Lägern und mit einem militairischen Gefolge, sondern mit ihre Hofgesinde ihrem Reisen machten. Wer solche Rechte nicht hatte, der verlangte nur ein Obdach und ein Nachtlager.

So sagt man von öffentlichen Häusern: in diesem Hause habe ich schon oft meine Herberge gehabt, die Herbergen sind an diesem Orte schlecht oder gut.

Nachdem man in den Städten öffentliche Häuser hat, worin man mehr Bequemlichkeit findet, so ist die alte Benennung Herberge nur solchen Häusern geblieben, in welchen den Reisenden gewöhnlich nur Dach und Lager gegeben wird, und sie selbst ihr Essen, wie auch Futter für ihre Pferde mit sich führen, und das ist mehrentheils in den Herbergen auf schlechten Dörfern der Fall. Man findet in solchen Herbergen gemeiniglich nur eine Stube, worin alle Reisende beisammen sind, und es wird ihnen zum Schlafen nur ein Lager auf der Erde gemacht.

Erhält man in diesen öffentlichen Häusern auch Essen und Futter für die Pferde, dann nennt man sie Wirthshäuser. Dieses Wort zeigt nähmlich an, daß in dem Hause ein Wirth sey, der für Geld bewirthet, oder zu Essen giebt. Wenn man auf Reisen ist, und einen Ort vor sich hat, wo man ein gutes Wirthshaus findet, so fährt man lieber eine Meile weiter, oder bleibt eine Meile zurück, um daselbst einkehren zu können, als daß man die Nacht in einer schlechten Herberge zubringt. In solchen Wirthshäusern sind gemeiniglich, außer der allgemeinen Gaststube, noch eine oder mehrere Stuben, welche man Personen einräumet, die nicht gewohnt sind, sich unter Fuhrleuten aufzuhalten, und auf der Erde zu liegen, und worin sie die nöthigen Bequemlichkeiten für Bezahlung finden. Ein Wirthshaus ist also für bemitteltere Personen, eine Herberge bloß für Aermere bestimmt.

Ein Gasthof ist ein Wirthshaus, aber ein großes, wo sehr viele Reisende einkehren. Wie man oft ein großes Gebäude mit allem Zubehör und Nebengebäuden einen Hof

nennet,

nennt, z. B. einen Edelhof, Pfarrhof, Jägerhof u. s. w.; so nennt man auch Gasthof ein großes, weitläuftiges, mit mehrern Nebengebäuden versehenes Gebäude, worin viele Fremde oder Gäste können aufgenommen werden, die daselbst nicht allein Raum für ihre Wagen und Stallung für ihre Pferde, sondern auch bequeme Zimmer finden, worin ein jeder nach seinem Stande, die nöthigen Bequemlichkeiten haben und bewirthet werden kann.

Man findet dergleichen Gasthöfe gemeiniglich in den großen Städten, wo viele Fremde ankommen, welche sich bisweilen nicht blos einige Tage, sondern auch wohl ganze Wochen und Monate aufhalten, und in solchen Häusern, sowohl für sich als ihre Begleitung alle nöthige Verpflegung und Bequemlichkeiten, gegen Bezahlung, haben können.

Einen solchen Gasthof könnte man auch ein Gasthaus nennen, so fern nähmlich darin Fremde oder Gäste aufgenommen werden. Allein gewöhnlich nennt man nur das ein Gasthaus, worin sich ein Wirth befindet, welcher nur für Geld zu essen giebt, ohne des Nachts die Fremden mit ihrem Gefolge zu beherbergen. Dieser Unterschied lief deutlich genug in der Zusammensetzung mit Hof und Haus, wovon das Erstere auf ein Gebäude deutet, das weitläuftig genug ist, um mehrere Menschen mit ihren Pferden und Geschirr zu beherbergen. Man könnte daher am besten durch Gasthaus und Gastgeber das fremde Wort Traiteur und das noch neuere mit mehrern französischen Sitten zu uns herüberkommende Restaurateur vermeiden.

Von dieser Bedeutung würde dann auch die nicht sehr abweichen, nach welcher Gasthaus, welches hier die wörtliche Uebersetzung von hospitium zu seyn scheint, ein Haus bedeutet, worin Pilgrimme und arme Reisende unentgeltlich aus Andacht aufgenommen werden, dergleichen man in den katholischen Ländern, insonderheit an solchen Oertern findet, wohin große Wallfahrten angestellt werden. Denn dergleichen Pilgrimme bedürfen zu ihrer Herberge keine großen Höfe, als zu

dem

dem Unterbringen eines zahlreichen Gefolges mit ihren Wagen und Gepäcke nöthig iſt.

Gaſtmahl. Gaſtgebot. Mahl. Schmaus. Gelag. S. Gaſtgebot.

Gatte. Gemahl.

I. üb. Mit einander verbundene Perſonen von beyden Geſchlechtern, ſo fern ſie nähmlich in einer Vereinigung mit einander leben, die ihren Grund in der Natur und Beſtimmung eines jeden Geſchlechts hat.

II. V. Das Wort Gatte beziehet ſich auf die Zeugung von ihres gleichen, durch welche ſie mit einander verbunden ſind, und wird daher auch von Thieren, inſonderheit von dem Geſchlechte der Vögel geſagt. Dieſe begatten ſich, wenn ſie ſich mit einander paaren, und man nennt in ganz eigentlichen Verſtande ein Jedes von dieſem Paare den Gatten des andern. Der Vogel locket ſeinen Gatten; die Turteltaube klagt nach dem Dichterglauben um ihren Gatten. Hier liegt alſo der Begriff der innigſten Naturvereinigung mehrerer Dinge zum Grunde, und ſo wird gatten ſelbſt von lebloſen Dingen gebraucht.

Schon ſieht der Blick, wohin er ſchießt,
Wie alles ſich zur Eintracht gattet,
Und traulich an einander ſchließt,
Der Baum das Bäumchen freundlich grüßt,
Und junge Blumen überſchattet.

Selmar.

In der nähmlichen Rückſicht wird es auch von Menſchen gebraucht. Man ſagt: es ſey nichts ſchmerzlicher, als einen geliebten Gatten zu verliehren, und man klagt über den Verluſt ſeines Gatten.

Indeß

Indeß pflegt in diesem Falle ihm oft das Wort Ehe vorgesetzt zu werden, und man sagt, insonderheit wenn von rechtlichen oder überhaupt moralischen Verhältnissen die Rede ist, Ehegatten. So leben Ehegatten in Gemeinschaft ihrer Güter; so ist es die Pflicht treuer Ehegatten, daß sie Freude und Leid mit einander theilen; man muß sich hüten, Uneinigkeit zwischen Ehegatten zu stiften, oder auch nur sich in ihre Streitigkeiten zu mischen u. s. w.

Gemahl kömmt her von dem alten Worte Mahl, welches zu denen Zeiten ein Bündniß oder einen Vertrag bedeutete, als man die Verträge noch nicht durch Schrift verewigen konnte, sondern ihr Andenken durch Denkmähler, wie z. B. bey den Patriarchen in der Bibel durch Steinhaufen aufzubewahren suchte. Da es also, vermöge seiner Abstammung, auf den ehelichen Vertrag deutet: so ist es natürlich, daß es nur von Menschen gebraucht wird.

Bey den Alten wurde es daher so wohl von niedrigen und geringen, als hohen und vornehmen Personen, und zwar ohne Geschlechtsendigung sowohl von weiblichen als männlichen gebraucht.

Esther, welche der König zum Gemahl genommen, und zur Königin gemacht hat.

St. in Esth. 9, 3.

Joseph nahm sein Gemahl zu sich.

Matth. 1, 24.

Man sagte es auch sowohl von wirklichen Verehelichten, als von bloßen Verlobten. Unter uns ist es aber nur von Verehlichten und zwar, weil es, seiner Abstammung nach, feyerlicher ist, von vornehmen und angesehenen gebräuchlich.

Da bisweilen die Verbindungen zweyer Personen beyderley Geschlechtes nicht gesetzmäßig sind: so setzt man zum Unterschiede von solchen Verbindungen, wodurch eine Person nicht alle Rechte einer Ehefrau erhält, das Wort Ehe hin

zu

zu, und sagt: ein Ehemahl. Denn bey den Alten bedeutete das Wort Ehe oder Ee ein Gesetz. Die andern hingegen nannte man Handgemahle, d. i. solche, welche an der linken Hand getraut sind.

Die Höflichkeitssprache hat, so wie bey mehrern andern, die täglich in dem Munde der feinern Gesellschaft sind, bey diesen Wörtern Unterschiede eingeführt, von denen die Alten nichts wußten. Wenn diese Gatte und Gemahl von beyden Geschlechtern sagten: so gebraucht man jetzt von dem weiblichen Gattin und Gemahlin; und da diese gleich edel und für jeden Stand gleich ehrenvoll waren: so ist jenes jetzt nur der feierlichen Sprache, so wie dieses in dem Ceremoniel den höhern Ständen vorbehalten.

Will man davon einen Grund in dem innern Gehalte dieser Wörter aufsuchen: so möchte man schwerlich einen andern finden, als der in der angegebenen Abstammung dieser Wörter liegt. Denn wenn Weib bloß das Geschlecht, Frau den Stand anzeigt, (S. Frau. Weib.) so deutet Gattin auf die Wahl nach Gefühl und Zuneigung, wodurch es sich den Rednern und Dichtern, so wie jedem empfehlen muß, der die Sprache der Empfindung reden, oder zu reden scheinen will, wie das die Beywörter: meine theure, meine geliebte Gattin beweisen.

> Was, Unglückliche, wäre dein Muth? Wie könntest du einsam
> Dann ertragen die Angst? durch wessen Tröstung den Kummer?
> Denn Ich, (glaube mir das!) wenn dich auch hätte der Abgrund,
> Folgete dir, o Gattin; und Mich auch hätte der Abgrund.
>
> Voß.

So spricht der zärtliche Deukalion zu seiner trostlosen Pyrrha.

Gemahlin deutet hingegen auf die größern Feyerlichkeiten, womit die ehelichen Verträge hoher Personen pflegen vollzogen zu werden, und ist daher ein Ehrenname.

Ihres Gemahls Auslegung vernahm zwar froh die Titanin.
Doch war Zweifel die Hoffnung. — —

Ebend.

Es ist nur für den Sprachforscher zu beklagen, daß der immer weiter fortrückende Mißbrauch solcher Wörter alle Spuren der ursprünglichen Gründe solcher Wörter endlich ganz zu verwischen drohet.

Gattung. Art. Geschlecht. Classe. S. Art.

Gebähren. Zeugen. Werfen. Jungen.

I. üb. Diese Wörter sind so weit sinnverwandt, als sie von Thieren gebraucht werden, welche ihres Gleichen zur Welt bringen.

II. V. Nach dem gegenwärtigen Gebrauche wird Gebähren nur von Menschen und zwar von der Mutter gesagt, dem Vater wird das Zeugen beygelegt. Allein ehemals wurden diese Unterschiede nicht beobachtet, wie das noch aus Luthers Bibelübersetzung erhellet.

Weißt du die Zeit, wenn die Gemsen auf dem Felsen gebähren?

Hiob 39, 1.

Indeß könnte man diesen Gebrauch vielleicht mit Recht in der edlern Schreibart für nöthig halten, in welcher werfen und jungen zu niedrig wäre, und noch jetzt würde ein Dichter schwerlich anders sagen können, als: Dieses Lamm, das kaum seine Mutter gebohren Denn ein Ausdruck ist augenscheinlich edler, wenn er von einem edlern Wesen hergenommen ist.

Sichrer beweiset daher den Mangel an Genauigkeit in der Unterscheidung der sinnverwandten Wörter in den frühern Zeiten, daß Gebähren und Zeugen noch ohne Unterschiede vorkommen.

Min Vater chad ze mir, min Sun bist du, hinto gebar ih tih.

Notker Psalm II, 7.

Hier hat Luther Zeugen. Indeß er gebraucht an andern Orten seiner Bibelübersetzung Gebähren auch von dem Vater.

Hur gebahr Uri, Uri gebahr Bezaleel.

1 Chron. 2, 20.

Eben so kömmt Zeugen von der Mutter vor.

Da mit dir gelegen ist, die dich gezeuget hat.

Hohelied 8, 5.

Frisch meynt, diese Verwechselung finde sich nur in Übersetzungen aus dem Lateinischen, wo Zeugen und Gebähren das Wort gignere ohne Unterschied verdeutsche. Allein sie findet sich gleichfalls bey dem Lateinischen gignere und nasci, welches Letztere, das eigentlich auf die Mutter gehen sollte, auch bey dem Vater vorkömmt.

Quod sororis suae filios ex illo (Dionysio) natos partem regni putabat debere habere.

Corn. Nep. in Dion. II. 4.

Das ist auch der Fall mit dem Griechischen τικτειν; und es kann daher in allen Sprachen füglich als ein allgemeiner Mangel an Eigenthümlichkeit angesehen werden, der in ihren frühern Perioden natürlich ist. Dem sey indeß, wie ihm wolle, so ist jetzt die genaue Unterscheidung dieser Wörter überall angenommen, und dieser eigentliche Gebrauch hat auf den uneigentlichen einen unverkennbaren Einfluß. Denn in diesem heiß heißt Erzeugen etwas durch Vorbereitungen, Fleiß und Kunst hervorbringen, der Gärtner erzeugt aus dem Saamen oft Blumen mit neuen Farben, und jede Kunst hat ihre eigenthümlichen Erzeugnisse; Gebähren unwillkührlich und durch Naturnothwendigkeit darstellen, was schon unsichtbar da war.

Aus des Frühlings Schooß gebohren
Rosenwangig, gleich Auroren,
Lächelt uns der junge May.

Selmar.

Werfen und Jungen wird nur von Thieren gebraucht; das Erstere vermuthlich, weil sie ihre Jungen leicht zur Welt bringen, und gleichsam von sich werfen. Indeß ist unter beyden dieser Unterschied, daß Jungen mehrentheils von den Thieren gesagt wird, welche mehrere Junge mit einem Mahle werfen. Werfen geht indeß immer auf die Jungen und Jungen auf die Mutter. Daher selbst bey Thieren, deren Geburten eine besondere Benennung haben, als: die Stute fohlet, die Kuh kalbet, u. s. w. wenn das Junge dabey genannt wird, werfen gebraucht zu werden pflegt; denn man sagt ganz gewöhnlich: die Stute hat ein schönes Füllen geworfen; so wie bey denen, von welchen sonst ohne Beysatz Jungen gesagt wird; denn man sagt: die Sau hat acht Ferkel geworfen. (S. auch St.)

Gebein. Bein. Knochen. S. Bein.

Geben. Mittheilen. Schenken. Verehren. Bescheren.

I. üb. Eine Sache, welche uns gehört, an einen andern übertragen.

II. V. Geben druckt diesen Begriff in seiner ganzen Allgemeinheit aus. Denn es wird nicht bloß von der Übertragung des Eigenthums, sondern auch des bloßen physischen Besitzes, von Uebertragen zum bloßen Ergreifen und Festhalten gebraucht. Wir geben einem nicht nur das Geld, das er als sein Eigenthum behalten, sondern auch das wir ihm bloß leihen, oder das er an einen Andern abliefern soll.

Mittheilen, Schenken, Verehren, Bescheren, schließt die Übertragung des Eigenthums von demjenigen mit in sich, was wir einem Andern geben, und unterscheidet sich dadurch von Geben. Von einander unterscheiden sie sich durch den Gegenstand, die Absicht und den Geber.

Mittheilen druckt in dem Gegenstande oder in den Personen, denen etwas gegeben wird, zugleich ihr Bedürfniß aus. Man kann einem etwas schenken, daß er schon hat, und dessen er also nicht bedürftig ist; aber man theilt nur dem etwas mit, der es nicht hat und es noch bedarf. Man theilt dem Armen etwas von seinem Überflusse mit, und der Arme bittet, daß man ihm etwas mittheile. Denn wenn man etwas mit einem Andern theilen will, so will man es nicht für sich nicht allein behalten, diesem Andern soll es auch nicht daran fehlen.

Dieser Nebenbegriff findet sich nicht in Schenken; denn man schenkt auch etwas an Personen, die es nicht bedürfen. Wenn man nur Armen etwas mittheilt, so schenkt man hingegen auch Höhern und Reichern, so wohl als seines gleichen; und wenn man das Mittheilen einer Gabe an einen würdigen Unglücklichen auf eine weniger demüthigende Art einkleiden will: so sagt man: daß man ihm etwas schenke.

Der Ursprung dieses Nebenbegriffes in dem Worte Schenken verliehrt sich in der Dunkelheit seines ältesten Gebrauches, wovon zuletzt noch die Bedeutung übrig geblieben ist, einem etwas darreichen in der Absicht, ihn zu ehren. (S. Gabe. Geschenk.)

— — Groß sind die Geschenke zwar,
Womit du mich beehrst; doch glaube mir,
Des Gebers Plauderey vernichtet sie.

Ramler.

Man

Man will die Verdienste der Beschenkten durch das Geschenk anerkennen, man will seinen Fleiß auszeichnen und aufmuntern, man will, daß er ein Andenken von uns habe. Daher ist einem Freunde auch die geringste Kleinigkeit als ein Geschenk von der Hand eines geliebten Freundes angenehm; denn er sieht nicht auf den innern Werth desselben, sondern auf die Gesinnungen des Schenkenden.

Der Begriff durch Geben zu ehren, ist in dem Ausdrucke, einem etwas verehren. Er giebt ihm etwas Feyerlicheres, und darum ist dieses Wort auch noch nicht außer Gebrauch gekommen, und weder die gebildeten Gesellschaften noch die guten Schriftsteller, die zu den verschiedenen Nüancen ihrer Empfindungen verschiedene Farben nöthig haben, werden es auch schwerlich untergehen lassen.

Bescheren unterscheidet sich von den übrigen Wörtern durch seine eingeschränkte Bedeutung; denn es wird nur von den Glücksgütern gebraucht, so fern sie uns, ohne unser Zuthun, von einer höhern Macht verliehen werden. Nach christlichen Begriffen ist diese höhere Macht Gott und seine Vorsehung.

Gelobet sey der Gott, der Kleid und Brod beschert,
Das mehr als Tausenden ihr Unstern nicht gewährt.

Lichtwer.

Dieser Nebenbegriff klebt ihm von seiner ältesten Bedeutung an. Denn ehemahls hieß Bescheren so viel als vorher bestimmen, praedestinare.

Got hat den Menschen nit beschert und angesehen, daſs er bloſs on Mittel in das himmelrich ſol kummen. — Got hat einen Menſchen beſchert zu ewiger Seligkeit. . . hat mich Got angesehen unn beschert in das himmelrich.

Geiler von Kayſersberg.

Eben darum wird es von dem vergötterten Glück gebraucht, aber jetzt immer nur bey guten und angenehmen Dingen.

Opin wie viel ist dir beschert!
Du bist gesund und reich, und dennoch voller Klagen
Was wird das Glück von deinem Undank sagen,
So bald es ihn erfährt.

Hagedorn.

Gebe. Gänge. S. Gänge.

Geberde. Mine.

I. üb. Diese Wörter kommen darin überein, daß sie die äußern sichtbaren Bewegungen des menschlichen Körpers bedeuten, welche zu Ausdrücken innerer Empfindungen, des Denkens, des Begehrens, des Verabscheuens dienen.

II. V. Stosch setzt ihren Unterschied darin, daß die Minen im Gesichte, die Geberden in den Handlungen und Stellungen des ganzen Körpers sind. Allein nicht alle Bewegungen des Gesichtes sind Minen, sondern nur die, welche die Absicht haben, innere Empfindungen auszudrucken, und es giebt Bewegungen des ganzen Körpers, welche keine Ausdrücke von innern Empfindungen sind, die also nicht mit den Minen die Aehnlichkeit haben, ohne welche beyde Wörter nicht können als sinnverwandt angesehen werden. Das mechanische Schließen der Augenlieder eines Schläfrigen, das schnelle Bewegen derselben, wenn sich etwas Schädliches dem Auge nähert, das Gähnen u. dgl. sind Bewegungen im Gesicht, aber keine Minen, und das Hin- und Herschlagen der Glieder eines Epileptischen rechnet Stosch selbst zu den Geberden. Denn er sagt, einige Ausleger haben die Stelle:

David verstellete seine Geberde.

1 Sam. 21, 13.

so verstanden: er habe sich gestellet, als ob er die fallende Sucht habe.

Daß durch Minen nur der Ausdruck des Innern der Seele im Gesichte bey vernünftigen Wesen, wie der Mensch, angezeigt werden, sieht man schon daraus, daß man im eigentlichen Verstande die Bewegungen des Gesichts bey den Thieren nicht Minen, sondern Geberden nennt. Das Wort Geberden unterscheidet sich also von Minen

1) dadurch, daß es alle äußern Bewegungen des menschlichen Körpers anzeigt, sie mögen im Gesichte oder in andern äußern Gliedern des menschlichen Körpers seyn;

2) dadurch, daß es im weitern Sinne auch solche Veränderungen des Körpers bedeutet, die keine Ausdrücke menschlicher Gedanken und Empfindungen, des Wollens und Nichtwollens sind. Wenn Geberde daher dieses letztere bedeutet: so ist es eine Stellung oder Bewegung des ganzen Körpers, und kann von jedem Gliede desselben gesagt werden, Minen nur von dem Gesichte.

Weint laut, und geht nach Haus, erzählt es ihrem Mann,
Der ihr entgegen kömmt mit zitternder Geberde.

Gleim.

Wird es von den Bewegungen des Gesichts gesagt: so bedeutet es nur die unwillkührlichen und die Ausdrücke, insonderheit die daurenden, einer heftigen Leidenschaft. Verzuckungen können das Gesicht eines Menschen in unnatürliche Geberden verzerren, vor Schreck und Grausen erstarren oft die Gesichtszüge eines Menschen zu fürchterlichen Geberden.

Minen hingegen gehören zu den Bezeichnungen unseres Sinnes, und zwar durch Züge und Bewegungen des Gesichtes. Wir können aber unsern Sinn auch durch die Bewegungen der übrigen Glieder unseres Körpers unsern Sinn bezeichnen, und das sind dann Geberden, wenn sie von den Minen unterschieden werden.

Diese

Diese genauern Unterscheidungen scheinen später in die Sprache gekommen zu seyn, und zwar durch das französische Mine, das nur von den Zügen und Bewegungen des Gesichtes gebraucht wird. Denn ob dieses gleich mit dem deutschen Mine einen gemeinschaftlichen Ursprung hat: so hindert das doch nicht, daß das Deutsche von dem Französischen nicht könne eine eingeschränktere Bedeutung angenommen haben. Dieser Ursprung beweiset indeß, daß Mine von jeher die Bezeichnung des Sinnes, der Gedanken, des Vergnügens, des Abscheues, des Verlangens, des Wollens, des Nichtwollens bedeutet habe. Denn Meinen heißt, denken, verlangen, wünschen, und Meine, Gedanke, Meynung, Verlangen, Wunsch. Von dieser alten Bedeutung scheint auch die Redensart Mine machen herzukommen. Mit ihr ist zunächst die Bedeutung verwandt, wonach Mine die Bezeichnung von diesem Allen heißt.

Was meinet deiner Hute Schein?

Fabeln der Minnes. 59.

Was bedeutet der Schein deiner Haut?

Geberde hieß ursprünglich das Betragen, die Handlungen.

Der slange sprach ich tuon dir recht,
Ich tuon als ander min geslecht.
Min gift mag ich nit abelan,
Slanglich geberde muos ich kan.

Ebend. 71.

Ich muß wie eine Schlange handeln. Diese Bedeutung hat es noch in folgender Stelle in Luthers Bibelübersetzung.

Christus ward an Geberden als ein Mensch erfunden.

Phil. 2, 7.

Danach waren dann Geberden die Handlungen, woraus man die Gesinnungen und endlich überhaupt den Sinn erken-

erkennen kann, sie mögen übrigens Bewegungen des Gesichtes oder der übrigen Theile des Körpers seyn.

Denn kann gleich nicht ein Wort von ihm verstanden werden,
Was schadts? ein Harlekin spricht mit Geberden.

Wernike.

Nun giebt es also eine gewisse stumme Sprache, die man die Geberdensprache nennt, und die sich sowohl durch das Gesicht als durch die übrigen Glieder des Körpers ausdruckt; die ihre mahlenden, ausdruckenden und deutenden Zeichen hat. In dieser sind die Minen mitbegriffen, da sich die geschicktesten Redner in dieser Sprache unter dem gemeinen Volke in dem untern Italien seit den ältesten Zeiten in vielen dieser Zeichen, wenn sie sehr zusammengesetzt sind, der Augen, des ganzen Gesichts und der Hände zugleich bedienen. Nur nachdem das Wort Mine mit seiner Bedeutung, die es im Französischen hat, gemeiner ward, schränkte man Geberden auf die bedeutenden Bewegungen der übrigen Glieder ein.

Minen unterscheidet sich also von den Geberden zuförderst dadurch, daß das erstere nur bedeutende, das letztere hingegen alle auch unwillkührliche Bewegungen des Körpers bedeutet, und hiernächst dadurch, daß, wenn sie beyde bedeutend sind, das Erstere nur auf das Gesicht eingeschränkt ist. In diesem sind nur die Züge und Bewegungen, nicht die Farbe Minen; das Erröthen und Erblassen gehört nicht zu den Minen, weil es nicht in unserer Gewalt steht, und daher nicht zu der Geberdensprache kann gebraucht werden. Dem ist selbst folgende Stelle eines großen Dichters nicht entgegen:

Jetzo mußte er entweder ohnmächtig niedersinken:
Oder sein starrendes Blut auf einmahl feuriger werden,
Und ihn wieder gewaltig beleben. Es hub sich, und wurde
Feuriger, und von dem hochaufschwellenden Herzen ergoß sichs
In die Minen empor. Die Minen verkündigten Philo.

Klopstock.

Denn

Denn hier färbt nicht das emporsteigende Blut das Gesicht des Philo, sondern setzt es in Bewegung.

Gebiethen. Befehlen. Heißen. Verordnen. Vorschreiben. S. Befehlen.

Gebietherisch. Herrisch.

I. üb. Beyde Wörter werden dem Betragen, den Handlungen und den Reden beygelegt, welche eine übertriebene Meynung von sich selbst und auf diese Meynung gegründete beleidigende Anmaßungen verrathen.

II. V. Da dieses beleidigende Betragen in seinen Wirkungen gewöhnlich einerley verhaßte Farbe hat: so ist der Unterschied beyder Wörter nicht leicht deutlich anzugeben. Indeß gehören sie doch, ihrer Abstammung nach, augenscheinlich zu verschiedenen Familien, und die Stammwörter, von denen sie ausgegangen sind, deuten auf eine Verschiedenheit der Ursachen. Nun schließt Gebiethen die Macht in sich, nicht bloß über die Handlungen, sondern auch über das Leben und Daseyn eines Dinges zu disponiren. Denn Gott gebiethet über das Weltall, indem er es erschaffen hat, und es fortdauren lassen oder vernichten kann. (S. Befehlen. Gebiethen. Heißen.)

Gebietherisch ist also ein solches Betragen eines Menschen, so fern es aus einer übertriebenen oder wenigstens übelangebrachten Meynung von seiner Macht entsteht.

Herrisch ist eben dieses Betragen, so fern es aus seiner übertriebenen oder übelangebrachten Meynung von seinem Rechte entsteht. Denn ein Herr ist derjenige, der das Recht hat, die Handlungen eines Andern zu bestimmen. Wenn dieses äußere Recht in den innern Vorzügen des Herrn, seinem überlegenen Verstande und seiner Weisheit gegründet ist: so erregt der Anblick des Herrn durch seine äußere Pracht und durch seine innere Würde Ehrfurcht und Bewunderung, und beydes liegt in dem Worte herrlich. Fehlt ihm aber so wohl das äußere Recht zu herrschen, als die innere Würde: so kömmt ihm das Betragen nicht zu, das er annimmt, als wenn er diese äußern und innern Vorzüge besäße, es ist herrisch und beleidigt einen jeden, gegen den er es sich erlaubt.

Wo der Bedienten Stolz, die er doch groß gemacht,
In herrischer Gestalt des nackten Redners lacht.

Hagedorn.

Ein gebietherischer Ton ohne Macht erregt Verachtung und ist lächerlich; ein herrisches Betragen ohne Recht Unwillen. Da aber eine Behandlung, wobey man uns bloß seine Gewalt und sein Recht fühlen läßt, für edle Menschen immer erniedrigend ist: so ist sie, so lange sie nicht nothwendig ist, immer verhaßt, selbst von denen, die Gewalt und Recht haben, und ein weiser Herr, sey er auch noch so mächtig und erhaben, wird gegen keinen edlen Mann, einen gebietherischen Ton und ein herrisches Betragen annehmen. Er wird ihm nicht seine Macht und sein Recht fühlen lassen, wenn er sich an sein Gefühl von Pflicht und Ehre wenden kann.

Da es indeß bisweilen nützlich seyn kann, durch Gewalt zu schrecken: so kann ein gebietherisches Wort an seiner Stelle gut angebracht seyn, und daher kann gebietherisch auch in einer guten Bedeutung vorkommen, wie das lateinische imperiosus. Denn man könnte die Stelle im Horaz

Quisnam igitur liber? Sapiens; sibi qui imperiosus.

L. II. Sat. VII. 87.

übersetzen:

Wer ist nun also frey? Der Weise,
Der jede Leidenschaft gebiethrisch schweigen heißt.

Herrisch hat aber immer eine verhaßte Bedeutung; denn ein eitles Herrscherrecht zur Schau tragen, kann durch keinen Nutzen gerechtfertigt werden.

Gebildet.

Gebildet. Aufgeklärt. S. Aufgeklärt und Aufklären.

Gebogen. Krumm. Gekrümmt.

I. üb. Was von der geraden Richtung abweicht.

II. V. Stosch bestimmt den Unterschied der beyden ersten Wörter so: „Krumm wird von allen Dingen gesagt, „welche nicht gerade, sondern in einer gewissen Biegung sind, „sie mögen nun diese Beschaffenheit von Natur, oder auf eine „andere Weise bekommen haben; Gebogen wird nur von „solchen Dingen gesagt, die vorher gerade gewesen, aber „hernach krumm geworden sind."

Wie sehr dieser Unterschied dem Sprachgebrauche entgegen sey, sieht man schon daraus, daß man gewisse Nasen gebogene und nicht krumme nennt, ob sie gleich nie gerade gewesen sind.

Wenn diese Bestimmung offenbar falsch ist, so ist die, welche H. Petersen angiebt, wenigstens unzulänglich. Er sagt: „Krum enthält eigentlich den Nebenbegriff von fehlerlerhafter Abweichung." Das ist augenscheinlich nicht überall der Fall; denn die Mathematik handelt von krummen Linien, ohne darin etwas Fehlerhaftes zu finden. Aber auch da, wo das Krumme fehlerhaft ist, kann man fragen, warum ist es das? da es doch das Gebogene, das auch zu dem Krummen gehört, nicht seyn soll. Wir müssen also höher hinaufsteigen.

Krumm zeigt bloß das an, was von der geraden Richtung abweicht und in seinen kleinsten Theilen und Momenten seine Richtung verändert. In diesem Begriffe liegt nichts Fehlerhaftes. Krumme und gerade Linien sind an sich weder schön noch fehlerhaft; sie werden das Eine oder das Andere, je nachdem ihre Form zu dem Zwecke des Werkes paßt, in dem sie sind. Der krumme Bauch des Schiffs ist so schön als der gerade Mastbaum, und das krumme Waldhorn so wenig fehlerhaft als die gerade Flöte, weil ein jedes die Form hat, die sein Zweck erfordert. Indeß ist doch krumm an einigen Dingen fehlerhaft, an welchen gekrümmt und gebogen keinen Fehler anzeigt.

Gekrümmt und Gebogen zeigen also eine Abweichung von der geraden Richtung an, die dem Dinge durch eine eigene Handlung mitgetheilt wird; und da man bey den Handlungen vernünftiger Wesen einen Zweck voraussetzt: so zeigt Gekrümmt und Gebogen an, daß man dem Dinge die Form einer krummen Linie gegeben habe, weil sie sein Gebrauch oder seine Schönheit erforderte. Sicheln sind krumm, so fern sie die Form krummer Linien haben, gekrümmt, so fern sie, ihrer Bestimmung wegen, diese Form haben müssen. Gekrümmt wird also eine Vollkommenheit seyn, indeß krumm gleichgültig oder fehlerhaft ist. Da also Virgil durch Littora curva hat schöne Ufer schildern wollen: so darf es nicht durch krumme, sondern gekrümmte, oder sich krümmende Ufer übersetzt werden.

Gebogne zeigt noch einen höhern Grad der Schönheit an. Davon liegt der Grund in der edlern Materie, die so elastisch ist, daß sie eine Biegung annimmt, oder ein organisches Leben hat, womit das Ding sich selbst eine schöne Biegung geben kann. Ebert wundert sich daher mit Recht, in dem Anhange zu Lessings Collectaneen Th. 1. S. 602 wie dieser vortreffliche Schriftsteller: krumme Nasen anstatt gebogene hat sagen können, und H. Petersen kann ihn nur mit der Flüchtigkeit entschuldigen, womit man etwas in sein Collectaneenbuch einträgt. Die Griechen liebten gebogene Nasen, aber keine krumme, und ein wohlgebildeter Fuß muß gebogen seyn, ein krummer ist ungestalt; denn Nase und Fuß sind organische Theile des menschlichen Körpers, deren Abweichung von der geraden Linie zu ihrer Schönheit gehört.

Da in dem Moralischen die edle Einfalt der Gesinnungen eine unveränderte Richtung auf den Hauptzweck des Menschen, recht zu handeln, erfordert: so ist darin alles davon abweichende fehlerhaft, und krumm bedeutet in seinem uneigentlichen Sinne immer etwas Fehlerhaftes.

Frevler und Uebelthäter wandeln auf krummen Wegen.

Mos. Mendelsohn Uebers. der Psalmen.

Niemals ist das Kind eines Juden, Christen oder Türken auf eine so krumme und schiefe Art zu seinen Religionsgebräuchen gekommen, als Tristram Shandy.

Bode.

Geborgen. Sicher. — Geborgenheit. Sicherheit.

I. üb. Der Zustand, worin man kein übel zu besorgen hat, das ist die gemeinschaftliche Bedeutung der Hauptwörter; die Nebenwörter bezeichnen den, der sich in einem solchen Zustande befindet.

II. V. Geborgen deutet aber auf die Ursach dieses Zustandes. Denn es stammt von Bergen ab, welches bedecken und durch die Bedeckung alle Beschädigung und Unannehmlichkeiten abhalten, bedeutet.

Hier, wo wir, geborgen
Vor Stürmen und Sorgen
In einsamer Zelle
Des Lebens uns freun.

Gotter.

Daher ist dasjenige geborgen, welches aus einer Gefahr, die ihm bevorstand, an einen Ort gerettet ist, wo sie nicht mehr zu besorgen ist. So sind die Güter eines verunglückten Schiffes geborgen, wenn sie an das Land gebracht sind. Ein Schatz, der so tief in der Erde versteckt ist, daß er nicht kann gefunden und gestohlen werden, ist geborgen.

Seines Schatzes gewiß, der, glaubt er, läge geborgen.

Göthe.

Sicher hingegen zeigt zunächst die Wirkung des Schutzes an, unter welchem sich der Geborgene befindet,

und

und auf welche Geborgen nur durch eine Metonymie übertragen seyn kann. Dann Sicher ist augenscheinlich mit dem lateinischen securus verwandt, welches das Bewußtseyn in sich schließt, daß uns kein Uebel bevorstehe. Daher wird Sicher auch in seiner größten Allgemeinheit anstatt Gewiß gebraucht, um das Bewußtseyn auszudrucken, daß das Gegentheil von dem, was man für wahr hält, nicht Statt finden könne. Kein Seefahrer, der aus dem Hafen läuft, ist sicher, daß er auch in denselben wieder einlaufen werde. Galilei war sicher, daß man gegen die Bewegung der Erde keine gründlichen Einwürfe werde aufbringen können.

Da sich Geborgen und Sicher wie Ursach und Wirkung zu einander verhalten, so werden sie auch bisweilen mit einander verbunden.

> Sie hörte in ihrer warmen Stube die Frachtwagen, welche auf der nahen Straße pfeifend und knirschend hingeschleift wurden, mit dem süßen Gefühle sicher Geborgenheit und ärmlicher Fülle.
>
> Starke.

Geboth. Befehl. Gesetz. Verordnung. Satzung.

I. üb. Erklärungen des Willens, wodurch das bestimmt wird, was ein Anderer thun soll.

II. V. Den Unterschied zwischen Befehl und Geboth hat Stosch so gefaßt: „Der Befehl betrifft solche Dinge, „welche sogleich geschehen oder in einer kurzen Zeit vollbracht „werden sollen. Das Geboth begreift so etwas in sich, was „beständig oder doch lange Zeit beobachtet werden soll.“ Dieser Unterschied widerspricht aber dem Sprachgebrauche der besten Schriftsteller. Das erhellet schon daraus, daß Geboth von Gebiethen herkömmt, und also in seiner Bedeutung denselben folgen muß. Wenn nun Gebiethen das Recht über das Leben, das Daseyn und die Substanz eines Dinges zu disponiren

niren in seine Bedeutung mit einschließt: so unterscheidet es sich dadurch von Befehlen, daß es eigentlich der erklärte Wille des höchsten Oberherrn ist, der über Leben und Tod zu gebiethen hat; Befehle aber auch von untergeordneten Obern kann gesagt werden. (S. Befehlen. Gebiethen. Heißen. Verordnen. Vorschreiben. — Gebietherisch. Herrisch.) Die Spuren dieser ursprünglichen Bedeutung des Wortes Geboth und Gebiethen, über das Daseyn der Dinge walten, finden wir noch in dem ältern Sprachgebrauche.

O starker Gott
All unser Noth
Befehlen wir Herr in dein Geboth,
Laß uns den Tag mit Gnaden überscheinen.

Limpurg. Chron. beym J. 1356.

Dieses führt auf eine tiefer liegende Wurzel mehrerer ähnlichlautenden Wörter, die ich mit einiger Furchtsamkeit in der Angelsächsischen Form Been, Englisch: to be, Seyn, angegeben habe. (S. Befehlen. Gebiethen.) Eine Anmerkung, die Lessing über das Wort Vorbothe gemacht hat, (S. Leb. 3. Th. S. 203.) giebt mir etwas mehr Zuversicht. Wir brauchen nähmlich das Wort Vorbote auch um gewisse prognostische, ominöse Zufälle auszudrucken, z. B. Vorboten des Todes ꝛc. Das scheint anzuzeigen, daß eine Wurzel vorhanden sey, welche tiefer liegt. Nun heißt das Englische to bode, Vorbedeuten.

This bodes some strange eruption to our state.

Schakespear in Hamlet.

Diese Wurzel kann nun das to be seyn, das ursprünglich: Seyn, und hernach: Sagen, daß etwas sey bedeutet, woraus unser Biethen, Entbiethen, Gebiethen und selbst das Wort Bothe, welcher sagt, daß etwas sey, entstanden ist.

Wenn daher ein mächtiger Oberherr seinen Willen erklärt, daß er etwas will augenblicklich vollzogen wissen; so erkennt der Unterthan seine höchste Macht, wenn er seinen Willen ein Geboth nennt. Der Sultan in dem morgenländischen Märchen befahl seinem Vezir Azem, daß er ihm auf der Stelle sagen sollte, was die beyden Vögel, denen er zugehorcht, mit einander gesprochen haben. Der Vezir antwortet:

Ich küss' im tiefen Staub, Herr! deines Rockes Saum,
Nur gieb, dein Azem fleht, gieb einer Bitte Raum.
Verändre das Geboth: will ihm dein Wink befehlen,
So sey es, was er hört, dir ewig zu verhehlen.

Hagedorn.

Wenn die Gebothe ihre verpflichtende Kraft bis in die entfernteste Zukunft erstrecken: so hat das erst darin seinen Grund, daß nur der höchste Oberherr durch seinen erklärten Willen, so lange er nicht widerrufen wird, auch die entferntesten Geschlechter verpflichten kann. Man nennt daher den erklärten Willen Gottes, seine Gebothe, weil er der höchste Oberherr der Menschen ist, und wenn er nicht ein Befehl ist, und also einen einzelnen Menschen und eine einzelne Handlung betrifft, wie bey der Aufopferung Isaacs, alle Menschen in allen Geschlechtsfolgen verpflichtet.

Ein Gebot ist ein Gesetz, wenn es der erklärte Wille des Oberherrn ist, so fern er entweder alle seine Unterthanen oder einen großen Theil derselben, in Ansehung einer ganzen Gattung von Handlungen verpflichtet. Dadurch unterscheidet sich Gesetz von Geboth, das auch nur einen einzelnen Menschen und eine einzelne Handlung betreffen kann; so wie von Befehl, der auch außerdem von einem untergeordneten Obern kann gegeben werden. Da uns Gott seinen Willen auch durch die Natur der erschaffenen Dinge erklärt: so ist er der Gesetzgeber der Naturgesetze. Die Naturgesetze sind daher göttliche Gesetze und es würde zu wenig gesagt seyn, wenn man sie göttliche Befehle nennen wollte.

Wenn

Wenn Gott seinen Willen bloß durch die Natur erklärt, wenn wir also unsere Verbindlichkeit aus ihren natürlichen Gründen erkennen und in gewisse Sätze fassen: so nennen wir diese Sätze Gesetze; nur die werden sie Gebothe nennen, welche glauben, daß Gott, wie der Jehova der Juden auf dem Berge Sinai, sinnlich erschienen sey, und seinen Willen unmittelbar in Worten erklärt habe. Denn das Wort hat bereits die allgemeine Bedeutung, daß es einen jeden allgemeinen Satz bedeutet, welcher die Nothwendigkeit ausdruckt, die die Handlungen durch die Gründe erhalten, denen sie gemäß seyn müssen. Es giebt Gesetze des Geschmackes für die Werke der Kunst, denen sie gemäß seyn müssen, wenn sie gefallen sollen; denn zugefallen ist der Zweck des Virtuosen, und der allgemeine Grund, der ihn in allen seinen Operationen bestimmen und leiten muß.

Eine Verordnung ist der erklärte Wille, so fern er eine gewisse zu beobachtende Ordnung vorschreibt; es ist darin also nicht sowohl die verpflichtende Kraft, wie in Gesetz, Geboth, Befehl, als vielmehr diejenige Gleichförmigkeit der Handlungen ausgedruckt, die zu einem gewissen Zwecke nöthig sind. Man nennt daher auch die Vorschriften eines Arztes, worin er die Diät und Lebensordnung oder den Gebrauch der Arzeneyen einem Kranken angiebt, Verordnungen.

Satzungen ist wahrscheinlich die Übersetzung des lateinischen Statuta. Seine Bedeutung läßt sich also auch am leichtesten aus demselben bestimmen. Eine jede rechtliche Gesellschaft, dergleichen die großen Körperschaften sind, als Universitäten, Ritterorden, Zünfte, Innungen haben ihre Statuta oder Satzungen und diese enthalten nicht bloß ihre Verbindlichkeiten und Pflichten, sondern auch ihre Rechte. In diesem Verstande wird das Wort Reichssatzungen noch in dem deutschen Staatsrechte gebraucht, für den Inbegriff der Rechte und Verbindlichkeiten der Glieder des deutschen Reiches. Diesen Umfang der Bedeutung hat es auch ohne Zweifel in Menschensatzungen, wo es sowohl die Rechte als die Verbindlichkeiten anzeigt, welche Menschen im Nahmen der Religion ertheilen und auflegen.

Gebrauch. Sitte. Gewohnheit. Mode. Ceremonie.

I. üb. Das Übereinstimmende in den Handlungen und dem Betragen der Menschen machen ihre Gebräuche, Sitten und Moden.

II. V. Das Allgemeinste in diesem Begriffe druckt Sitte aus; es dehnt sich auf alles aus, es mag innerlich oder äußerlich seyn, in den Handlungen oder der Bekleidung und Wohnung. Es giebt innere und äußere Sitten. Die erstern werden nach den moralischen Gesetzen beurtheilt, und sind danach entweder tugendhaft oder lasterhaft. Die Letzern betreffen bloß das Aeußere und können moralisch gleichgültig seyn; sie werden löblich, gut oder schlecht genannt, so fern sie Zeichen einer guten oder schlechten Denkungsart sind, und eine von beyden befördern. Das Gesundheittrinken war sonst eine allgemeine Sitte; ehemals war es Sitte, daß man um zehn Uhr Vormittag die Hauptmahlzeit hielt, jetzt ist es in einigen großen Städten Sitte, daß man um vier Uhr zu Mittage speiset.

Die Sitten eines Volkes hangen also von den allgemeinen Urtheilen über das ab, was anständig und schicklich ist. Nach den Sitten der Morgenländer ist das Bedecken des Hauptes ein Zeichen der Ehrfurcht, nach den Sitten der Abendländer ist es das Entblößen des Hauptes, bey den Erstern wird das Eine, bey den Letztern wird das Andere allgemein für anständig und schicklich gehalten.

Eben diese Allgemeinheit hat auch Gewohnheit, und es unterscheidet sich von Sitte bloß dadurch, daß bey diesem letztern zugleich die Beurtheilung der Anständigkeit und Schicklichkeit in Betrachtung kömmt, daß diese der Grund ist, warum sie angenommen und allgemein sind. Diesen Nebenbegriff enthält Gewohnheit nicht. So sagt Laban zu Jakob:

Es ist nicht Sitte in unserm Lande, daß man man die Jüngste ausgiebt vor der Aeltesten.

1 Mos. 19, 26.

Und er will damit anzeigen, daß man es für anständig und schicklich halte; indem man von der Enthaltsamkeit der jüngern Schwester nicht günstig denken würde, wenn sie ihrer ältern Schwester im Heirathen vorgehen wollte. Hingegen sagt man: in einigen Ländern ist die Gewohnheit, daß die Fuhrleute vier Pferde, in andern daß sie zwey neben einander, in andern, daß sie die Pferde einzeln hinter einander spannen. In einigen Gegenden ist die Gewohnheit, daß man den Kühen auf der Weide kleine Glocken um den Hals hängt. In allen diesen Fällen sieht man nicht auf die Anständigkeit.

Eine Sitte ist ein Gebrauch, wenn sie in einer Handlungsweise besteht, worüber man sich vereinigt hat, daß man sie bey gewissen Geschäften beobachten wolle. So haben die Handwerker ihre eigenen Gebräuche bey dem Einschreiben und Lossprechen der Lehrburschen, bey der Ankunft der Fremden, bey der Aufnahme der Meister.

Die Gebräuche sind Ceremonien, wenn sie Zeichen von gewissen Pflichten sind. So waren die ehemaligen Gebräuche bey der Aufnahme angehender Studenten auf den Universitäten lächerliche Ceremonien, weil sie in abentheuerlichen Zeichen bestanden, die den Aufzunehmenden an die Pflichten seines künftigen Standes erinnern sollten. Eben so sind die Ceremonien bey einer feyerlichen Belehnung Gebräuche, welche dem Belehnten die Pflichten, wozu er sich anheischig macht, durch bedeutende Handlungen vorbilden sollen. Die Religionsceremonien sollen die Andächtigen an die Pflichten des innern Gottesdienstes, der Ehrfurcht gegen Gott, der Demuth, der Inbrunst u. s. w. erinnern, so wie sie, wenn sie einen Werth in den Augen der Vernunft haben sollen, von diesen Empfindungen natürliche Ausdrücke seyn müssen.

Moden sind bloße Gewohnheiten, die man beobachtet, weil man sie für angenehm und schön hält. Sie erstrecken sich über Alles, was den Menschen umgiebt, über seine Kleidung, seine Möblirung, seinen gesellschaftlichen Anstand, die Ausdrücke der Höflichkeit, u. s. w. Jetzt sind die kurzen Taillen in dem weiblichen Anzuge Mode, weil man sie für schön hält; sonst war es Mode, bey dem Eintritt in eine Gesellschaft links und rechts eine große Menge Verbeugungen zu machen, zum Essen zu nöthigen, Gesundheiten zu trinken, weil man glaubte, daß man sich dadurch angenehm mache.

Es ist gegen diese Bestimmung des Unterschiedes zwischen bloßen Gewohnheiten und zwischen Moden kein Einwurf, daß es auch Moden giebt, die nicht schön und angenehm, ja manche, die vielmehr lächerlich und unangenehm sind. Denn zuförderst sind die Urtheile der Menschen über das Schöne und Unangenehme überhaupt dem Orte und der Zeit nach von je her verschieden gewesen. Wir sehen jetzt ein, daß das viele Nöthigen beym Essen, so wie das allgemeine Gesundheittrinken lästig und unangenehm ist; das fühlte man aber zu der Zeit nicht, da weniger Freyheit in dem gesellschaftlichen Umgange herrschte, oder man trug es, weil es, als ein damals eingeführtes Zeichen der Achtung, der Eigenliebe schmeichelte.

Die Urtheile über die Kleidermoden müssen hiernächst insonderheit darum sich oft ändern, weil das Alte, schon dadurch, daß es alt ist, aufhört zu gefallen, und daher die neue Mode, wenn sie erscheint, sollte sie auch nicht schöner seyn, als die alte, welche man aufgegeben hat, immer die Empfehlung des Reitzes der Neuheit mit sich bringt. Man kann deswegen den öftern Wechsel als einen wesentlichen Charakter ansehen, wodurch sich die Mode von der bloßen Gewohnheit unterscheidet. Denn dieser Wechsel kann keinen andern Bewegungsgrund haben, als die Begierde zu gefallen. Man kann daher die unveränderliche Art der Morgenländer sich zu bekleiden, keine Mode, sondern eine bloße Gewohnheit nennen, welche durch keinen anderen Bewegungsgrund, als das Bedürfniß bestimmt wird. Denn wenn dabey die Begierde zu gefallen zum Grunde läge, so würde man bisweilen Veränderungen darin anbringen, um den Anzug zu verschönern.

Die Mode herrscht am meisten bey dem Volke und dem Geschlechte, das sich vorzüglich durch die Feinheit seines Geschmackes und sein Bestreben zu gefallen auszeichnet. Ihr Ansehen kann so lange für unschädlich gehalten werden, als sie sich nicht mit der Bestimmung moralischer Gegenstände befaßt, die nach höhern Gründen, als dem bloßen Gefallen müssen, beurtheilt werden. Denn alsdann kann das Laster so leicht als die Tugend von der Autorität derer eine Art von Sanction erhalten, die in der Mode den Ton anzugeben pflegen.

Gebrauchen. Anwenden. Nutzen. Sich Bedienen. S. Anwenden.

Gebrauchen. Brauchen. S. Brauchen.

Gebräuchlich. Gewöhnlich. üblich. Gemein.

I. üb. Was ohne merkliche Ausnahmen ist oder geschieht, das ist gewöhnlich, üblich, gebräuchlich, gemein.

II. V. Das Wort gewöhnlich unterscheidet sich zuförderst von den beyden Andern dadurch, daß es auch natürliche Veränderungen begreift, die ohne merkliche Ausnahmen erfolgen, und nicht, wie diese, bloß auf menschliche freye Handlungen eingeschränkt ist. Man sagt eben so wohl: in unserm nördlichen Himmelsstriche pflegt es gwöhnlich im Monat Januar am stärksten zu frieren, als: in unsern Gegenden pflegen die Mütter ihre Kinder gewöhnlich selbst zu stillen. Selbst bey den freyen Handlungen der Menschen kann gebräuchlich da nicht gesagt werden, wo nicht eine gewisse gleichförmige Handlungsweise bey gewissen Geschäften gebraucht wird; und diesen Nebenbegriff hat es von dem Worte Gebrauch. (S. Gebrauch. Sitte. Gewohnheit. Mode, Ceremonie.) Man sagt: am Hofe ist die Verstellung sehr gewöhnlich; wenn

wenn aber ein Fremder zum ersten Mahle am Hofe erscheint: so ist es gebräuchlich, daß er dem Fürsten von dem Hofmarschalle vorgestellt werde.

Wenn nun Gebräuchlich und üblich sich von Gewöhnlich dadurch unterscheidet, daß sie auf freye Handlungen der Menschen eingeschränkt sind: so sind sie doch nicht mit einander völlig gleichbedeutend, denn sie weichen darin von einander ab, daß üblich sich auf die Handlungen selbst, die durch ihre Gleichförmigkeit das übliche ausmachen, Gebräuchlich hingegen auch auf die Dinge beziehet, die dabey gebraucht werden. Danach wird man sagen müssen: An einigen Orten ist der Exorcismus bey der Taufe noch gebräuchlich, nicht aber: er ist noch üblich; hingegen es ist noch üblich und gebräuchlich, den Exorcismus bey der Taufe über den Kindern auszusprechen. Es ist daher nicht ganz genau geredet, wenn man sagt: dieses Wort ist in einer gewissen Gegend üblich; denn hier muß man gebräuchlich sagen; weil es sich auf die Sache bezieht, die man gebraucht. Will man üblich sagen: so muß man es mit der Handlung verbinden, als: diese Art zu sprechen ist nicht üblich oder gebräuchlich.

Der Grund dieses Unterschieds ist in den Stammwörtern, wovon üblich und gebräuchlich herkömmt, sichtbar. Denn üben heißt bloß eine Handlung wiederhalen, Gebrauchen aber so wohl eine Sache als eine Handlung wirklich machen, um etwas Andern willen, das man für etwas Gutes hält. (S. Gebrauchen. Anwenden. Nutzen. Sich Bedienen.)

Gemein ist das übliche und Gebräuchliche, so fern es nicht bloß bey den höhern Ständen gefunden wird; das liegt in seiner ursprünglichen Bedeutung, wonach es anzeigt, daß Mehrere oder auch wohl Alle an etwas Theil nehmen. Eine Mode ist gemein, wenn sie von den höhern Ständen zu den niedrigern herabgestiegen ist; ein Ausdruck ist gemein, wenn er nicht bloß aus dem Munde der Gebildetern, sondern auch der Ungebildetern gehört wird.

Gebrechen. Fehlen. Mangeln. S. Fehlen.

Gebrechen. Fehler. Mangel. S. Fehler.

Gebühren. Gehören. S. Gehören.

Geck. Thor. Narr.

I. üb. Wer in seinen Handlungen Mangel an Verstande zeigt.

II. V. Der Unterschied der zwey Letztern ist bereits angegeben worden. (S. Albern. Thörigt. Närrisch.) Mit ihnen ist aber auch noch Geck sinnverwandt. Der Geck kann ein alberner Mensch, ein Thor und ein Narr seyn; aber er ist außerdem noch eingebildet, voller Selbstvertrauen und Dünkel über Vorzüge, die er nicht besitzt, oder die keine sind, wenigstens keine, die ihn zu seinen Anmaßungen berechtigen. Ein alter verliebter Geck macht noch Ansprüche auf die Bewunderung und Liebe der schönen weiblichen Welt, er kann noch hoffen, eine Leidenschaft einzuflößen, und denkt es mit seinem jugendlichen Betragen, mit seiner galanten Flatterhaftigkeit und seiner modischen Kleidung zu zwingen.

Er ist im Völkerrecht und in dem Kabinett
Ein Fremdling zwar; doch spielt er Lomber und Basset.

Wernike.

Und hält sich mit diesen Eigenschaften zu der Stelle eines Gesandten und ersten Ministers geschickt.

Es ist also dieses ungegründete Selbstvertrauen und diese Dreistigkeit des Eigendünkels, die seinen Verstand verblendet, und ihn zum Gecke machen.

Dumm ist er nicht, er ist nur keck,
Er ist kein Narr und nur ein Geck.

Ebend.

Zwischen

Zwischen Narr und Geck ist eben der Unterschied, als zwischen dem französischen fou und fat, und dem englischen fool und fob. Der Erstere handelt ungereimt, ohne es zu wollen oder es zu wissen; der Letztere trägt seine Narrheit zur Schau, zeigt sich darin mit Keckheit und Selbstbewunderung; indem er sie für etwas Musterhaftes hält, das er sich oft erst mit vieler Mühe und Kosten eigen gemacht hat. Es ist daher ein eben so wahrer als sinnreicher Gedanke in Kästners berühmten Epigramm, daß der Deutsche, der nach Paris als ein Narr gegangen, als ein Geck von daher zurück kömmt. „Ein „armer und geringer Mann, sagt Wernike, kann zuweilen „Narr genug seyn, aber ein Geck zu seyn, muß er wohl den „Reichen und Vornehmen überlassen."

Stosch hat den Begriff, den das Wort Geck bezeichnet, ganz verfehlt; er scheint sich nicht einmal die Mühe genommen zu haben, ihn genau zu bestimmen. Er sagt; „Es „sey ein niederdeutsches Wort; ich erinnere mich wenigstens „nicht, es bey einem guten Schriftsteller gefunden zu haben. „Es kömmt mit Alberer überein, indem es ebenfalls einen „Possenreißer und albernen Menschen bedeutet."

Allein wenn es sich auch nicht in der Büchersprache fände, so gehört es doch in das Wörterbuch der gebildetsten Gesellschaft. Es findet sich aber auch in den besten Schriftstellern; denn Wernike gebraucht es, und hat seine eigentliche Bedeutung sehr richtig bestimmt. Sollte indeß Stosch diesen vortrefflichen Epigrammendichter, so wie seinen Landsmann Hagedorn, als Niedersachsen verwerfen: so kann man auch Oberdeutsche und selbst schweitzerische gute Schriftsteller anführen, die es in Wernikens Sinne gebrauchen.

> Jedes neue Kopfzeug und jedes neue Gesicht bringt einen Geck in Bewegung.
>
> Zimmermann.

Alles, was man zugeben kann, ist, daß Geck die niederdeutsche Form dieses Wortes ist, die das Bremische

Wör-

Wörterbuch von dem Gakken der Gans, oder von Gacke, dem veralteten Nahmen der Dohle ableitet, indem beyde durch das ekelhafte Geschrey, womit sie sich mit scheinbarer Selbstgefälligkeit hören lassen, ermüden. Die Oberdeutsche Form Gauch, wovon Gaukeln abstammt, kömmt von dem Nahmen eines ähnlichen Vogels, dem Kuckuck, her. So kömmt es bey einem alten deutschen Gnomologen vor.

Ein tore neme des Gouchs gesang
Für der süßen harpfen clang.

Die Metapher, Gauch für einen eingebildeten Narren kömmt schon bey den Minnesingern vor.

Is das er nit het wisheit vil
So sprichet men, er si ein Gouch.

Die Meynung daß Geck von der Armagnacs, welche 1439 in Deutschland einfallen wollten, und welche man arme Gecken nannte, ist daher ungegründet.

Geck. Laffe.

I. üb. Ein eingebildeter Thor.

II. V. In diesen Wörtern thut Laffe zu dem Begriffe des Gecks noch einen Nebenbegriff der Verächtlichkeit und des Unwillens hinzu. In dieser Bedeutung wird es von den besten Schriftstellern gebraucht.

Den Weisen wie den Laffen.

Wieland.

Es ist daher ein eingebildeter, abgeschmackter Narr, der durch den höchsten Grad seiner Narrheit Verachtung erregt, und durch seinen übermüthigen Eigendünkel sich verhaßt macht. Da dieses vorzüglich der Fehler ungezogner und unbesonnener junger Leute ist: so wird es meistens von diesen gebraucht, und man findet es daher oft mit dem Beyworte jung.

Er gieng und schlug im Gehen oft ein Rad.
O! schrie man, seht den jungen Laffen,
Der den Verstand verlohren hat.

Gellert.

Im Oberdeutschen hat es auch die Form Lapp, wovon läppisch, im höchsten Grade abgeschmackt und kindisch, abstammt.

Gedanken. Erachten. Meynung. S. Erachten.

Gedeihen. Zunehmen. Wachsen.

I. üb. Was eine Vermehrung seiner Größe erhält, das gedeihet, nimmt zu und wächst.

II. V. Zunehmen bezeichnet den Begriff dieser Vermehrung überhaupt, es mag die Vermehrung einer Zahl, einer räumlichen Größe oder der Größe der Kraft eines Dinges seyn. Es giebt zunehmende Zahlenreihen, so wie es abnehmende giebt, in den erstern werden die Glieder der Progression immer größer, in den andern immer kleiner. Zunehmen ist also dem Abnehmen entgegengesetzt. In einer Krankheit nimmt so wohl der Umfang als die Kräfte des Körpers ab, in der Genesung nehmen beyde zu.

Gedeihen bezeichnet bloß die Vermehrung der Kraft, es sey, daß sie böses oder gutes wirkt. Stosch schränkt seine Bedeutung ohne Grund auf das Letztere ein, indem er sagt: „was zu Jemandes Besten zunimmt, das gedeihet ihm." Allein in dieser Verbindung würde der Begriff: zu Jemandes Besten in dem Dativ liegen. Gedeihen wird aber auch ganz allein und für sich gebraucht, und da kann es nichts Anders bedeuten, als kräftig werden, die Wirkungen der Kraft mögen gute oder böse seyn. Es wird daher auch noch von den neuesten Schriftstellern von Dingen gebraucht, deren Kräfte böse Wirkungen hervorbringen.

Jetzt schleichst du fort, und lauerst tückisch, ob
Das Gift gedeih'. O wenn es nicht gedeiht,
Liegt es nicht an dir und deiner Rotte.

Gött. Mus. Alm. 1795.

Stosch muß daher die bekannte Redensart, zum Verderben gedeihen, verdammen. Und das thut er auch in folgenden Worten: „Da das Wort gedeihen den Begriff „eines Wachsthums zu unserm Besten in sich enthält, wie aus „den angeführten Redensarten zu ersehen ist, so ist es unrecht „und widersinnig, wenn man sagt, das wird dir zum Verderben gedeihen." Allein solche Machtsprüche darf sich der Sprachlehrer nicht erlauben, wenn er den Sprachgebrauch gegen sich hat.

In dem Stammworte, wovon gedeihen, in seiner ältern Form deyhen, am wahrscheinlichsten abgeleitet wird, ist auch weiter nichts, als der Begriff der Kraft enthalten. Denn deyhen hieß ursprünglich stark seyn, valere, und ist mit theg, wovon das alte Degen, ein tapfrer Mann herkömmt, dem Niederdeutschen dögen, taugen, dögts, virtus und unserm Tugend verwandt.

Gedeihen ist also überhaupt, zu Kräften kommen, größere Kräfte erhalten, welche sich durch ihre Wirkungen äussern, die dann auch in der Vergrößerung des Umfanges bestehen. So wird es auch uneigentlich gebraucht.

Die Rechtsgelehrsamkeit hat bey uns gutes Gedeihen.

Dusch.

Wachsen heißt nach seiner allgemeinsten Bedeutung in einem stetigen Fortschreiten vergrößert werden, und dadurch ist es von Zunehmen unterschieden. Bey denen Dingen, wo ein inneres Principium die Vergrößerung wirkt, wie bey Pflanzen und Thieren, ist dieses augenscheinlich; denn dieses innere Principium wirkt die Vergrößerung durch stetige und unmerkliche Grade. Man kann das Gras eben so wenig

wachsen

wachsen sehen als wachsen hören; denn sein Wachsthum nimmt nach unendlich kleinen Graden in einem stetigen Fortschreiten zu.

Es ist eine Verallgemeinerung der Bedeutung des Wortes Wachsen, wenn es von dem abstrakten Größen z. B. von den Zahlenreihen gebraucht wird. Indeß unterscheidet es sich doch auch hier von dem bloßen Zunehmen dadurch, daß die Vergrößerung der Glieder der Reihe in einer stetigen Proportion geschieht, und zwar nach einem gewissen Gesetze, das durch den Exponenten der Reihe ausgedruckt wird, den man als das innere Principium ihres Wachsthums ansehen kann.

Selbst bey den körperlichen Größen enthält Wachsen immer den nothwendigen Nebenbegriff einer stetigen Vergrößerung. Man sagt das Wasser ist sehr gewachsen, weil sein Zunehmen stetig ist; nicht aber das Ungeziefer wächst täglich auf dem Felde, statt nimmt täglich zu, weil seine Vermehrung nicht nach einem stetigen Fortschreiten geschieht.

Was vergrößert wird, nimmt zu, was in einem stetigen und regelmäßigen Fortschreiten durch ein inneres Principium zunimmt, wächset, und sein Gedeihen ist bald die Ursach, bald die Wirkung seines Wachsens: die Wirkung seines vorhergehenden Wachsthums, und die Ursach seines nachfolgenden. Ein junger Baum wächst, und dadurch wird er größer und stärker; diese Größe und Stärke giebt ihm mehr Kräfte, und er gedeihet.

Wenn ein Staat gedeihen soll: so muß seine innere Bevölkerung an thätigen und nützlichen Menschen zunehmen und wachsen, denn in diesen bestehen seine wahren Kräfte; und wenn er gedeihet, so wird auch seine wohlthätige Bevölkerung zunehmen und wachsen.

Geduld. Gelassenheit. — Geduldig. Gelassen.

I. üb. Die Fertigkeit, seine Unlust zu mäßigen; wer diese besitzt, ist geduldig und gelassen. Das Wort Gelassen

sen ist aber nur in seiner engsten Bedeutung mit Geduldig sinnverwandt. Denn in einer weitern begreift die Gelassenheit auch die Mäßigung in der Lust und ihrer Aeußerung. Es wird daher auch der wilden Freude entgegen gesetzt. Denn man kann gar wohl sagen: „Als die Mutter endlich ihre Toch„ter erblickte, konnte sie nicht länger gelassen bleiben, sie „stürzte, von einem Freudenstrome fortgerissen, in ihre Arme."

II. B. Gelassenheit setzt aber zu dem Begriffe der Geduld noch hinzu, daß der Gelassene bey der Ertragung eines übels keine leidenschaftliche Unlust äußere. Diesen Nebenbegriff hat dieses Wort von seiner weitern Bedeutung, der den allgemeinsten Begriff der Mässigung in jeder Art der Gemüthsbewegungen, so wohl der angenehmen als unangenehmen, ausdruckt. Geduld hingegen, welches von Dulden, so wie dieses von Tholan, tragen, abstammt, (S. Ausstehen. Ertragen. Leiden. Erleiden. Dulden. Erdulden.) bezeichnet die Gemüthsfassung, in welcher wir nicht, einem übel ein Ende zu machen, begehren.

Die Geduld kann daher mehrere Quellen haben; dahin gehört die Zufriedenheit, die ihren Zustand, bey allem Unangenehmen, doch für hinlänglich zur Glückseligkeit hält; die Liebe, welche das Beschwerliche tragen hilft, diese Liebe, von der Paulus sagt, „sie duldet Alles." Eine Mutter giebt nicht aus Ungeduld den Unterricht eines geliebten Kindes auf, dessen Mangel an Fähigkeiten ihr ihre Arbeit dabey sauer macht. Die beste und sicherste Quelle der Geduld ist aber die Gelassenheit selbst, so fern sie die heftige, leidenschaftliche Unlust über unvermeidliche übel mäßigt.

> Die Gelassenheit wird in großen und anhaltenden Uebeln zur Geduld.
>
> Gellert.

Daß die Gelassenheit dem Leidenschaftlichen in der Unlust entgegengesetzt sey, sieht man auch daraus: daß sie bisweilen mit der Geduld verbunden wird, und ihr dadurch ihren schönsten Charakter giebt.

Bis die Geduld gelassen
Sich an die Hoffnung schmiegt.

Salis.

Daraus folgt ferner noch ein anderer Unterschied zwischen der Gelassenheit und der Geduld. Diese mäßigt nur die Unlust über gegenwärtige Übel, jene auch über bevorstehende. Wir bleiben auch gelassen, aber nicht geduldig, wenn wir die Furcht, den Schrecken, die Bestürzung unterdrücken.

Seyd nur gelassen, das findet sich alles.

Göthe.

Es ist die Gelassenheit, welche den Schmerz der Sehnsucht nicht zu leidenschaftlichen Ausbrüchen kommen läßt.

Ich kann mich überall gelassen von dir scheiden.

J. N. Götz.

Was die große Schwierigkeit macht, diese beyden Zustände immer wohl genau zu unterscheiden, ist, daß sie einander so nahe verwandt sind, und stets unmittelbar auf einander einwirken. Der Gelassene ist geduldig, weil er seine Leidenschaften zu mäßigen gewohnt ist, und der Geduldige ist gelassen, weil er keine Übel zu stark fühlt und verabscheuet, und die Unlust darüber nicht zur Leidenschaft werden kann. Indeß wird doch diese Mässigung bey einerley Veranlassung von der einen Seite unter der Gestalt der Geduld, von der andern hingegen unter der Gestalt der Gelassenheit erscheinen. Den Ungeduldigen setzt eine Beleidigung in Zorn, weil er nichts ertragen kann, den Zornmüthigen, weil er sehr reitzbar ist, und seine Leidenschaft leicht entbrennt. Der Geduldige geräth nicht darüber in Zorn, weil er die Beleidigung nicht stark fühlt, der Gelassene, weil er seine Leidenschaften zu mäßigen gewohnt ist.

I. üb. Die an Etwas mit einander Theil nehmen.

II. V. Gefährten reisen, Gesellen arbeiten, Genossen genießen, und Gespielen spielen mit einander. Diese Unterschiede liegen ganz sichtbar in der Abstammung dieser Wörter. Nur bey dem einzigen Gesell könnte das einigermaßen zweifelhaft scheinen; denn sein Stammwort ist jetzt nicht mehr gebräuchlich, und daher nicht so leicht anzugeben. Frisch leitet es von Sellen, versammlen, und dieses wieder von Sal, Haus, ab. Danach wären dann die Gesellen, die zu einer Familie gehören. Und da giebt dann die Geschichte dieses Wortes keinen unmerkwürdigen Beytrag zu der Geschichte einiger Züge unseres geselligen Lebens ab. Zuförderst zeigt es nähmlich, daß die ersten menschlichen Verbindungen häusliche waren. Hiernächst war ihr gemeinschaftliches Interesse Arbeit. So sind die rohen aber reinen Sitten eines Volkes, das noch nicht eine so ausgebreitete Geselligkeit kennt, als unsere Zeiten, und dem seine geringe Bevölkerung, sein Mangel an Luxus verbiethen, sich mit Andern außer seinem Hause zusammen zu finden.

Aber eben darum mußte dieses Wort auch bey dem Fortschreiten der Cultur zu den gemeinen herabsinken. Denn mehrere Gegenstände und Bewegungsgründe, welche Menschen zusammen bringen, führten besondere Wörter ein, die diese Gegenstände und Bewegungsgründe ihres Beysammenseyns bezeichneten. Es bezeichnet daher jetzt nur noch in der Handwerkersprache den Stand der Lohnarbeiter bey den Handwerken, die keine Lehrburschen mehr und noch keine Meister sind, die sich also mit dem Meister für einen gewissen Lohn zur Arbeit verbunden haben.

Diese eingeschränkte Bedeutung ist dem Worte Gesell also erst später geblieben, nachdem es in den höhern Ständen außer Gebrauch gekommen war. Denn in dem Schwabenspiegel hießen selbst noch die Kurfürsten Gesellen und in den alten Schulgesetzen des Berlinischen Stadtgymnasiums, die Frisch anführt, werden die Schullehrer der Meister und seine Gesellen genannt. So gebraucht es auch noch Luther in seiner Bibelübersetzung.

Daniel und seine Gesellen.

Dan. 2, 13.

Sie winkten ihren Gesellen, die im andern Schiffe waren.

Luc. 5, 7.

Bey dem Soldatenstande, wo es sonst statt des jetzt gewöhnlichen Burschen und Kameraden gewöhnlich war, ist es vielleicht, wie Frisch aus Gassari Annal. Augsb. anführt, durch den schlechten Ruf desselben verächtlich geworden. Denn nach dem Ende des dreißigjährigen Krieges wurden die bisherigen Heere, die sich insonderheit unter Wallenstein, zu Plünderung und Unsittlichkeit gewöhnt hatten, entlassen. Sie setzten ihre Lebensart fort, nachdem sie verabschiedet waren; und sie waren so verschrieen, daß Harsdörfer sagt, man habe sich eben so sehr gefürchtet, wenn man auf dem Felde einen solchen verabschiedeten Soldaten begegnet, als wenn man auf einen Straßenräuber gestoßen wäre.

Genossen sind diejenigen, welche an einem gemeinschaftlichen Nutzen oder Vergnügen Theil nehmen; denn es kömmt von Genießen her. In diesem Sinne sagt man Bergwerksgenossen, Tischgenossen, Ehegenossen. Und so wird es von den Theilnehmern der edelsten Vergnügen in der höchsten Dichtersprache gebraucht.

Wie vom reinen Nektarthau umflossen
Wonnevoller Ewigkeit Genossen
Schön und furchtbar scheinen sie (die Bildsäulen) erhöht
Zu des Urbilds Majestät.

W. A. Schlegel.

Gespielen stammt zwar von Spielen, und würde also bloß eine Verbindung von Menschen anzeigen, die sich

zum

zum Spiele mit einander vereinigen. Allein da es auf das schöne Alter der unschuldigen, unbefangenen und fröhlichen Kindheit hinweiset, worin das bloße ungewinnsüchtige Spiel, nicht die Geschäfte, die Sorgen und der Eigennutz die Verbindungen des neuen, unverkünstelten Menschen machen: so erhält es eine Farbe von Anmuth und Lieblichkeit, mit der es dem Dichter so willkommen ist; und wodurch es für die Glieder einer erwachsenen Gesellschaft habsüchtiger Spieler viel zu edel ist.

Gefällig. Artig. Verbindlich. S. Artig.

Gefälligkeit. Dienst. Liebesdienst. S. Dienst.

Gefallen. Belieben.

I. üb. Etwas als gut erkennen.

II. V. Belieben ist aber bloß das gut finden, was von unserer Wahl abhängt. Das stehet in meinem Belieben, was ich wählen kann, wenn ich es gut finde: Es gefällt aber alles, was gut scheint und angenehm ist. Ein schönes Gemälde auf einer Bildergallerie gefällt auch dem, welchem es nicht belieben kann, es zu besitzen. Also bezeichnet Gefallen bloß den Zustand des Vergnügens an, noch ehe wir den Gegenstand desselben begehren, und ohne daß wir ihn vielleicht je begehren, oder auch nur je begehren können, Belieben hingegen den Zustand des Vergnügens, dessen Gegenstand wir begehren.

Nur dein Gebot gefalle mir,
Und so gefall ich Gott! auch dir.

Belieben schließt nähmlich zugleich das Lieben oder Begehren des Gegenstandes, der gefällt, mit ein. Es ist eine Verlängerung des Wortes Lieben, und würde also eigentlich bedeuten mit Liebe begehren. – Es wird jetzt auch unpersönlich gebraucht, und würde alsdann ursprünglich heißen: mit Liebe erfüllen. Bey den Alten wird Lieben ebenfalls als ein unpersönliches Zeitwort gefunden.

Wenn

Wenn man uns ein Ding verbietet, so liebt es uns erst.
Pauli Schimpf und Ernst.

Gefangen. Verhaftet. — Gefangenschaft. Verhaft.

I. üb. Beydes ist derjenige, der seiner Freyheit beraubt ist.

II. V. Die Gefangenschaft ist zuförderst der Zustand, worin sich ein Mensch befindet, der nicht die Freyheit hat, nach seinem Gefallen zu gehen, wohin er will, oder überhaupt nach seinem Belieben das zu thun, was allen andern Bürgern frey stehet.

In dem Worte Verhaftet liegt hingegen bloß der Begriff der Verbindlichkeit, sich in einigen bestimmten Handlungen nach dem Willen desjenigen zu richten, dem er verpflichtet ist; und diese Verbindlichkeit ist aus einer gethanen oder unterlaßnen Handlung entstanden. Die Kriegesgefangenen sind nicht eigentlich verhaftet; denn ihre Verbindlichkeit, sich nicht von dem ihnen angewiesenen Orte zu entfernen, ist nicht die Folge einer vorhergegangenen Einwilligung, es sey dann, daß sie sich auf ihr Wort ergeben, oder auf ihre Ehre versprechen, sich nicht ohne Einwilligung ihres Siegers in Freyheit zu setzen; alsdann würden sie ihm auch verhaftet bleiben, wenn sie auch auf Bürgschaft oder auf ihr Ehrenwort losgelassen wären.

Ich bin daher schon einem Andern verhaftet, wenn ich eine Verbindlichkeit gegen ihn habe, und selbst mein Vermögen ist demjenigen verhaftet, dem ich daraus zu bezahlen oder zu entschädigen verpflichtet bin, der also zu dieser Bezahlung oder Entschädigung ein Recht darauf hat.

Verhaftet kann man daher am besten von dem sagen, der bloß vor geendigter Untersuchung zur Sicherheit festgehalten wird, denn er ist verpflichtet, diese Untersuchung abzuwarten, so wie von dem, dessen man sich zur Sicherheit einer ausgemachten Schuldforderung bemächtigt. Wer während der Untersuchung ist verhaftet gewesen, wird oft, wenn er ist strafbar befunden worden, zum Gefängniß verdammt, und als Zuchthaus- oder Festungsgefangner abgeführt.

Aus diesen Gründen, und weil Verhaft eine sittliche Verbindlichkeit einschließt, scheint es auch ein gelinderer Ausdruck zu seyn, als Gefangen, und das die in den Kriegesgesetzen für kleinere Disciplinvergehungen übliche Strafe bezeichnende Wort Arrest ist besser gegen das deutsche Verhaft als gegen Gefangenschaft und Gefängniß zu vertauschen. Ein Officier kann auch in seinem Hause im Arrest oder Verhaft seyn; man nennt ihn einen Arrestanten oder Verhafteten, aber nicht einen Gefangenen.

Gefängniß. Kerker.

I. üb. Der Ort, wo Jemand gefangen gehalten wird.

II. V. Gefängniß kann aber einen jeden Ort bedeuten, wo sich Jemand in dem Zustande eines Gefangenen befindet, und den er nicht verlassen kann. Die Staatsgefangenen selbst auf den Festungen haben ihre besondern Gefängnisse, die aber keine Kerker, sondern gewöhnliche Wohnzimmer, ja bisweilen Häuser und Gärten, mit Mauern eingeschlossen, sind. Einem Staatsgefangenen von hohem Stande wird nicht selten ein Schloß oder eine ganze Stadt zum Gefängniß angewiesen. In einigen katholischen Ländern gebraucht man die Nonnenklöster zu Gefängnissen vornehmer Damen, deren Verbrechen man geheim halten, oder die man verhindern will, gewisse entehrende Verbindungen, durch die sie sich strafbar gemacht haben, fortzusetzen.

Ein Kerker — das Lateinische Carcer — ist der enge Raum, worin ein Gefangener eingesperrt wird. Das Bild davon enthält, außer dem übel der bloßen Beraubung der Freyheit, die es mit jedem Gefängnisse gemein hat, die schauderhaften Züge, der weitern Entfernung von Menschen,

viele

vielleicht von der Oberfläche der Erde und dem erfreulichen Anschauen des Himmels, so wie alles Ungemachs der Einsamkeit, der Hülflosigkeit, der Entbehrung gewöhnlicher Bequemlichkeiten und Nothwendigkeiten des Lebens, nebst allen empörenden Zügen der Unreinlichkeit und des Schmutzes und alles dessen, was die Sinne beleidigen kann. In diesem Gefolge kömmt es unter den Werkzeugen des Despotismus und der Tyranney vor.

Diesen setzet in den Kerker und speiset ihn mit Brod und Wasser des Trübsals.

1 Kön. 22, 27.

Dieses schauderhafte Bild ist ohne Zweifel die Ursach, warum Kerker so wenig in der gesellschaftlichen Sprache, desto öfter aber in der Sprache der Dichter gehört wird. Hierin setzt Stosch den einzigen Unterschied der Wörter Gefängniß und Kerker, ohne nur einen Grund von diesem Unterschiede zu ahnden. Er liegt aber offenbar darin, daß die gesellschaftliche Sprache den Ton ihrer Farben herabstimmen, die poetische hingegen, da wo sie stark seyn will, ihn nicht genug erhöhen kann. Die Erstere will die Empfindlichkeit schonen, die Letztere will sich ihrer ganz bemeistern.

Die Idee des engen und angstvollen ist auch die Ursach, warum man den menschlichen Körper, nach platonischen Begriffen, den Kerker der Seele nennt; und diese Idee ist auch in die christlichen ascetischen Schriften übergegangen, wie in dem Liede: du o schönes Weltgebäude rc.

Ach daß ich des Leibes Kerker
Heute noch verlassen muß.

Die davon abstammenden Zeitwörter: Einkerkern statt Einschließen, Entkerkern, statt frey machen, drucken daher diese Begriffe in einem beträchtlich höhern Grade stark aus.

Du bist es, Gott, mein Fels, mein Retter,

Dein Hauch entzündet Donnerwetter,
Schwillt und entkerkert Sturm und Meer.

Da die Beraubung der Freyheit schon eine harte Strafe ist und mehrere Gefängnisse auch Gefangene zur bloßen Verwahrung aufnehmen: so gebiethet die Menschlichkeit, daß man zu diesen übeln nicht noch empfindlicheres Ungemach hinzufüge. Wie lange werden so manche Gefängnisse noch Kerker seyn?

Gefühl. Empfindung. S. Empfindung.

Gefühl. Empfindsamkeit. Empfindlichkeit. S. Empfindsamkeit.

Gegen. Wider.

I. üb. Dinge, die ihre vordere Seite einander zukehren, gehen, wenn sie sich in dieser Richtung fortbewegen, gegen und wider einander. Das ist die eigentliche Bedeutung dieser Wörter, und aus dieser muß ihre uneigentliche gefunden werden.

II. V. Gottsched, dem Stosch in diesem Artikel durchgängig gefolgt ist, hat nur den Unterschied der uneigentlichen Bedeutungen dieser Wörter in Betrachtung gezogen, und ihn noch überdies ganz unvollständig bestimmt. „Gegen, sagt Gottsched, sollte man von wider, so unterscheiden, daß man das Erstere in einer freundschaftlichen, „das Letztere in einer feindschaftlichen Bedeutung nehme." (S. Gottscheds Sprachkunst S. 485. Ausg. 1752.)

Man hat gegen diese Unterscheidung Einwürfe gemacht; aber die ersten, die sie gemacht haben, sind am Ende dabey stehen geblieben, daß sie beyde Wörter für völlig gleichbedeutend erklären. H. Adelung hat zuerst auf ihren wahren Unterschied aufmerksam gemacht. (S. Wörterb. unter: Wider.)

Man sagt zwar: wir segelten gegen den Wind und wider den Wind, aber diese Ausdrücke sind selbst hier gewiß nicht völlig gleichbedeutend. Denn Gegen druckt bloß die Richtung zweyer Körper aus, die sich ihre vordere Seite zukehren, und wenn sie sich in dieser Richtung bewegen, sich gegen einander bewegen. Wider setzt aber zu diesem Begriffe hinzu, daß sie in dieser Richtung mit ihrer Kraft in einander zu wirken streben. Man kann dieses nicht deutlicher sehen, als in Gegenstand und Widerstand. Der Körper ist uns ein Gegenstand, wenn er uns seine vordere Seite zukehrt, und ein Widerstand, wenn er nach dieser Richtung in uns zu wirken strebt, und die Bewegung, womit wir auf ihn wirken, hindert. Mit dem Kopfe gegen die Mauer laufen, ist bloß, sich nach der Richtung bewegen, wo die vordere Seite der Mauer ist; mit dem Kopfe wider die Mauer rennen, ist mit seiner Kraft durch einen Stoß in sie einzuwirken streben. Gegen den Wind segeln, ist also bloß, nach der Richtung, woher der Wind kömmt; wider den Wind segeln, ist zugleich mit den Kräften des Windes, welche den Lauf des Schiffes aufhalten, oder es zurücktreiben, kämpfen. Daher sind alle Dinge, die wider einander sind, auch gegen einander. Zwey Heere kämpfen gegen und wider einander. Aber nicht umgekehrt sind alle Dinge wider einander, die gegen einander sind.

Nach den angegebenen Begriffen sind die Dinge, die gegen einander sind, nicht eher wider einander, als bis ihre Kräfte thätig sind. Sie müssen handeln und sich bewegen, sind sie in Ruhe: so können sie gegen einander seyn, aber sie sind nicht wider einander. Die beyden Heere, kann man sagen, standen lange gegen einander über und betrachteten sich, endlich fiengen sie an, wider einander zu fechten.

Vom Himmel ward wider sie gestritten.

Richt. 5, 2.

Zu streiten wider die Syrer.

2 Sam. 12, 13.

Diese

Diese Bestimmung der Bedeutungen sind noch in den abgeleiteten Wörtern, entgegen, zuwider, entgegengesetzt und widrig sichtbar. Der Osten ist dem Westen entgegen, aber nicht zuwider, der Ostwind ist dem Westwind entgegen und entgegengesetzt, aber der Eine oder Andere ist nur alsdann dem Schiffer zuwider, wenn seine Gewalt ihn hindert, seine Reise fortzusetzen.

Im uneigentlichen Sinne druckt also Gegen nur das Verhältniß der Personen, ihrer Neigungen, Gesinnungen und Handlungen aus, welche sich auch andern Personen nähern können, um sich mit ihnen zu vereinigen, und ihre Absichten zu begünstigen; wider, zugleich eine Zurückwirkung und Streben derselben, die Einwirkungen der Dinge, und wenn es Personen sind, ihre Handlungen, Gesinnungen, Vorhaben, Entwürfe und Absichten zu hindern. Man hat Zuneigung gegen Jemanden, man ist parteyisch gegen ihn; denn man will ihm nicht entgegenwirken, man will seine Wünsche und Absichten nicht hindern, sondern man ist gegen oder nach seiner Seite hin geneigt, um seine Wünsche zu befördern und sich zu seinen Absichten zu vereinigen. Man ist wider Jemand verschworen, um ihn entgegen zu wirken, seine Wünsche und Absichten zu vereiteln.

Da wider ihn mehr Feinde sich gesellten
Als dir die Nachwelt glauben darf.

Ramler.

— — — Vergebens erhub sich
Satan wider den göttlichen Sohn; umsonst stand Judäa
Wider ihn auf. — — —

Klopstock.

Wenn also Gegen und Wider in ihrer uneigentlichen Bedeutung ein Streben der Annäherung zu Etwas bedeutet: so zeigt das Erstere bloß dieses Verhältniß an, welches sich so wohl bey dem finden kann, dem die Sache oder Person gefällt und mit der er sich vereinigen will, als bey dem, welchen sie mißfällt, und der ihren Wünschen entgegen arbeitet, ihr

übels

übels zufügen oder sie hindern will. Wider druckt das Verhältniß der Richtung nur von dieser letztern Seite aus; Gegen von Beyden. Und das ist ohne Zweifel die Ursach, warum man ihm bloß „eine freundschaftliche Bedeutung" beigelegt hat, da ihm doch auch die feindselige zukömmt, und dem Worte Wider nur die feindselige.

Gegend. Revier. S. Revier.

Gegenwärtig. Anwesend. S. Anwesend.

Gegenstand. Vorwurf.

I. üb. Dasjenige außer dem Subjekt, worauf sich eine Handlung der denkenden oder begehrenden Kräfte beziehet.

II. V. Dieser sehr allgemeine Begriff wird durch das lateinische Obiectum ausgedruckt. Als man anfieng, die Ausdrücke, welche unsinnliche Dinge anzeigen, aus der lateinischen Sprache in die Deutsche überzutragen: so übersetzte man Objectum durch Gegenwurf. (S. Vorl. Abs. S. XX.) Zu diesem gesellete sich in der Folge: Vorwurf. Indeß erhielt sich Gegenwurf noch eine lange Zeit. Selbst Hagedorn gebraucht es noch in folgender Stelle:

> Vergnügen und Verdruß darf man ihm (dem Freunde) frey bekennen,
> Ihm frey den Gegenwurf geheimster Wünsche nennen.
>
> Hagedorn.

Doch war Vorwurf schon gebräuchlicher und Gegenwurf so gut als veraltet. Statt dessen fieng Gegenstand an, in Gebrauch zu kommen.

Zwischen diesen ist aber der Unterschied schwer zu bestimmen. Zu folgendem scheint uns indeß die Ableitung sowohl als ein wahrscheinlicher Sprachgebrauch sorgfältiger Schriftsteller zu berechtigen.

Vor-

Vorwurf nähmlich ist das außer dem Subjekt, worauf sich irgend eine Thätigkeit seiner erkennenden Kräfte bezieht. Der gesunde oder ungelehrte Verstand nimmt an, daß bey dem Empfinden, wohin seine meiste Erkenntniß gehört, das vorgestellte Ding sich gegen das Subjekt bewegt, ihm, so zu sagen, vor oder entgegen geworfen wird, daß hingegen bey dem Begehren das Subjekt sich nach seinem Objekte, das als Gegenstand, unbeweglich vor oder gegen ihm stehet, hin oder von ihm wegbewege. Unsere Kinder sind die Gegenstände unserer Liebe, Zuneigung, Vorsorge u. s. w. Ein Feind ist ein Gegenstand unseres Hasses, unseres Abscheues. Wenn es auch Gegenstände der Erkenntniß giebt, so sind sie es, so fern sie da sind, und wir sie zur Beschäftigung unserer erkennenden Kräfte wählen oder doch wählen können. Zu Utzens Zeiten scheint man diesen Unterschied noch nicht beobachtet zu haben. Denn er läßt noch seinen Duns singen:

— — Du Schmuck der besten Welt,
Du Vorwurf meiner Liebe.

Lessing hingegen hat das Wort Vorwurf über sechsmahl auf wenigen Seiten in seinem Laokoon, den er im J. 1770 geschrieben, von demjenigen gebraucht, womit sich die erkennenden Kräfte des thätigen Subjekts beschäftigen; ob er diesen Unterschied überall beobachtet hat, kann ich nicht mit Gewißheit sagen; es ist aber auch nicht viel daran gelegen. Denn Vorwurf fängt auch in dieser eingeschränkten Bedeutung an zu veralten, und das ohne Zweifel wegen seiner Vieldeutigkeit. Denn es bedeutet auch: das Urtheil, daß Jemand etwas Böses gethan oder nicht gehindert, so wie etwas Gutes, das er hatte thun sollen, unterlassen habe, so fern wir dieses tadelnde Urtheil an ihn selbst richten.

Der Unterschied, den Stosch angiebt, läßt sich weder durch die Etymologie noch durch den Gebrauch rechtfertigen. Er will, daß Vorwurf sich mehr auf so etwas beziehe oder „von solchen Dingen gebraucht werde, womit sich das Gemüth „beschäftigt, des Wortes Gegenstand bediene man sich hin„gegen

„gegen besser von Dingen, die in die Augen fallen." Allein die Beyspiele, die er anführt, sind nicht dazu geeignet, diesen Unterschied zu erhärten. Wenn der Prediger sagt, die Stücke, die er in seiner Predigt abhandeln will, sollen der Vorwurf seiner Betrachtung seyn, so hätte er eben so gut Gegenstand sagen können. Es scheint daher, daß man anfängt, ohne Unterschied das Wort Gegenstand zu gebrauchen, wodurch dann, wie schon bemerkt worden, Vorwurf allgemach veralten muß.

Gegenwärtig. Anwesend. S. Anwesend.

Gehalt. Besoldung. Lohn. Löhnung. Sold.

I. üb. So weit diese Wörter sinnverwandt sind, bedeuten sie dasjenige, was Jemanden für seine Dienste gegeben wird.

II. V. Lohn bezeichnet in seiner weitesten Bedeutung eine jede Vergeltung für Verdienst und Unverdienst, oder für das, was er verdient hat, es sey etwas Gutes oder Böses. Nach mehrerern Zwischendeutungen endlich das Geld, was ein Arbeiter für seine Arbeit mit Recht fordern kann, und was ihm nach dem Maaße derselben gegeben wird. Danach ist dann sein Lohn bald ein Taglohn, ein Wochenlohn oder, wie bey unserm Gesinde, ein Jahrlohn.

Löhnung und Sold bedeuten beyde das Geld, das ein gemeiner Soldat für seine Dienste empfängt. Sold scheint aus Italien zu uns herübergekommen zu seyn, wo sich die ersten Miethssoldaten finden, ob das Wort gleich selbst einen deutschen Stamm hat, von dem es sich in alle seine Zweige verbreitet hat. Denn sellen, geben, welches dieses Stammwort ist, findet sich in allen ältesten deutschen Mundarten.

Löhnung ist daher spätern Ursprunges, und nur durch eine Metonymie mit Sold sinnverwandt. Denn die ursprüngliche Bedeutung ist seiner Form nach, die Handlung des Lohnens. Da diese nach den Bedürfnissen des gemeinen Soldaten in kurzen Zeiträumen und also in kleinern Theilen geschehen muß: so so bedeutet Löhnung die kleinern Theile des Soldes. Der König übermacht den Sold an jedes Regiment, und davon wird am Löhnungstage jedem Soldaten seine Löhnung ausgezahlt.

Besoldung wird nur von denen gebraucht, die in öffentlichen Aemtern und Ehrenbedienungen stehen. Denn man sagt: Bey diesem Amte ist so viel Besoldung am baaren Gelde, er hat eine ansehnliche Besoldung.

Gehalt ist eigentlich die Besoldung solcher Personen, welche nicht in öffentlichen Ehrenämtern stehen, welche also zu der Dienerschaft eines Privatmanns oder zu den Hausbedienten gehören, die die Person des Fürsten bedienen. Man sagt, der Hofmeister seiner Kinder erhält von ihm jährlich einen reichlichen Gehalt. Ein Arzt kann von seinen öffentlichen Aemtern Besoldung ziehen, aber außerdem erhält er noch als Leibarzt des Fürsten und von vielen reichen Häusern einen ansehnlichen jährlichen Gehalt. Der Ursprung dieser Benennung verliert sich ohne Zweifel in die Zeiten, worin die gesamte Dienerschaft kein baares Geld, sondern ihren ganzen Unterhalt oder alle ihre Bedürfnisse unmittelbar erhielten. Und das ist wahrscheinlich die Ursach, warum es auch bey den öffentlichen Beamten statt Besoldung gebraucht wurde; denn diese wurden in den ältesten Zeiten an den Höfen der Fürsten auf ähnliche Art unterhalten.

Geheim. Heimlich. — Geheimniß. Heimlichkeit.

I. üb. Was Andern verborgen bleiben soll.

II. V. Stosch unterscheidet Heimlich dadurch von Geheim, daß es zuförderst im bösen, wie im guten Sinne, geheim hingegen nur im guten, hiernächst nur von Kleinigkeiten, geheim aber von wichtigen Dingen gebraucht wird. Allein für beydes findet sich weder ein Grund in der Ableitung noch in dem Sprachgebrauche. Eine Verschwörung ist sowohl etwas böses als etwas wichtiges, und dennoch sagt man sowohl, eine heimliche als eine geheime Verschwörung.

Der

Der wahre Grund des Unterschiedes läßt sich nur da finden, wo ihn H. Adelung gesucht hat; nähmlich in der Zusammensetzung des Wortes Heimlich mit der Sylbe lich. Diese Sylbe, welche ihrem Ursprunge nach so viel als gleich, Niederdeutsch lik oder glik zu bedeuten scheint, zeigt, wenn sie mit Nebenwörtern verbunden wird, eine Verminderung des Begriffes des Stammwortes an. Sie gieng züchtiglich, einer Züchtigen gleich, sie vergab großmüthiglich, einer Großmüthigen gleich; beydes ist also nicht völlig züchtig und großmüthig.

Wenn man daher das heimlich nennt, was Einer dem Andern in das Ohr sagt; das Geheime hingegen erfordert, daß man sich von der Gesellschaft absondere und bey Seite gehe, um sicher zu seyn, daß man nicht gehört werde, so ist die Ursach davon, daß man in dem letztern Falle den Gegenstand seiner Unterredung mehr zu verbergen suche, als in dem Erstern. Daß man bey wichtigen Dingen das mehr werde thun wollen, als bey Kleinigkeiten, ist natürlich; allein das ist ein Nebenbegriff, der erst aus der Hauptbedeutung folgt, und nicht einmahl allgemein ist. Wenn ein Dichter sagt, daß ein Bach heimlich durch das Gebüsche fließe, so will er nicht sagen, daß er ganz verborgen werde, und sein Wasser gar nicht durchblinke, auch ist hier keine Rücksicht auf Wichtigkeit oder Unwichtigkeit. Eben so ein Fußsteig, der sich in einem Busche verliehrt.

Sichtbar jetzt und jetzt in die Gebüsche
Schwindend, krümmt an seines Ufers Frische
Heimlich sich der schmale Fußsteig hin.

Sophie Mereau.

Nach dieser Bestimmung der Bedeutungen muß es uns beynahe possierlich scheinen, daß Luther in seiner Bibelübersetzung den einen heimlichen Rath nennt, der nach einem richtigern Sprachgebrauche ein geheimer Rath heißen sollte. 2 Sam. 23, 23. Das ist ein neuer Beweis, wie sehr die Bildung der Sprache zu seinen Zeiten noch zurück war.

Geheiß.

Geheiß. Befehl. S. Befehlen.

Gehen. Wandeln. Wandern. Wallen.

I. Üb. Diese Wörter kommen darin überein, daß sie eine Bewegung mit den Füßen anzeigen, wodurch der Leib von einem Orte zum andern gebracht wird.

II. V. Gehen wird aber so wohl von Thieren als von Menschen gesagt. Die Thiere und die Menschen gehen bald geschwinde, bald langsam. Wandeln wird zuförderst nur von Menschen gebraucht. Hiernächst von einem Gange, der ohne Beschwerlichkeit ist, und endlich kein Gang zu einem nothwendigen Geschäfte, und zu einem dadurch bestimmten Ziele. Wer daher zu seinem Vergnügen gehet, der lustwandelt. Man sagt eben so wenig von dem, der einen Brief nach der Post trägt, er wandelt, sondern er geht nach der Post, als man von einem Menschen, mit einer schweren Last auf dem Rücken, sagt, er muß damit sehr langsam wandeln. Da den Gang des Wandelnden keine Last aufhält, noch ein Geschäft beschleunigt: so zeigt Wandeln auch einen gleichförmigen Gang an.

Diese Nebenbegriffe werden Wandeln immer für die höhere Schreibart auszeichnen. In dem bekannten Kirchenliede: Befiehl du deine Wege ꝛc. hat daher Uz ohne Zweifel anstatt:

Der wird auch Wege finden,
Wo dein Fuß gehen kann.

Wandeln gesetzt, weil dieses edler ist; ob man gleich nachfragen kann, ob der alte Dichter nicht vielleicht mit Fleiß Gehen gewählt hat, um einen Weg anzuzeigen, auf welchem der Mensch unter den Drangsalen in der Welt durchkommen kann.

Um ihrer leichten, unerschwerten und scheinbar gleichförmigen Bewegung willen, hat man die Planeten Wandelsterne genannt. Da Wandeln nicht allein edler ist, als

Ge-

Gehen, sondern auch als sich bewegen, weil es ursprünglich nur von lebendigen Wesen gesagt wird: so wird es auch in der poetischen Sprache für dieses Letztere gebraucht.

> Sichtbar nur der Unsterblichen Aug' in des Himmels Abgrund,
> Lag auf der wandelnden Erde Jerusalem. —
>
> Klopstock.

Wanderen wird nur von den Reisenden, und zwar von den zu Fuße reisenden gebraucht; und daher ist ein Wanderer ein solcher, der zu Fuße reiset.

> — — — Des Wegs gewandte Krümmungen zeigten
> Seitwärts jetzt den schattenden Hang. Dort sehen sie
> Langsam einen Wanderer kommen.
>
> Ebend.

Daher nennt man die Reisen der Handwerksburschen ihre Wanderschaft; man sagt: sie wandern; denn sie machen ihre Reisen zu Fuße.

Wallen bezeichnet eine wellenförmige Bewegung; denn es ist genau mit Welle verwandt. Die Bewegung des Meers, wenn sich darauf Wellen erheben und sich auf einander thürmen, ist das Wallen des Meeres.

> Wenn gleich das Meer wüthete und wallete, und von seinem Ungestüm die Berge einfielen.
>
> Psalm 46, 4.

Weil die Bewegung des Kornes, wenn ein etwas starker Wind darüber hinwehet, wellenförmig ist: so sagt man, das Korn wallet.

Die Bewegung einer Menge Volkes, welches in dicken Haufen und langsam fortschreitet, hat ebenfalls etwas ähnliches mit der Bewegung der Wellen, und man hat daher Wallen von der Bewegung einer Menge Menschen gebraucht, welche

welche sich in ihrem Fortschreiten in einen Haufen zusammendrängen. Da dieses ehemals am häufigsten bey der Besuchung heiliger Oerter geschah: so hat dadurch dieses Wort eine gottesdienstliche Farbe erhalten.

> Ich wollte gern hingeben mit dem Haufen und mit ihnen wallen zum Hause Gottes.
>
> Psalm 42, 5.

Daher heißt eine solche Reise eine Wallfahrt und ein Pilgrim ein Waller, zumahl wenn die Wallfahrt in ein fremdes, den Reisenden wenig bekanntes Land, als nach Palestina oder nach den heiligen Oertern in Italien geht. Dieser Nebenbegriff der Heiligkeit und der großen Menge, die ihm von ihrem Ursprunge anklebt, hat die Wörter Waller und Wallen der edelsten Dichtersprache zugeeignet.

> Die auf der Erde wallen,
> Die Sterblichen sind Staub.
>
> Funk.

Und so finden sie sich schon bey den Minnesingern.

> Wallende wolten si do gan
> Mit einander in ein lant
> Der weg war in nit wol erkant.
>
> Fab. aus den Zeit. der Minn.

> Uf der straze ein waller kam
> Gegangen, bald der wint vieng an
> Vast weien unde herteklich
> Der Waller vaste gurte sich.
>
> Ebend.

Gehorchen. Folgen.

I. üb. Folgen ist nur in seiner uneigentlichen Bedeutung mit Gehorchen sinnverwandt, und zwar so fern beyde

anzei-

anzeigen, seine freyen Handlungen nach dem Willen eines Andern einrichten.

II. B. Gehorchen enthält aber zuförderst den Nebenbegriff, daß der Gehorchende aus Erkenntniß seiner Verbindlichkeit, sich von dem Andern verpflichten zu lassen, dem erklärten Willen desselben gemäß handelt. Man kann aber einem Andern folgen, ohne diese Verbindlichkeit zu erkennen. Wer einem Andern gehorcht, der folgt ihm auch, aber nicht ein Jeder, der einem Andern folgt, gehorcht. Zum Gehorchen bestimmt den Willen die Erkenntniß der Verbindlichkeit, der Vorschrift eines Andern gemäß zu handeln, zum Folgen kann man sich auch durch die Vortheilhaftigkeit oder Annehmlichkeit desjenigen bestimmen, was ein Anderer von uns will.

Wenn dich die bösen Buben locken, so folge ihnen nicht.

Hiernächst muß der Wille desjenigen, dem wir gehorchen sollen, auch ein erklärter Wille seyn; wir folgen aber einem Andern, wenn die Handlungen, die Wirkungen seines Willens sind, uns auch nur zum Muster dienen, wonach wir die unsrigen einrichten. Wir gehorchen nur einem Befehle, aber wir folgen auch einem Rathe; das Erstere, weil wir müssen, das Letztere, weil es uns gefällt; das Erstere, weil es Pflicht, das Letztere, weil es der Klugheit gemäß ist.

Der angegebene Unterschied ist schon in der eigentlichen Bedeutung der Wörter Gehorchen und Folgen gegründet. Das Letztere zeigt nähmlich bloß an, in einer gewissen Ordnung der Folge nach einem Andern seyn, hernach sich dahin bewegen, wohin sich ein vorgehendes bewegt; hiernächst etwas thun, was ein Anderer vorher gethan hat, es mag übrigens eine Thätigkeit des Erkenntniß- oder des Begehrungsvermögens seyn; denn wir folgen auch Anderer Meynungen.

Gehorchen setzt aber den erklärten Willen eines Andern voraus, den wir hören, auf den wir horchen müssen, weil

weil er das Recht hat, uns zu verpflichten, und unsere Handlungen nach seinem Belieben zu bestimmen.

Gehören. Gebühren.

I. üb. Ohne welches Etwas nicht seyn kann, oder was mit Etwas zusammen seyn muß, das gehört und gebührt ihm, ohne welches es seyn muß, oder was nicht mit ihm zusammen seyn kann, gehört und gebührt ihm nicht.

II. B. Dieser Begriff wird durch Gehören in seiner größten Allgemeinheit ausgedruckt. Wenn wir ihn in seine Unterarten verfolgen; so werden wir unter diesen den Begriff finden, den Gebühren ausdruckt.

Zuförderst kann das Ganze nicht ohne seine Theile seyn, der Theil gehört also zu dem Ganzen; der Mond gehört zum Sonnensystem, er ist ein Theil davon, das Unterhaus gehört zur englischen Staatsverfassung. Hiernächst gehören zu jedem Dinge seine wesentlichen Stücke und Attribute; zu dem Dreyeck gehören drey Seiten und drey Winkel, es kann nicht ohne sie seyn. Die Arten gehören zu ihrer Gattung, sie kann nicht ohne sie seyn; die Bäume gehören zu den Pflanzen. Die Wirkung kann nicht ohne die Ursach seyn, die Ursach gehört also zu der Wirkung. Zu der Bewegung einer Mühle gehört Wasser oder Wind, zu der Erbauung eines schönen Hauses gehört ein geschickter Baumeister. Was mit einem Andern dem Orte nach zusammen seyn muß, das gehört dahin, der Hut gehört auf den Kopf, die Schuh und Strümpfe gehören an die Füße.

Wozu in einem Dinge der zureichende Grund vorhanden ist, ohne das kann es nicht seyn; dem Arbeiter gehört sein verdienter Lohn, er kann nicht unbelohnt bleiben; denn durch seine Arbeit hat er seinen Lohn verdient, in ihr ist seine Forderung desselben gegründet. Wozu ich also ein Recht habe: das gehört mir; denn dieses Recht entsteht aus dem zureichenden Grunde, warum ich es das Meinige nenne. Dieser Grund

Grund bestimmt auch unsere freyen Handlungen in Ans des Gegenstandes, und von diesen sagt man: es gehört. Wenn dieser Grund das Verdienst und die Würde Person ist, so sagt man, daß ihr das gebühre. Jemanden zukömmt, das gehört ihm. Worauf er durch Verdienst ein Recht hat, oder was er, weil er es verdient zu leiden verbunden ist, das gebührt ihm, es mag ein oder ein Übel seyn. Man muß dem Alter mit gebüh der Ehrerbietung begegnen, und ein Verbrecher muß ge rend bestraft werden.

Auf diese einem jeden Dinge angemessene Behan ist der Begriff von Gebühren eingeschränkt, indeß Ge ren sich über alles ausdehnt, was einem Andern zuk oder mit ihm zusammen seyn muß, dieses Zukommen m seinem Verdienste oder in jedem andern Grunde gegründet. Wenn man daher sagt: man muß dem Alter die geh Ehrerbietung erzeigen: so heißt das bloß die Ehrerbietung dem höhern Alter angemessen ist, und in demselben Grund hat; sagt man aber, die gebührende Ehrerbi so will man anzeigen, daß dieser Grund das Verdienst u Würde ist, die ihm seine Erfahrung und Weisheit giebt, daß das Alter ein Recht darauf habe.

Da dem Rechte immer die ihm entsprechende Verbin lichkeit entgegen stehet: so ist es gleich viel, ob ich sage, das Jemandem gebühre, was er ein Recht hat, zu verlangen, oder was ich eine Verbindlichkeit habe, ihm zu erweisen.

Wo der Grund des Zukommens, nicht das Verdienst und die Würde ist, da kann ich auch nicht gebühren, da muß ich gehören gebrauchen. Wer nicht die gehörige Größe zum Soldaten hat, der ist nicht so groß, als man Grund hat zu verlangen; der Soldat aber, der auf eine gebührende Belohnung Anspruch macht, der muß sie durch Tapferkeit und Wohlverhalten verdient haben.

Geißel. Bürge.

I. üb. Personen, welche einem Vertragschließenden zur Sicherheit dienen sollen, daß der Andere nicht seine Vertragsverbindlichkeit verletze.

II. V. Nach dem gegenwärtigen Gebrauche sind Geißeln nur Personen, die zur Sicherheit einer Vertragsverbindlichkeit im Kriege von einem der Kriegführenden Theile in Verwahrung gehalten werden; da der Bürge in bürgerlichen Sachen zur Sicherheit dient. Geißeln werden daher von unabhängigen Personen gegeben und genommen, Bürgen von den Gliedern eines und desselbigen Staates. Geißeln geben mit ihren Personen Sicherheit, Bürgen nur mit ihren Gütern. Denn wenn auch in peinlichen Fällen Bürgschaft angenommen wird, so geschieht es doch nur bey solchen Verbrechen, die keine Lebensstrafe nach sich ziehen, oder auch nur eine so harte Leibesstrafe, die nicht mit Gelde kann geschätzt werden.

Da die Geißeln mit ihrer Person Sicherheit machen: so können sie auch in Verwahrung gehalten werden; welches bey den Bürgen nicht der Fall ist, weil diese bloß mit ihrem Vermögen haften. Die Bürgen können endlich zu ihrer Bürgschaft nicht gezwungen werden, sondern sie übernehmen sie freywillig; denn die Bürgschaft wird von keinem Feinde gefordert; Geißeln hingegen werden auch mit Gewalt genommen, weil der Feind sich ihrer zu seiner Sicherheit bemächtigt.

In dem frühern Zustande der bürgerlichen Gesellschaft waren Geißeln und Bürgen noch nicht so verschieden, als jetzt; auch in bloß bürgerlichen Verträgen hafteten Bürgen mit ihrer Person für eine Schuld, oder für die Sicherheit eines Vertragschließenden, so daß diese Bürgen mit Recht Geißeln konnten genannt werden, wie man denn auch in alten Urkunden das zusammengesetzte Wort Geißelbürgen findet. Diese Geißeln wurden auch nicht in Verwahrung gehal-

gehalten, sondern machten sich bloß anheischig, wenn sie gefordert würden, sich an einem bestimmten Orte einzufinden. Das konnte aber nur in einer Verfassung Statt haben, worin der bürgerliche Verband noch nicht so genau und enge war, wo die obrigkeitliche Hülfe zur Verhaftung der Güter noch nicht so wirksam seyn konnte, und bey solchen Sitten, wo die Freyheit der Unabhängigkeit durch die Ehre und Treue des Mannes gebunden wurde.

Geist. Seele. Gemüth. Herz.

I. üb. Das innere unsichtbare Wesen in dem Menschen, welches das Principium seiner Thätigkeit ist. Der Sprachforscher hat nicht nöthig, die wahre Natur dieses Wesens zu bestimmen; er betrachtet es lediglich nach seinen Wirkungen und nach den Urtheilen des bloßen gesunden Verstandes, in den Ausdrücken, die er darüber in der Sprache vorfindet.

II. B. Nach diesen scheint das Wort Seele dieses Principium in seiner allgemeinsten Ansicht zu umfassen. Auch ist dieses wohl die älteste Benennung desselben in unserer Sprache. Klopstock leitet es von Saiwala ab, welches seine Form beym Ulphilas ist, und übersetzt dieses durch: Seherin. Später entkleidete man es von dieser Verkleinerungsform, und sagte Sebo. Zu dieser Zeit sagten einige Muotsebo. Sie wollten den Begriff des Sinnlichen entfernen, den Seherin ausdruckte; denn sie verwiesen durch Muotsebo auf ein geistiges Sehen.

Nach dieser Ableitung würde Seele also das innere Principium von seinem Empfinden bezeichnen; es wäre das Empfindende in dem Menschen.

H. Adelung ist geneigter, Seele von einem jetzt völlig dunkeln Stammworte abzuleiten, das durch seinen Laut Bewegung anzeigte und mit dem Sahl in seiner ersten Bedeutung des Bewegens verwandt ist. Die Analogie der lateinischen Sprache, deren anima auf das griechische ανεμος, Wind,

 ein

ein bewegendes Principium, deutet, kann eine solche Vermuthung rechtfertigen.

Man wird nicht zu viel wagen, wenn man beyde Ableitungen mit einander verbindet. Der gegenwärtige Sprachgebrauch ist beyden günstig, und es ist in unserer Sprache nicht ohne Beyspiel, daß zwey Stammwörter zur Bildung des ganzen Umfanges der Bedeutung eines Ausdruckes mitgewirkt haben, wie bey Führen, Fahren und Für oder Vor. (S. Führen Leiten Lenken.)

So wie der Begriff von Seele anfänglich ist sinnlich ausgedruckt worden, und erst allgemach seine sinnliche Farbe verlohren hat; so ist es auch mit Geist geschehen. Geist bedeutete, wie Spiritus von spirare, athmen, hauchen, der Hauch. Man hatte selbst ein jetzt veraltetes Zeitwort: Geisten. Ein Minnesinger singt:

Denselben Geist la herre Gott uns geisten.

Noch Taulerus sagt im vierzehnten Jahrhundert, der Geist geistet, und Geyler von Kaysersberg am Ende des fünfzehenten und zu Anfange des sechszehnten:

Der geist der geistet wo er will, und du hoerst sein stimm, und weisst nit von wannen sie kumpt oder wo sie hinget.

Man nahm also diesen Geist oder Hauch als das unsichtbare, feinste, subtilste, für das, was in der sichtbaren, fühlbaren, groben Materie thätig ist. Und aus dieser ursprünglichen Bedeutung sind in der Folge, so wie die Bedeutung des Wortes Geistes immer unsinnlicher geworden, die Nebenbegriffe entstanden, wodurch es sich von Seele unterscheidet.

In der gegenwärtigen Sprache ist die lebendige Seele dem todten Körper, und der feine, unsichtbare Geist der groben Materie entgegengesetzt. Die Seele, als lebendiges und belebendes Principium, empfindet und bewegt, und dar-

darauf hat ohne Zweifel die angegebene doppelte Abstammung des Wortes selbst geführt.

1) Seele bezeichnet also zuförderst den Sitz und das aufnehmende Subjekt der Empfindungen nicht aber Geist.

Die Hälfte unserer Reitzungen gehet an ihnen verlohren, weil sie keine Seele haben, um die Schönheiten einer Seele zu empfinden.

Wieland.

Weg mit dem Mann
In eine Höhle,
Der nicht mit Seele
Genießen kann.

Tiedge.

Der lebt vergebens,
Dem voll und mild
Der Kelch des Lebens
Den Bauch nur füllt,
Dem in die Seele
Kein Tröpfchen rann.

Ebend.

2) Seele bezeichnet hiernächst das innere Principium der Bewegung des Körpers. Diese Bewegungen sind, wenn sie sich am stärksten und merklichsten äußern, Wirkungen der innern Gefühle und der daraus entstehenden Leidenschaften. Daher ist die Seele auch der Sitz der Gefühle und Leidenschaften, und einer Seele, in welcher diese am stärksten herrschen, werden daher die Prädikate der Leidenschaften beygelegt, es werden ihr die Bilder angepaßt, mit welchen man sich die Heftigkeit der Leidenschaften mahlt, das Entbrennen, das Feuer, die Flammen.

Und für dich allein, für dich gebohren,
Schuf die Feuerseele mir ein Gott.

Horen.

Bitt ihn, daß er mich zum Vogel macht,
Nicht zum Adler, nein zur Philomele;
Dann werd ich mit meiner Flammenseele
Leicht auf deinem Fittig fortgebracht.

Karschin.

Man legt daher Allem Seele bey, was einen lebendigen Ausdruck starker innerer Empfindungen enthält, man sagt: ein seelenvolles Auge, eine seelenvolle Gesichtsbildung, ein seelenvoller Gesang.

Gewöhnt das Ohr an kunstlose aber seelenvolle Melodien, aus welchen schöne Gefühle athmen.

Wieland.

Auch die bildenden Künstler entlehnen dieses Wort, wenn sie von dem seelenvollen Ausdrucke in ihren Werken reden, um das zu mahlen, was die Geschöpfe ihrer Kunst belebt, ihren Ton und ihre Kraft erhöhet. Man legt einem Mahler, der mit Begeisterung arbeitet, und dessen Werke ein Ausfluß kräftiger und tiefer Empfindung sind, einen seelenvollen Pinsel bey.

Auf diesen Begriff der Mittheilung der Thätigkeit und ihrer Richtung beziehet sich der uneigentliche Gebrauch des Wortes Seele, wenn man denjenigen, der durch sein Ansehen, seinen Rath und seine Beredtsamkeit, die Entschließungen einer Versammlung bestimmt, die Seele derselben nennt.

Der Geist ist zunächst das feine Wesen, welches die gröbere Materie in Thätigkeit setzt. Der Wein hat vielen Geist, wenn er viele dieser feinen Theile hat, die ihm seine Kraft geben. Von dieser Bedeutung hat man sogleich einen uneigentlichen Gebrauch gemacht, indem man den wesentlichen Inhalt einer Rede, ihre Absicht, und die Kraft, womit sie wirkt, ihren Geist nennt.

Vorausgesetzt, daß die Versart dem Geist und Ton des ganzen angemessen sey.

Wieland.

Eben

Eben so wird die Absicht, der Grund eines Gesetzes, dasjenige, wodurch es seine wohlthätige und vernünftig verbindende Kraft erhält, sein Geist genannt. Wer diesen Geist kennt, und um dieses Geistes willen das Gesetz beobachtet, der wird dadurch veredelt und beglückt. Diese Gesinnung, um der innerlichen Verbindlichkeit willen, das Gesetz zu beobachten, heißt, in der Sprache des N. T., selbst der Geist. Der Geist des Gesetzes ist also sein unsichtbarer Grund, seine wohlthätige Absicht, die nur durch vernünftiges Nachdenken erkannt wird, er ist dem Buchstaben oder dem in der Vorschrift bekannt gemachten Willen des Gesetzgebers entgegengesetzt.

> Der Buchstabe tödtet, der Geist aber machet lebendig.
> Also daß wir dienen sollen im neuen Wesen des Geistes und nicht im alten Wesen des Buchstabens.
>
> Röm. 7, 6.

Dieser Ausdruck ist ohne Zweifel durch Montesquieus Esprit des Loix in die deutsche Sprache der Philosophie der Gesetzgebung gekommen. Der deutsche Übersetzer dieses berühmten Werkes wagte ihn auf dem Titel desselben noch nicht, der bloß ganz bescheiden: von den Gesetzen hieß; ungeachtet man Geist der Gesetze vielleicht schon dem Apostel Paulus hätte nachgebrauchen können. In der Folge ist man so gewissenhaft nicht gewesen, und man hat Esprit durch Geist auch in dem Sinne ins Deutsche übergetragen, daß man darunter das beste, feinste und wesentlichste eines Schriftstellers versteht, wie Esprit de M. de Leibnitz, Geist des H. von Leibnitz.

Dieser Begriff des Feinsten, Unsichtbarsten und Subtilsten hat dann auch die Bedeutung des Wortes Geist in dem innern thätigen Principium des Menschen bestimmt und sie auf den Verstand eingeschränkt. Denn die Begriffe des Verstandes sind desto feiner und unsinnlicher, je abgezogener und höher sie sind. Wenn man daher unter der Seele den Sitz des Empfindens und des stärkern Begehrens verstanden, so hat man sich unter dem Geiste das Werkzeug des Denkens, des Forschens und überlegens vorgestellt.

Ein

Ein vielumfassender Geist ist der, dessen denkenden Kräften kein Gegenstand zu entfernt ist, um ihn zu erreichen, zu schwer, um ihn zu erforschen, oder zu tief, um ihn zu ergründen, dessen Vermögen überhaupt im Stand ist, eine ungewöhnliche Menge von Begriffen zu überschauen. Wenn ein solcher sich in Handlungen zeigt: so ist es ein großer Geist. Der große Geist übersieht, vermittelst des weiten Ideenfeldes, daß er beherrscht, schon zum voraus alle Mittel zu seinen Entwürfen, so wie alle Schwierigkeiten mit ihren Hülfsmitteln; er schauet in die entfernteste Zukunft, er kennt den wahren Werth des Menschen und der Dinge, und verschmähet daher das kleinliche Interesse des Eigennutzes und der Rache.

Die Seele erhält hingegen das Beywort stark; denn Seele bezeichnet das innere Principium von Seiten des sinnlichen Begehrungsvermögens. Eine starke Seele läßt sich durch keine Schwierigkeiten abschrecken, sie setzt sich ihnen mit der ganzen Kraft ihres Begehrens entgegen. Ein Mensch von starker Seele ist daher mehrentheils in seinen Unternehmungen glücklich; denn er setzt sich über alle Gefahren hinweg, biethet alle Kräfte dagegen auf, um sie zu überwinden. Die Kraft, welche dem großen Geiste in der Unerschöpflichkeit seiner Hülfsquellen zu Gebethe stehen, findet die starke Seele in ihrer Hartnäckigkeit und Beharrlichkeit. Wenn man daher die Entwürfe der Menschen bloß nach ihrem Erfolge beurtheilt: so kann man leicht die Eine für den Andern halten. Indeß sind beyde augenscheinlich von einander verschieden; wenn man aber diesen Unterschied nicht verfehlen will: so muß man den ganzen Menschen betrachten. Es ist gemeiner, daß ein Mensch von starker Seele kein großer Geist ist, als daß ein großer Geist keine starke Seele habe. Cromwel war kein großer Geist, aber er hatte eine starke Seele. Es ist zweifelhaft, ob der Kanzler Franz Bacon ein großer Geist kann genannt werden; denn gewiß hatte er eine schwache Seele; Friedrich der Große war ein großer Geist und hatte eine starke Seele.

Wenn

Wenn man der Seele auch eine Größe beylegt: so geschieht es in Absicht auf die Gegenstände, welche sie begehrt. Eine große Seele strebt nur nach dem wahrhaftig großen, nach den wahren und höhern Gütern des Menschen, die ihm den höchsten Werth und den gerechtesten Anspruch auf Achtung und Verehrung geben. Sie verachtet den niedrigen Eigennutz, die eben so niedrige Eitelkeit und ihre Gefährtin, die Schmeicheley, wonach nur kleine Seelen streben.

Eben so ist in dem Gebrauche des Ausdrucks starker Geist die eigentliche Bedeutung nicht zu verkennen. Denn selbst wenn man ihn spottweise den anmaßlichen starken Geistern beylegt, versteht man doch darunter den Mann, der seine starke Überzeugung allen den Zweifeln und Einwürfen entgegen setzt, durch die sich ein schwacher Geist so leicht von einer Meynung zur andern umhertreiben läßt.

Das Wort Gemüth scheint durch die Allgemeinheit, womit es das innere Principium bezeichnet, viel von seinem Werthe zu verliehren. Ein eben so tiefsinniger Sprachforscher als großer Dichter *) sagt: „Gemüth hat die eingeschränkte Bedeutung, daß man nur noch ein ganz gut Gemüth sagen kann. Es ist schwer, den auszuhören, welcher, indem er von der Seele und dem Herzen spricht, das schwache „und nun beynahe nichts sagende Gemüth braucht. Es „war freylich in ältern Zeiten bedeutender, aber das hilft ihm „jetzo zu nichts." Indeß hat es sich doch noch immer erhalten, und das verdankt es vielleicht der Allgemeinheit, womit es seinen Gegenstand ausdruckt, und von welcher sich seine Schwachheit herschreibt. Es ist gerade das erste Wort, mit welchem die deutsche Sprache das innere Principium des Menschen verunsinnlicht hat. Denn es stammt von Müthen, verlangen, wünschen, ab, einer Thätigkeit des innern Sinnes, und also von einem unsinnlichen Ausdrucke, den ein neuerer Dichter wieder hervorgezogen hat. (S. Einig. Einhellig. Einmüthig. Einträchtig.) Es hatte Anfangs die Form Muot, Muth, und unter dieser kömmt es noch im sieb-

zehn-

*) Klopstock, die Bedeutsamkeit im Berl. Archiv 1795. May.

zehnten Jahrhundert vor, wie Courage für Coeur im Französischen noch zu Corneillens Zeiten.

Denen doch an Leib und Muthe,
Selbsten mangelt alles Gute.

Logau.

Wenn es nun zwar unter dieser Form untergegangen, indem wir ihr, wie die Franzosen ihrem Courage eine eingeschränktere Bedeutung gegeben haben, so hat es sich doch unter der Form Gemüth erhalten.

Noch wird irgend etwas, womit uns der mächtige Sieger
Noch in seinem Zorne verfolgt, zur Reu mich bewegen
Noch mein standhaft Gemüthe verändern. — —

Zachariä

Denn das Gemüth und der Geist bleibt unüberwindlich. —

Ebend.

Es bezeichnet also das innere Principium des Menschen von der Seite seiner gesamten Begehrungsvermögen, der vernünftigen und sinnlichen, und dadurch unterscheidet es sich sowohl von Geist als von Seele.

Nieder am Staube zerstreun sich unsre gaukelnden Wünsche,
Eins wird unser Gemüth droben, ihr Sterne, bei euch.

Schill. Musenalm. 1796.

Aber eine Person, wie Araja konnte auch der Gewalt nachtheilig werden, die ihr die Gewandtheit ihres Geistes, ihre Kenntniß des menschlichen Herzens und eine lange Bekanntschaft mit Schach Gebals schwachen Seiten, über den Geist, das Gemüth und die Leidenschaften des Sultans erworben hatten.

Wieland.

Dieser Begriff des gesamten Begehrungsvermögens nach seinen verschiedenen Mischungen liegt auch in den Zusammensetzungen: Gemüthsart, Gemüthscharakter zum Grunde.

Das

Das Herz bezeichnet die geselligen Neigungen, womit wir an dem Wohl und Weh anderer Theil nehmen. (S. Charakter. Herz.) Es unterscheidet sich also zuförderst von dem Geist dadurch, daß es zum Begehrungsvermögen gehöre. Der Anblick der Natur giebt unserm Geiste Nahrung zu Betrachtungen, so wie unserm Herzen zu theilnehmendem Vergnügen.

Um jede Stelle
Der Wiese kreis't
Die Lebensquelle
Für Herz und Geist.

Tiedge.

Von Seele unterscheidet es sich aber dadurch, daß es nicht das ganze sinnliche Begehrungsvermögen, sondern nur die geselligen Neigungen, die sich durch Liebe, äußern in sich begreift.

Wer trüge Lebenslast und seine Leere
Wenn nicht der kurze Traum des Lebens wäre,
— — — — — — —
Sie (die Liebe) rief dem Chaos zu ihr mächtig werde
Und wer sie nicht empfand der hat kein Herz.

Meyer.

Hab ich treu im Busen dich getragen,
Dich geliebt, wie je ein Herz geliebt.

Horen.

Aus einem morgenländischen Sprachgebrauche ist Herz für das ganze Begehrungsvermögen durch die Bibel in die deutsche, wie in die meisten neuern Sprachen, gekommen.

Schaff in mir, Gott, ein reines Herz.

Psalm 51, 12.

Doch unterscheidet sich, auch in dieser Bedeutung, Seele von Herz durch die Lebhaftigkeit und Stärke der Gefühle, woraus das Begehren entsteht.

Geist.

Geist. Verstand.

I. üb. Das Vermögen zu denken. Es versteht sich daß dieses Vermögen ein ausgezeichnetes, nicht das allen Menschen gemeine, seyn müsse.

II. B. Der Verstand ist überhaupt das, was die menschliche Seele von der Thierseele unterscheidet, und worin der Vorzug der Erstern vor der Letztern besteht. Er ist also die Fertigkeit in unsinnlichen Begriffen und allgemeinen Urtheilen. Unter diesen Urtheilen machen diejenigen, welche bey den andern zum Grunde liegen, oder die ersten Wahrheiten, die jedem Menschen sogleich ohne Beweis einleuchten, die Sphäre des gesunden oder gemeinen Verstandes aus.

Wer diese Begriffe und Urtheile mit Lebhaftigkeit, Stärke und unter schönen oder glänzenden Formen denkt und ausdruckt, wer sie in treffende Anspielungen und sinnreiche Antithesen einkleidet, von dem sagt man, daß er nicht bloß Verstand, sondern auch Geist habe. In diesem Sinne ist das Wort Geist wahrscheinlich eine Übersetzung von dem französischen Esprit, wenigstens wird dieses besser durch Geist als durch Witz übersetzt. Denn obgleich die Darstellung der Begriffe und Urtheile des Verstandes in kräftigen und schönen Formen, erfordert, daß sie in angemessene Bilder gekleidet werden, und also der Witz dabey thätig seyn muß: so ist doch das Gebiet des Witzes von weiterm Umfange, und er ist hier nur das allgemeine Werkzeug der kräftigen, schönen und lebhaften Darstellung, um welcher willen man ihrem Schöpfer Geist beylegt.

Das stimmt auch mit dem ursprünglichen Gebrauche des Wortes Geist überein, wonach es die Kraft anzeigt, womit etwas wirkt. (S. Geist. Seele. Gemüth. Herz.) Denn das, was mit Lebhaftigkeit und Kraft auf andere wirkt, das muß das Werk der Kraft und Lebhaftigkeit seyn, die durch Geist ausgedruckt wird. Ein Gemälde voll kühnen und kräftigen Ausdrucks wirkt nicht allein mit Stärke und Lebhaftigkeit

keit auf den Anschauer, sondern es ist auch das Werk der lebhaften und starken Darstellungskraft des Künstlers.

Geistreich. Geistvoll.

I. üb. Ist sowohl das Werk als der Künstler, so fern das Erstere zu seiner Hervorbringung Geist erfordert, und der Letztere einen höhern Grad von Geist besitzt.

II. W. Diese beyden Wörter enthalten aber das Hauptwort Geist nach seinen zwey verschiedenen Bedeutungen. Nach der Einen nähmlich zeigt es den Verstand an, der die Begriffe und Wahrheiten in schönen und glänzenden Formen zu denken und vorzutragen weiß, der sie also mit lebendigem und reichem Witze in mannichfaltige gefällige Bilder einkleidet. (S. Geist. Verstand.) Nach der Andern deutet es auf die thätige Kraft, womit das Anschauen des Wahren, Schönen und Guten das Innere des Menschen erfüllt, der dafür empfänglich ist. (S. Geist. Seele. Gemüth Herz.) Voltaire war ein geistreicher, und Rousseau ein geistvoller Schriftsteller. Ein geistreicher Schriftsteller war unter den Deutschen Sturz, ein geistvoller, Luther. Wir werden den Homer einen geistvollen und den Virgil einen geistreichen Dichter nennen. Auf den ersten Stufen der Cultur giebt es in jeder Nation mehr geistvolle als geistreiche Menschen. Denn in dem Zustande der näher an die erste rohe Kindheit grenzt, äußert sich der Verstand des Menschen mehr in der Kraft als in der Mannichfaltigkeit seiner Ideen. Er ist voll von dem, was er denkt und sagt, er denkt und spricht mit Begeisterung; aber der Reichthum und die Mannichfaltigkeit seiner Ideen ist noch vom geringen Umfang. Und das ist ohne Zweifel die Ursach, warum man Geist als begeisternde Kraft, in geistvoll mit voll, als mannichfaltigen Ideenkreis, in geistreich hingegen, mit reich verbindet.

Gelag. Mahl. Gastmahl. Gastgebot.

S. Gastgebot.

Geld. Münze. S. Münze.

Gelegenheit. Anlaß. S. Anlaß.

Gelinde. Sanft. Sachte. Leise. Gemach.

I. Üb. Alle diese Nebenwörter kommen darin überein, daß sie dem entgegengesetzt sind, was stark und heftig auf ein anderes Ding wirkt.

II. V. Sie unterscheiden sich aber zuförderst dadurch von einander, daß die schwache Wirkung bey den Erstern, nähmlich bey Gelinde, Sanft, Sachte, Leise eine Berührung ist; bey dem Letztern hingegen, bey Gemach, eine schwache Bewegung. Wer gemach gehet, der eilet nicht.

Darum eile nicht so, mein angefangenes Büchlein,
Wenn auf den Tod nur der Ruhm folget, so geh' ich gemach.

Ramler Mart.

Indeß ist Gemach noch von Langsam verschieden. (S. Langsam. Gemach.)

Die übrigen sind hiernächst wieder durch den Sinn verschieden, auf den sie schwach wirken; denn das Gelinde und Sanfte wirkt auf das Gefühl, Leise auf das Gehör. Ein gelinder und sanfter Regen oder Wind wird nicht stark gefühlt, ein leiser Fußtritt wird kaum gehört.

Zu küssen? — doch man verstehe sich,
So sanft, so züchtig, so unkörperlich,
So sanft, wie junge Zefyrn küssen.

Wieland.

Jetzt schleicht sie leis' hinzu
Bleibt unentschlossen vor ihm stehen.

Ebend.

Da

Da die Körper nur durch unmittelbare Berührung auf das Gefühl wirken: so heißt dann gelinde und sanft eine jede schwache unmittelbare Berührung. Selbst aber wo diese Wörter mit leise gleichbedeutend gebraucht zu seyn scheinen, unterscheiden sie sich doch auf die angezeigte Art. Man streicht die Sayten einer Geige gelinde, sanft und leise; aber gelinde und sanft, sofern sie nur schwach berührt werden, leise, so fern diese Berührung schwach gehört wird.

Der Unterschied zwischen Gelinde und Sanft ist schwerer anzugeben. Denn im eigentlichen Verstande gelten sie beyde von einer schwachen Einwirkung durch Berührung. Indeß so genau sie hierin mit einander übereinkommen, so können sie doch durch die Art, wie diese Berührungen empfunden, von einander unterschieden werden. Das Gelinde macht durch seine schwache Berührung bloß keine schmerzhafte, oder auch eine weniger schmerzhafte Empfindung; das Sanfte macht zugleich eine angenehme. Der große Dichter, dessen Worte oben angeführt sind, würde den Sinn seiner liebetrunkenen Göttin nicht halb ausgedruckt haben, wenn er statt: so sanft, so gelinde gesagt hätte. Denn ihr Kuß soll nicht bloß ihr und ihrem Geliebten nicht schmerzhaft seyn, sie wollte auch seine Süßigkeit ausdrücken.

In dem uneigentlichen Gebrauche dieser Wörter fällt der angegebene Unterschied noch deutlicher in die Augen. Man sagt nicht gelinde, sondern sanfte Liebkosungen, denn sie sollen angenehm seyn; man sagt hingegen, gelinde Strafen, denn sie sollen nicht zu schmerzhaft seyn. Wenn man die Strafen auch sanft nennt, so geht es auf ihre wohlthätige Absicht oder auf ihre heilsame Wirkung; in beyden Fällen soll es dem Richter und Vater in einem liebenswürdigen Lichte zeigen. Sanft ist daher am häufigsten in einem uneigentlichen Gebrauche, und wird von allem gesagt, was durch die wohlthuende Art, wie es uns afficirt, Liebe einflößt, wie die sanften Sitten, die sanfte Gemüthsart. Dadurch kann selbst das, was uns beschränkt, angenehm und geliebt werden, wenn wir seine wohlthätigen Wirkungen fühlen.

Denn

Denn mein Joch ist sanft und meine Last ist leicht.

Matth. 11, 30.

Das konnte Christus mit Recht von der Religion des Herzens sagen, im Gegensatze von dem lästigen und dem Herzen nichts sagenden Gottesdienste der Ceremonien.

Dieser Unterschied zwischen Gelinde und Sanft läßt sich auch durch die wahrscheinlichste Ableitung dieser beyden Wörter rechtfertigen. Denn gelinde, dessen älteste Form linde ist, hat, wenn wir das in so vielen Wörtern eingeschaltete d weglassen, eine auffallende Verwandtschaft mit dem lateinischen lenis, welches immer eine sehr schwache Wirkung ausdruckt, so wie sanft, englisch soft, mit suavis, erst süß, und dann überhaupt angenehm, verwandt scheint.

Sachte wird so wohl von der Bewegung als der Berührung gebraucht. Es scheint Anfangs nur eine verschiedene Form von Sanft, soft gewesen zu seyn; denn in der Aussprache des gemeinen Mannes wird der Blaselaut und der Gurgellaut häufig mit einander verwechselt, wie aus Rufen, Gerücht, Ruchtbar geworden ist; und so wie er in der Churmark den Fluß Havel die Hagel nennt, kann er auch anstatt sanft oder soft auch sacht gesagt haben. Eben so ist auch dieses Wort in dem Munde des gemeinen Mannes so allgemein und unbestimmt geworden, indeß man in der genauern und sorgfältigern Büchersprache seine besondern Bedeutungen, durch die bestimmtern Wörter, gelinde, sanft, leise, ausgedruckt hat. Dadurch ist es dann in der edlern Schreibart seltner geworden. Indeß kann es doch nicht ganz gemißt werden, insonderheit für langsam. Denn selbst der Dichter braucht Wörter von verschiedenem ästhetischen Werthe zu den verschiedenen Farben seiner Gemälde.

Sachte, sachte, schene Gemse! Nimm wenigstens ein Küßchen mit auf den Weg.

Gott.r.

Es

Es thut überdies zu dem Begriffe der Langsamkeit noch den Begriff der schwächern Berührung hinzu, indem der, welcher den Boden nicht stark berühren will, nicht geschwinde laufen kann.

Gelinde. Glimpflich. — Gelindigkeit. Glimpf.

I. Üb. So fern diese beyden Wörter als sinnverwandt betrachtet werden, zeigen sie die Mäßigung an, womit jemand das Unangenehme in den Mitteln schwächt, die er gegen einen Andern gebrauchen muß. Wenn man mit gelinden und glimpflichen Vorwürfen, Verweisen und Strafen seinen Zweck erreichen kann, so muß man keine harten und strengen gebrauchen.

II. V. Gelinde druckt bloß diese Milderung des Unangenehmen selbst aus. Eine gelinde Strafe ist die, welche bloß nicht hart ist, oder nicht in einem großen und schweren Übel bestehet. Glimpflich zeigt zugleich an, daß das Übel gemildert sey, damit es keine sehr schmerzhafte Empfindung errege, und zwar insonderheit, daß diese Milderung aus Menschlichkeit und Güte entstehe. Ein gelinder Verweis ist nicht sehr hart; ein glimpflicher soll nicht sehr kränken, eine gelinde Züchtigung soll ebenfalls nicht hart seyn, eine glimpfliche soll nicht sehr schmerzen, und beyde, der glimpfliche Verweis und die glimpfliche Züchtigung sollen demjenigen, der sie bekommen hat, ein Beweis von der Güte und Liebe des Verweisenden und Züchtigenden seyn. Die Gelindigkeit kann oft einen Verbrecher zu neuen Vergehungen dreist machen; denn er kann darin die Schwachheit des Richters zu sehen glauben; der Glimpf, womit eine Züchtigung begleitet wird, kann ein nicht ganz verdorbenes Gemüth gewinnen; denn es wird darin die Güte und Liebe seines Vorgesetzten wahrnehmen.

Diese Bestimmung der Bedeutung des Wortes Glimpf läßt sich zwar nicht durch seine Abstammung beweisen; denn diese ist so dunkel und unsicher, daß sich kein Gebrauch davon machen läßt. Allein aus dem ältesten Sprachgebrauche erhellet, daß man die Güte des Herzens und das Wohlwollen darunter verstanden hat, das immer zu vermeiden sucht, Jemandem im Ernste oder im Scherze zu beleidigen.

> Cunig Ruedolf sey enphie
> Als ein Man, der Gelimph
> Hat ze Ernst unnd ze Schimph
> Und ze allen den Sachen
> Dew den Man chunnen machen
> Tewr unnd auch wert.
>
> Ottocar von Horneck.

Es wird daher oft in alten Gesetzen und Rechtsschriften mit Fug zusammen gefunden, so daß Fug das strenge Recht, Glimpf hingegen die Güte oder die liebreiche Art, sein Recht zu gebrauchen, bedeutet. Gerade so, wie wir jetzt die strenge Gerechtigkeit von der Billigkeit unterscheiden, indem wir unter dieser die Ausübung unseres Rechtes nach den Gesetzen der Güte und Menschenliebe verstehen. So sagen die Augsburgischen Confessionsverwandten in ihrer Apologie vom J. 1537.

> Das wir gnugsame Ursachen, Fug und Glimpf demnach gehabt.

Und der Kayser antwortet:

> Das sy (die Geistlichen) in jrem Vorhaben unrecht, und wir unnsers Fürnemens guten Glimpf, auch Fug und Recht haben.

Daher wird auch glimpflich nicht allein den Handlungen, sondern dem Handelnden beygelegt, der durch seine Güte und Milde einem Jeden so viel Unannehmlichkeit spart, als er kann.

> — — — — — Sey von der Sanftmuth
> Eines Nerva, glimpflich wie Rufo, bieder, wie Marius.
>
> Ramler Mart.

Gelingen.

Gelingen. Glücken.

I. üb. Eine Unternehmung, die einen guten Ausgang hat, gelingt und glückt.

II. V. Es müssen aber zu dem guten Ausgange einer Unternehmung so wohl die äußern Begebenheiten und Umstände, die nicht in unserer Gewalt stehen, als auch die klugen Maaßregeln in der Wahl der Mittel, zur Ausführung eines Unternehmens in genauer Übereinstimmung zusammenwirken. So fern wir den guten Ausgang den erstern beylegen, sagen wir, die Unternehmung sey geglückt; sofern wir ihn den Letztern zuschreiben, sagen wir, sie sey gelungen. Die tollkühnste Unternehmung kann durch einen Zufall glücken, aber nur weislich berechnete Maaßregeln können gelingen. Wer bloß hofft, daß ihm Etwas glücken soll, der überläßt sich blindlings den Umständen, die er weder vorhersehen, noch berechnen kann, er hofft, sie werden ihn begünstigen; wer erwartet, daß ihm etwas gelingen werde, hat alles vorhergesehen und veranstaltet, was den guten Erfolg einer Unternehmung sichern kann; er wünscht bloß, daß keine widrigen Zufälle seine genau berechneten Maaßregdln vereiteln. Das Glücken hängt also vom Zufall, das Gelingen von gutem Rath, von Klugheit und Geschicklichkeit ab.

Er muß zu allen Dingen,
Solls anders wohl gelingen,
Selbst geben guten Rath.

Paul Flemming.

Da wir bey der Landung in England die Mittel, welche die französische Regierung dazu vorbereitet hat, nicht kennen, so wenig als die Hindernisse, die sich ihr entgegensetzen werden, so kann kein bedachtsamer Mann mit Gewißheit vorhersagen, ob sie gelingen werde; da noch weniger Jemand die Zufälle vorhersehen können, die sie begünstigen werden: so können wir noch weniger wissen, ob sie glücken werde.

Da die Jugend mehr mit Kühnheit unternimmt und mit Ungestüm ausführt, als mit Klugheit und Vorsichtigkeit entwirft, indeß sich in dem Dunkel der Zukunft eine Menge Zufälle finden können, die ihre gewagtesten Unternehmungen begünstigen: so glückt ihr vieles, und darum scheint es das Glück, wie das Sprichwort sagt, mit der kühnen und unternehmenden Jugend zu halten. Die reifste Klugheit und Erfahrung kann hingegen bey ihren durchdachtesten Maaßregeln nicht alle Umstände, die vom Zufalle abhangen, mit in ihre Rechnung bringen, und darum können ihr viele wohlangelegte Unternehmungen nicht gelingen. Das Alter handelt mit Bedachtsamkeit, und unternimmt nichts, dessen Erfolg es nicht mit aller Gewißheit, die die menschlichen Entwürfe zulassen, berechnet hätte, es kann daher in seinen Jahrbüchern wenig Unternehmungen aufzählen, die ihm bloß geglückt wären, es muß sich mit denen begnügen, die ihm gelungen sind.

Gelingen. Gerathen. Einschlagen.

I. üb. Was gut wird, das gelingt, geräth und schlägt ein.

II. V. Gerathen und Einschlagen wird aber von dem Werke und der Sache selbst gesagt, Gelingen hingegen von den Mitteln, die man gebraucht, die Bemühungen, die man anwendet, um sie wirklich zu machen, und die durch ihren guten Erfolg gut werden. Es gelang dem Barthelomäus Diaz zuerst, das stürmische Vorgebürge zu umsegeln, die meisten von den ersten Werken der Buchdruckerkunst geriethen so gut, daß wir sie jetzt noch bewundern.

> Es braucht nur eine wohlgelungene Unternehmung, eine gut gerathene Arbeit, welche einem Volke Muth macht, so wird es auf einmal Fähigkeiten in sich entdecken.
>
> J. E. Schlegel.

Ein Vater, der sich alle Mühe gegeben, seine Kinder gut zu erziehen, und dessen Bemühungen einen guten Erfolg gehabt

gehabt haben, kann mit Zufriedenheit sagen: daß ihm seine Erziehung gelungen, und daß seine Kinder gut gerathen sind.

> Denn ich weiß nicht, was einem guten Manne mehr am Herzen liegen könne, als der Wunsch, daß aus seinem Sohne ein guter Mensch gerathen möge.
>
> Fr. L. Gr. z Stollberg.

Hier kann es nicht heißen: zu einem guten Menschen gelingen möge; denn es ist von dem Werke selbst und nicht von den dazu gebrauchten Mitteln die Rede.

Gerathen unterscheidet sich von Einschlagen dadurch, daß dieses Letztere eine größere Ungewißheit des Erfolges anzeigt, wodurch die Sache gut wird. Bey dem Gerathen kömmt zwar auch nicht alles auf die Arbeit dessen an, dem sie gerathen soll, aber doch mehr als bey dem Einschlagen. Denn bey diesem Letztern kömmt noch die Beschaffenheit der Sache selbst, die gerathen soll, in Betrachtung, oder der selbstständigen Materie, der die Arbeit ihre Form geben soll. Wo das ganze Werk, so wie seine ganze Vollkommenheit allein in der Form bestehet, da kann Einschlagen gar nicht gebraucht werden. Ein Mahler kann wohl sagen: dieses Gemälde ist mir wohl gerathen, aber nicht, es ist gut eingeschlagen; denn hier ist das Ganze eine bloße Wirkung seiner Kunst.

Wenn man daher sagt: die Kinder sind gut eingeschlagen, so legt man das Gute, was sie haben, mehr ihrer eigenen Gutartigkeit bey; sagt man hingegen, sie sind gut gerathen, so nimmt man auf den guten Erfolg der Bemühungen, die man auf ihre Erziehung verwendet hat, Rücksicht.

Wenn man einen Versuch gemacht hat, eine fremde Art Korn, z. B. ungarischen Rocken, in einheimischen Boden zu säen, und er ist nicht fortgekommen: so sagt man, er sey nicht eingeschlagen; denn hier liegt der Grund, warum er nicht

nicht fortgekommen ist, nicht an den mitwirkenden Ursachen, der Bestellung des Ackers und der Witterung, sondern an der Materie, die man ausgesäet hat; und es kömmt also zu der Ungewißheit, die schon in der Ungewißheit der zufälligen mitwirkenden Ursachen, der Witterung u. dgl. liegt, noch die Ungewißheit hinzu, die aus der unbekannten Materie entstehet. Von den einheimischen Kornarten wird man hingegen sagen: sie sind gut gerathen, weil dabey alles bloß auf die mitwirkenden Ursachen ankömmt, und es daher schon weniger ungewiß ist, daß sie gut werden.

Geloben. Versprechen. Zusagen. Verheißen.

I. üb. Seinen Willen erklären, daß man Etwas geben oder thun wolle.

II. V. Versprechen, welches jetzt das gebräuchlichste ist, scheint in den ältern Zeiten in diesem Sinne weniger bekannt gewesen zu seyn. Frosch hat in den kanonischen Büchern nach Luthers Bibelübersetzung kein einziges Beyspiel davon finden können Nur in den apokryphischen hat er es, und auch nur einmal gefunden.

> Da er das Geld, das er dem Könige versprochen hatte, nicht konnte ausrichten.
>
> 2 Macc. 4, 27.

Seine jetzige gewöhnliche Bedeutung läßt sich indeß aus einer ältern herleiten, die uns auf die genaue Bestimmung dieses Wortes führen kann. Wir finden nähmlich in der ältern gerichtlichen Sprache oft: sich versprechen in dem Sinne, sich einem Andern anheischig machen, und ihm ein vollkommnes Recht über seine Person übertragen, sich ihm durch Sprechen gleichsam übergeben.

> Und uns mit und gegen einander in guten Glauben bey unsern Eren, Würden und wahren Trewen verpflicht und versprochen haben.
>
> Maxim. ap. Datte de Pace publ. S. 794. n. 24.

Wenn

Wenn diese Übertragung des Rechtes auf die Person in der Folge auch auf Sachen ausgedehnt ist: so enthält nun Versprechen den Neben-Begriff eines vollkommnen Rechtes, das man durch die Erklärung seines Willens einem Andern auf seine Person oder auf eine gewisse Sache überträgt. In dem erstern Falle sagen wir noch jetzt, daß zwey Personen männlichen und weiblichen Geschlechtes sich mit einander versprechen, wenn sie durch die Verlobung sich gegenseitig ein vollkommnes Recht auf ihre Personen übertragen. Dieses vollkommne Recht konnte nach dem alten Herkommen in lästigen Verträgen, wobey es allein vorkömmt, nicht Statt finden, wenn nicht beyde Theile sich auf eine gleich bündige Weise versprochen hatten. Nach dem Naturrechte kann es auch bey den wohlthätigen Verträgen nicht ohne Einwilligung von beyden Seiten entstehen; denn ein jeder Vertrag, der eine rechtliche Kraft haben soll, muß ein angenommenes Versprechen seyn.

Ein im rechtlichen Sinne kräftiges Versprechen oder ein eigentliches Versprechen ist also eine Erklärung des Willens über die Übertragung eines Rechtes auf eine Person, Sache oder Handlung, die von dem andern Theile angenommen ist; und unter Handlung wird hier so wohl Thun als Unterlassen verstanden. Eine solche Erklärung hat daher auch eine völlige strenge Rechtskraft. Durch diesen Nebenbegriff unterscheidet sich nun Versprechen von Geloben. Die Geschichte des letztern Wortes wird diesen Unterschied am besten aufklären.

Geloben kömmt nach Wachters Ableitung von Law, Lof, Lob, die Hand, her, und dieses celtische Wort findet sich in dem Glossario celtico in Eccards Coll. etym. P. II. S. 129. Es bedeutete das feyerliche Versprechen bey Bürgschaften, welches in den ältesten Zeiten von Personen aus den höhern Ständen durch Einschlagung der Hände, so wie bey Personen von geringem Stande durch den Eid feyerlich gemacht wurde.

Der an die Hand gelobet und Bürge wird für seinem Nächsten.

Sprichw. Sal. 17, 18.

Es bedeutete daher bald ein jedes feyerliches Versprechen, und in diesem Sinne sagt man noch Verloben, Verlobung, Verlöbniß. Der Vater verspricht seine Tochter einem Manne, der um sie anhält, wenn er erklärt, daß er in ihre Verheirathung willige. Er verlobet sie ihm aber, und sie verlobet sich ihm, wenn dieses Versprechen in Gegenwart mehrerer Zeugen und mit gewissen Feyerlichkeiten geschieht.

Diese Feyerlichkeiten sollen einem solchen Versprechen einen höhern Grad von Verbindlichkeit geben, und sie begleiteten daher insonderheit die Versprechen, wodurch man eine besondere Verbindlichkeit gegen Gott übernahm, und solche Versprechen hießen daher Gelübde. Da aber Gott dabey nicht auf eine sichtbare Weise gegenwärtig ist: so kann er sie auch nicht eigentlich annehmen, und das können auch Menschen nicht; denn diesen sind sie nicht geschehen. Die Rechtsgelehrten nannten daher versprechen, was von keinem angenommen ist, geloben, wenigstens ist dieses Wort die Übersetzung von polliceri, die in der Sprache am besten gegründet ist.

Wenn indeß Geloben in der gerichtlichen Sprache sich jetzt von Versprechen dadurch unterscheidet, daß dieses eine strenge Rechtskraft vor den Gerichten hat, jenes aber nicht: so druckt hingegen in der gemeinen oder außergerichtlichen Sprache Geloben eine stärkere Verpflichtung aus, als Versprechen; es sey daß es eine eigenthümliche, heilige und gottesdienstliche Farbe hat, oder eine größere Feyerlichkeit anzeigt. Es muß daher Vertrauen erwecken, wenn Männer von erprobten Verdiensten sagen:

Wir geloben, ohne Unterlaß und mit dem äußersten Fleiße uns zu bestreben, unsern Arbeiten denjenigen Grad der Vollständigkeit, Gründlichkeit und Brauchbarkeit zu geben, welchen zu errei-

erreichen nur immer unsere Zeit, Umstände, Verhältnisse und Kräfte zulassen werden.

Allgem. Geogr. Ephem.

Die Kinder geloben ihren Eltern Besserung, damit sie ihnen eine wohlverdiente Züchtigung schenken, und wollen damit die Heiligkeit ihres Versprechens zu erkennen geben. Aus eben der Ursach geloben die Unterthanen ihrer Obrigkeit Treue.

Verheißen ist das Umgekehrte von Geloben. Wenn wir höhern Wesen etwas geloben, so sind es höhere Wesen, die uns etwas verheißen. Der Grund dieser Bedeutung liegt ohne Zweifel in dem Worte Heißen, sofern es mit Befehlen und Gebiethen sinnverwandt ist. Wer etwas verheißt, der kann, nach dieser ursprünglichen Bedeutung, über die Begebenheiten gebiethen, von denen die Erfüllung seines Versprechens abhängt. Daher wird Verheißen auch zunächst von Gott gebraucht. Gott hatte den Israeliten das Land Canaan verheißen, er hatte den Juden einen Messias verheißen.

Da ein höheres Wesen, das über die Natur gebiethet, die größten Dinge leisten kann, und da seiner Macht nichts zu widerstehen vermag: so gebraucht man Verheißen, wenn es von Menschen gesagt wird, nur von den wichtigsten und größten Gütern, von denen man zugleich mit der größten Gewißheit erwarten kann, daß man sie erhalten werde. Aus eben der Ursach wird man es auch nicht von Etwas, das man für Kleinigkeiten hält, und bey geringfügigen Gelegenheiten gebrauchen; und weil es eine Farbe von Feyerlichkeit hat, so schickt es sich in die edelste Sprache.

Korydon verheißt dieses Geschenk aus seinem Garten.

Voß.

Zusagen druckt seiner Ableitung nach eine Beziehung auf eine vorhergegangene Bitte oder Forderung aus; und so wird

wird es auch im gemeinen Leben gebraucht. Wer zum Essen eingeladen ist, hat zugesagt, wenn er versprochen hat, daß er kommen werde. Wer mir versprochen hat, bey einer Arbeit zu helfen, nachdem ich ihn darum gebeten habe, der hat es mir zugesagt.

> Da forderte Pharao Mose und Aaron, und sprach: Bittet den Herrn für mich, daß er die Frösche von mir und meinem Hause nehme.
>
> Und Mose schrie zu dem Herrn, der Frösche halben, wie er Pharao zugesagt hatte.
>
> 2 Mos. 8, 8. 12.

Gemach. Langsam.

I. üb. Diese Ausdrücke sind als Nebenwörter sinnverwandt, so fern sie einer Bewegung beygelegt werden, die in längerer Zeit einen kleinern Weg vollendet.

II. V. Diese geringere Bewegung zeigt Langsam im Allgemeinen an, Gemach setzt aber noch den Nebenbegriff hinzu, daß der Bewegte dabey keine Anstrengung gebrauche und keine Mühe empfinde. Daher wird auch, außer den Personificationen Langsam von den Bewegungen aller Körper, Gemach hingegen nur von den Bewegungen lebendiger und empfindender Wesen gesagt. Die Planeten bewegen sich in ihrer Sonnennähe nicht so langsam als in ihrer Sonnenferne; aber die Pferde giengen mit dem Wagen gemach den Berg hinan.

Gemächlich. Bequem.

I. üb. Beyde Wörter werden sowohl von den Dingen gebraucht, die keine Beschwerde verursachen, als auch von den Personen die die Beschwerde scheuen.

II. V. Wir brauchen nähmlich zu unsern Zwecken, die uns umgebenden Dinge, und diese wirken verschiedentlich auf uns,

uns, so daß bey einigen keine Mühe bey ihrer Anwendung empfunden wird. Diese nennen wir bequem. Eine Treppe ist bequem, wenn sie nicht zu steil und nicht zu enge ist, und wenn ihre Stufen weder zu hoch noch zu niedrig sind. Die Fenster in einem Zimmer sind bequem angelegt, wenn sie weder zu niedrig sind; denn das würde zu viel Mühe kosten, um nicht heraus zu fallen; noch zu hoch, denn das kostet zu viel, um hinaufzusteigen. Eine bequeme Sittenlehre ist eine solche, welche uns nicht zu beschwerlichen Pflichten verbindet.

Gemächlich setzt zu diesem Begriffe den Nebenbegriff hinzu, daß die uns umgebenden Dinge uns nicht unangenehm afficiren. Ein Stuhl ist bequem, wenn er nicht zu hoch ist, damit wir ohne Beschwerde mit den Füßen die Erde berühren können, noch zu niedrig, damit wir ohne Beschwerde mit den Ärmen den Tisch erreichen können, an welchem wir arbeiten, so daß zugleich der Unterleib nicht zu sehr gepreßt werde. Er ist aber hiernächst auch gemächlich, wenn er so weich gepolstert ist, daß der Leib von dem harten Holze, welches ihn umgiebt, keinen unangenehmen Eindruck empfindet. Wenn man daher sagt, daß Gemächlich mehr sey, als bequem, so bestehet dieses Mehr darin, daß dabey zu der Freyheit von aller Beschwerde bey dem Gebrauche der Dinge, warum wir sie bequem nennen, noch die Freyheit von aller unangenehmen Einwirkung derselben auf unsere Empfindung hinzu kömmt. Wenn eine bequeme Sittenlehre uns nicht zu beschwerlichen Pflichten verbindet, so verlangt eine gemächliche nicht, daß wir unserer Sinnlichkeit wehe thun.

Ein bequemer Mensch scheuet die Mühe und Beschwerlichkeit, dem Gemächlichen verursacht alles leicht eine unangenehme Empfindung, was ihn umgiebt, und er sucht es durch die ausgesuchtesten Mittel zu entfernen. Er will nicht bloß, daß sein Stuhl und sein Bette die gehörige Länge, Breite und Höhe habe, um ihm jede Beschwerde zu ersparen, es muß auch mit weichen Kissen und Polstern zugerüstet seyn, um keinen unbehaglichen Eindruck auf ihn zu machen. Der Gemächliche ist allemal auch bequem, aber der Bequeme

nicht

nicht immer gemächlich. Dieser ist gewöhnlich am liebsten unthätig, jener will, wenn er thätig ist, es mit so wenig Beschwerde seyn, als möglich. Wenn er arbeitet, so muß ihm alles so nahe zur Hand seyn, daß er sich nicht braucht danach zu bemühen; steigt er zu Pferde oder in den Wagen: so läßt er sich unterstützen und hinaufhelfen; der Gemächliche arbeitet lieber gar nicht, sitzt lieber auf seinem Polsterstuhle als auf dem Pferde und in dem Reisewagen.

In der Abstammung ist der Unterschied der beyden Wörter, so wie ihn ein gegenwärtiger, genauerer Sprachgebrauch bestimmt, nicht so deutlich zu erkennen, daß man sehr darauf rechnen könnte; indeß ist sie doch nicht ganz zu verwerfen. Bequem ist mit Bekommen, die wörtliche Übersetzung von convenire, verwandt, so wie es in der Redensart gebraucht wird: diese Speise bekommt mir nicht, sie verursacht mir Beschwerden. In der alten niederdeutschen Mundart ist Quamen für das jetzige Kamen, Kommen, und noch jetzt lautet darin das Imperfectum Kam, quam.

Der Stamm von Gemächlich ist das Niederdeutsche Mak, die Ruhe. Melk un Mak, gute Kost und ein ruhiges Leben ist darin noch jetzt ein Sprichwort, dem ein anderes entgegen stehet: Waddik un Weedage, aus welchem erhellet, daß Gemächlich das seyn soll, was alle unangenehme Empfindung (Weedage) ausschließt.

Gemahl. Gatte. S. Gatte.

Gemälde. Zeichnung. Schilderey. S. Mahlen.

Gemein. Pöbelhaft.

I. Üb. Was nicht bloß dem Gebildetern unter einem Volke eigen ist.

II. V. Hierbey schließt aber Gemein die Gebildetern nicht aus; denn es zeigt bloß an, daß Etwas Mehrern zugleich

gleich zukomme. Pöbelhaft hingegen ist, was dem Pöbel oder dem ungebildeten rohen Theile eines Volkes eigen ist.

Sey Richter, liebster Gleim! der Pöbel soll nicht richten.

Uz.

Der Pöbel lebt im Traum, und zeigt in allen Rollen,
Die seine Wahnsucht spielt, was wir belachen sollen.

Hagedorn.

Was daher gemein ist, wird darum allein nicht schon für schlecht erklärt, wie das Pöbelhafte. Ein gemeines Sprichwort kann wahr seyn; es wird von allen Classen des Volkes, auch von den Bessern dafür gehalten. Ein pöbelhaftes hält entweder nur der Pöbel für wahr, oder es ist in Ausdrücke eingekleidet, deren sich nur der rohe Pöbel bedient. Man hüte sich vor denen, die Gott gezeichnet hat; was besser ist, als eine Laus, muß man tragen ins Haus, sind pöbelhafte Sprüchwörter; denn nur der roheste Pöbel kann so von angebohrnen Leibesgebrechen urtheilen, wie das Erstere, und seine Gedanken in einen so ekelhaften Ausdruck einkleiden, wie das Letztere. Ein Stein, der viel gerollt wird, bemooßt nicht, ist ein gemeines Sprichwort; denn der Gebildete wie der Ungebildete bedienen sich desselben.

Ein gemeiner Geschmack ist der Geschmack aller oder der meisten Classen, der also nicht über die Fähigkeiten der niedrigsten unter ihnen ist, ein pöbelhafter ist diesen niedrigsten eigen und allein ihren Fähigkeiten angemessen. Das Grunzen der Schweine in Molierens Fourberies de Scapin kann nur einem Menschen von pöbelhaften Geschmacke gefallen. Ein gemeiner Ausdruck ist der, dessen sich Jedermann bedient, einen pöbelhaften hört man nur aus dem Munde des rohen Haufens.

Gemein. Gebräuchlich. üblich. Gemein.

S. Gebräuchlich.

I. üb. Was Mehrern zukömmt. Das gemeine, das allgemeine Beste, das Beste Aller ist dem Privatbesten entgegen gesetzt.

II. V. Allgemein und Aller läßt sich leicht von gemein unterscheiden; denn das Gemeine ist bloß dem Besondern entgegen gesetzt, Allgemein aber ist das, was nicht bloß einigen Theilen des Ganzen zukömmt, wenn diese Theile auch noch so zahlreich sind. So ist das eine gemeine Meynung, welche Menschen von den verschiedensten Ständen und der verschiedensten Bildung hegen, (S. Gemein. Pöbelhaft.) die also nicht dem Einen oder dem Andern eigen ist, ohne daß darum ein jeder Einzelne ihr zugethan ist; die allgemeine Meynung und die Meynung Aller ist die Meynung eines Jeden ohne Ausnahme.

Schwerer ist Allgemein und Aller von einander zu unterscheiden. Gleichwohl ist die ganz genaue Bestimmung der Bedeutung dieser Wörter von der größten Wichtigkeit; denn die Verwirrung derselben hat noch immer auf verschiedene, insonderheit politische Untersuchungen, einen sehr nachtheiligen Einfluß. Insonderheit hat Allgemein in der deutschen Sprache die Zweydeutigkeit, daß es das lateinische generalis und universalis und das französische general und universel ausdruckt. Es bezeichnet also sowohl die Allheit der Theile eines Ganzen, als das Höhere und Abstracte, die höhere Gattung und das was ihr zukömmt. Die allgemeine Weltgeschichte ist die Geschichte aller Staaten; ein allgemeiner Begriff ist der, welcher einer ganzen höhern Gattung von Dingen zukömmt. Diese Zweydeutigkeit läßt sich dadurch vermeiden, wenn man für den ersten Begriff Aller gebraucht, und Allgemein auf das einschränkt, was einer ganzen höhern Gattung gemein ist.

Der Wille Aller in einer Gesellschaft oder das, was Alle wollen, ist dasjenige, was ein jedes einzelne Glied derselben beliebt hat; der allgemeine Wille das, was dem

In-

Interesse der ganzen Gesellschaft gemäß ist, was also ein Jeder wollen muß, wenn er vernünftig und aufgeklärt genug ist, um sein wahres Bestes zu kennen und nicht nach Leidenschaft, Laune, Eigensinn und sinnlichem Interesse zu entscheiden. In diesem Sinne der Wörter sind das allemahl die besten Gesetze, welche der allgemeine Wille, oder der vernünftige Wille in abstracto will. Da aber das, was der einzelne Mensch will, nicht immer das beste ist, indem der vernünftige Wille in concreto oder so wie er in den einzelnen Menschen ist, durch Leidenschaft und sinnliches Interesse irre geleitet wird: so geht der Wille Aller nicht immer auf das Beste.

Wenn daher Rousseau sagt: der allgemeine Wille muß die Gesetze geben, so heißt das nichts mehr, als: sie müssen vollkommen vernünftig seyn. Das ist eine alte Wahrheit; denn wer hat je daran gezweifelt? Allein eben weil sie so alt ist, ist sie auch nicht glänzend. Um ihr einigen Glanz zu geben, muß man ihr durch den neuen Ausdruck ein paradoxes Ansehen verschaffen. Zum Unglück aber kann sie nun in dieser neuen Einkleidung mißverstanden werden. Und sie ist wirklich auf eine sehr verderbliche Art bald mißverstanden, bald wissentlich und absichtlich gemißbraucht worden. Denn man hat daraus geschlossen, daß nur das Volk die gesetzgebende Gewalt haben könne. Rousseau hat zwar diesem Mißbrauche dadurch zuvorkommen wollen, daß er den allgemeinen Willen von dem Willen Aller unterschieden hat; allein man hat diesen feinen Unterschied nicht verstanden oder nicht darauf zu achten für gut befunden.

Der allgemeine Wille giebt also die Gesetze in dem Staate, den eine neuere Kunstsprache res publica noumenon oder den Staat der Verstandeswelt nennt; in der res publica phaenomenon können die besten Gesetze nicht den Willen Aller für sich haben.

Gemeinschaftlich. Zugleich.

I. üb. Was in einerley Zeit geschieht.

II. V. Diesen Begriff druckt zugleich aus. Gemeinschaftlich setzt noch den Nebenbegriff hinzu, daß das was geschieht, mehrere Urheber haben müsse, die ihre Kräfte zu einerley Wirkung mit einander vereinigen, das folgt aus der Ableitung des Wortes selbst. (S. Gemein. Pöbelhaft.) Es donnert und regnet zugleich, aber nicht gemeinschaftlich; denn es ist hier nicht eine Vereinigung mehrerer Kräfte zu einerley Wirkung. Ein Schriftsteller giebt in einer Messe mehrere Bücher zugleich heraus, aber nicht gemeinschaftlich; denn es sind hier nicht mehrere Urheber. Aber mehrere Gelehrte arbeiten an einer Zeitschrift zugleich und gemeinschaftlich. In den Beyträgen zur weit. Ausb. der d. Sprache St. 4. S. 12. heißt es daher bey folgender Stelle:

> Vernunft und Sprache thaten gemeinschaftlich einen furchtsamen Schritt.

„Muß wohl heißen: thaten zugleich einen furchtsamen „Schritt." Denn beyde thaten ihren Schritt für sich, ohne ihre Kräfte dazu zu vereinigen.

Gemüth. Geist. Seele. Herz. S. Geist.

Gemüthsbewegung. Leidenschaft. Affect. S. Affect.

Gemüthsbewegung. Leidenschaft. Empfindung.

I. Üb. Eine mit starkem Begehren und Verabscheuen vergesellschaftete Lust und Unlust.

II. V. Einige neuere philosophische Schriftsteller haben das, was andere angenehme, unangenehme oder vermischte Gemüthsbewegungen und Leidenschaften nennen, angenehme, unangenehme, vermischte Empfindungen genannt. Das hat leicht zu dem Gedanken verleiten können, daß das Wort Empfindung mit Leidenschaft und Gemüthsbewegung völlig gleichbedeutend sey. Denn es gehört eine

eine sehr genaue Zergliederung der Veränderungen der menschlichen Seele dazu, um sie von einander zu unterscheiden.

Wir sind uns nicht allemal, und gerade am wenigsten in dem Zustande heftiger Leidenschaften und Gemüthsbewegungen bewußt, daß alles Begehren eines Gegenstandes aus der Lust, so wie alles Verabscheuen desselben aus der Unlust, die er uns verursacht, entstehe. Diese Lust und Unlust ist es, was man durch Empfindung, so wie das Begehren und Verabscheuen selbst, was man durch Leidenschaft und Gemüthsbewegung ausdruckt. Durch eine natürliche und eben darum so häufige Metonymie wird Empfindung, als die Ursach, für Gemüthsbewegung und Leidenschaft, als die Wirkung, gebraucht. Die Lust und Unlust ist nähmlich eine Empfindung, und zwar eine innere; denn sie besteht aus anschauender, unmittelbarer Erkenntniß, wie die äußern Empfindungen, und wirkt ein Bewußtseyn von sich, wie die Gegenstände von diesen.

Warum aber die neuern philosophischen Schriftsteller diesen metonymischen Ausdruck in ihrer Kunstsprache vorgezogen haben, davon läßt sich kein wahrscheinlicherer Grund, als der, angeben, daß Empfindung einen allgemeinern Begriff ausdruckt, indem es als die allgemeine Ursach der Gemüthsbewegungen, Leidenschaften und Affecten, alle diese Thätigkeiten des Begehrungsvermögens in sich faßt. Andere haben die Gründe des Begehrens und Verabscheuens, die in der Lust und Unlust bestehen, Gefühl genannt; allein die Gefühle sind nur gewisse Arten der innern Empfindungen, die sich durch ihre Wärme ankündigen und tiefer in den dunkeln Gründen der Seele liegen, indeß die innern Empfindungen, so wie die äußern auch das begreifen, was dem offenen Felde ihrer beleuchteten Reviere näher liegt. (S. Empfindung. Gefühl) Denn Gefühl ist in dieser Bedeutung von dem stärkern oder dunlerm Theile des äußern Gefühlssinnes auf das Innere übertragen.

Der Unterschied zwischen Gemüthsbewegung und Leidenschaft ist schon angegeben worden; (S. Affect.

Leidenschaft. Gemüthsbewegung.) und die ihn bestimmenden Nebenbegriffe werden auch durch die Bildung dieser beyden Wörter bestätigt. Gemüthsbewegung ist nähmlich eine einzelne, vorübergehende, heftige Thätigkeit des Begehrungsvermögens; Leidenschaft hingegen ein daurender Zustand eines heftigen habituellen Begehrens oder Verabscheuens eines gewissen Gegenstandes oder einer ganzen Gattung von Gegenständen. Ein Mensch hat eine Leidenschaft für das Landleben, die Künste, die Wissenschaften, u. s. w. aber keine Gemüthsbewegung; denn er befindet sich in einem fortdaurenden Zustande einer habituellen heftigen Liebe dieser Gegenstände. Gemüthsbewegung zeigt, vermöge der Endsylbe ung, eine einzelne Handlung, so wie Leidenschaft, vermöge der Endsylbe schaft, den Zustand an, der durch den ersten Theil des Wortes ausgedruckt wird.

Die stoische Philosophie unterschied eben so; da sie aber nur einen Ausdruck für das hatte, was wir Gemüthsbewegungen nennen, so nannte sie die Leidenschaften nach der eigenthümlichen Lehre ihrer Philosophie, die alles sinnliche Begehren und Verabscheuen verdammte, Krankheiten der Seele. Denn diese definirt Seneca durch alte und verhärtete Fehler, und rechnet dahin den Geldgeitz und den Ehrgeitz, nachdem sie angefangen haben, fortdaurende übel zu seyn; die Gemüthsbewegungen sind nach der Beschreibung eben dieses Sittenlehrers plötzliche tadelhafte Aufwallungen, wie Freude, Schrecken, Besürzung u. s. w. einige unter ihnen aber können, wenn man sie häufig vernachlässigt, zu Fertigkeiten anwachsen und Krankheiten der Seele oder Leidenschaften werden.

Gen. Nach. S. Nach.

Genau. Fleißig. Correkt. S. Fleißig.

Genau. Pünktlich. S. Pünktlich.

Genehmigen. Zugeben. Zugestehen. Bewilligen. Einwilligen.

I. üb. Erklären, daß man etwas nicht hindern wolle.

II. V. Diese Wörter drucken die verschiedenen Gründe aus, warum man geneigt ist, etwas nicht zu hindern. Genehmigen zuförderst zeigt an, daß man die Sache selbst für gut halte, daß sie uns gefalle, daß sie uns angenehm sey, und man sagt es sowohl von dem Gegenwärtigen und Vergangenen, als dem Künftigen. Man genehmigt einen Vorschlag, weil er uns gut und vortheilhaft scheint. Bisweilen genehmigt man etwas, das bereits geschiehet oder schon geschehen ist. Ich genehmige die Bedingungen, die mein Geschäftsträger in meinem Namen eingegangen ist; die Obrigkeit genehmigt, was ein Vormund im Nahmen seines Mündels gethan hat; der Regent genehmigt die Traktaten, die sein Bevollmächtigter in seinem Nahmen geschlossen hat. Es kömmt hier nicht darauf an, ob wir das, was wir genehmigen, wirklich für gut halten; denn unsere Erklärung wird für unsern Sinn selbst angesehen und zu dieser Erklärung können wir durch unsern Bevollmächtigungsvertrag oder durch andere Umstände genöthigt werden.

Bey Zugeben und Zugestehen kömmt es nicht darauf an, ob uns das gefällt, was wir nicht hindern, vielmehr enthält es den Nebenbegriff, daß es uns nicht gefalle, es sey, daß wir es nicht hindern können, oder, um anderer Gründe willen, nicht hindern wollen; Im erstern Falle müssen, im Letztern wollen wir es zugeben. Ein mindermächtiger Staat muß oft zugeben, daß ein mächtiger mit seinen Truppen durch sein Land marschiere; denn er kann es nicht hindern. Ein Fürst, dessen Land hinreichend mit Getreidevorrath versehen ist, verspricht einem andern, in dessen Lande Kornmangel ist, daß er gern zugeben wolle, daß etwas aus seinem Lande ausgeführt werde; die Menschlichkeit erlaubt ihm nicht, es zu hindern.

Zugestehen ist von dem am nächsten mit ihm verwandten Zugeben dadurch verschieden, daß man das einem

Andern zugestehet, worauf man sein vollkommnes Recht anerkennt, wovon man also erkennt, daß es der Gerechtigkeit oder wenigstens der Billigkeit gemäß sey. Was man aber bloß zugiebt, das hindert man nicht, ohne dabey zu erkennen, daß der Andere ein Recht darauf habe. Ich gebe zu, daß mancher durch mein Haus gehe, weil es unfreundlich seyn würde, wenn ich es ihm verbieten wollte; wenn er aber diesen Durchgang als ein Recht verlangte, würde ich ihm denselben nicht zugestehen, es sey dann, daß er dieses Recht gehörig bewiesen hätte.

Bewilligen und Einwilligen ist erklären, daß man etwas wolle. Durch diesen Nebenbegriff unterscheidet es sich von dem Zugeben und Zugestehen, welches den Begriff des bloßen Unterlassens der Hinderung ausdruckt, und von dem Genehmigen, welches zu diesem den Nebenbegriff von einer Erklärung, daß wir das, was ein Anderer will, für gut halten, hinzufügt. Eine Braut hat ihrem Bräutigam ihre Hand bewilligt, sie hat erklärt, daß sie seinen Wünschen, sie zu besitzen, nicht entgegen sey, und zwar darum, weil sie es selbst wünsche. Ihre Ältern genehmigen ihre Verbindung, indem sie erklären, daß sie ihr nicht hinderlich seyn wollen, weil sie ihnen selbst annehmlich scheint. Wenn die Ältern diese Verbindung bloß zugeben, so würden sie sie zwar nicht hindern, sie würden sie aber auch nicht gut heißen.

Einwilligen druckt die Vereinigung des Willens mehrerer über einerley Gegenstand aus. Die Ältern haben in die Heirath ihrer Tochter eingewilligt, heißt: sie haben ihren Willen mit dem Willen ihrer Tochter vereinigt, indem sie erklärt haben, daß sie den Mann zu ihrem Schwiegersohn wollen, den ihre Tochter zum Ehegatten haben will.

Geneigt. Gewogen. Günstig. Hold. Gnädig. — Geneigtheit. Gewogenheit. Gunst. Huld. Gnade.

I üb. Durch alle diese Wörter wird die verschiedene Art, wie sich die Liebe gegen Andere modificirt, angezeigt.

II. B. Die Liebe gegen Andere erscheint nähmlich unter verschiedenen Charakteren, nach der Verschiedenheit der Gegenstände, auf die sie sich bezieht, und der Triebfedern, die sie wirken.

Die Geneigtheit zeigt diese Liebe von Seiten ihrer Gegenstände am allgemeinsten an; sie wird durch keinen Unterschied des Standes beschränkt, und findet zwischen Gleichen, so wie zwischen Hohen und Niedern Statt. Geneigt druckt nach seiner Ableitung die Annäherung des Gemüthes gegen einen Gegenstand auf gleicher Ebene aus. Es ist von dem Körperlichen auf das Unkörperliche übergetragen, indem man sich dem, was man liebt, zu nähern sucht.

Zugleich druckt es aber auch ein sinnlicheres Vergnügen aus, aus welchem die Liebe entsteht; und das ist der zweyte Nebenbegriff, wodurch es sich von den übrigen Wörtern unterscheidet. Beyde werden insonderheit noch dadurch bestätigt, daß Geneigt auch von der Fertigkeit des sinnlichsten Begehrens gesagt wird. Ein Zornmüthiger ist zum Zorne, ein Trunkenbold zum Trunke geneigt.

Günstig zeigt auf eine Wahl des Gegenstandes der Liebe und auf einen Ursprung aus vernünftigen Triebfedern, und diese bestehen in dem Werthe und Verdienste desselben; so wie endlich auf das Gute, das wir dem Gegenstande unserer Gunst wünschen, und wenn es in unserm Vermögen steht, gern zu Theil werden lassen. Alle diese Nebenbegriffe hat dieses Wort von seinem Stamme, dem Zeitworte Gönnen. (S. Gönnen, Wünschen.) Ein Gönner wünscht und befördert das Glück seines Günstlings, den er sich, wie er wenigstens glaubt, aus mehrern wegen seiner guten Eigenschaften ausersehen hat. Daß die Gunst oft gründliche Vorzüge übersieht, und gegen glänzende oder gefallende Eigenschaften partheyisch ist, das ist ein Irrthum, dem die nicht immer aufgeklärte Liebe des Menschen nicht entgehen kann; es beweiset aber nichts gegen die eigenthümliche Bedeutung des Wortes.

Selbst bey der Gunst lebloser Dinge liegt in der Personification diese Hauptbedeutung zum Grunde. Ein günstiger Wind befördert die Absichten des Seefahrers, indem er ihn an den Ort seiner Bestimmung glücklich und ohne Unfall hinbringt.

Gewogenheit, nennen wir die Liebe vorzüglicher und wichtiger Personen, durch deren Wohlwollen wir uns geehrt halten, und zwar eine solche, von der wir voraussetzen, daß sie aus vernünftigen Gründen in dem an uns erkannten Verdienste entsteht. Von dieser letztern Seite ist es am meisten mit Gunst verwandt; nur daß dieses in Ansehung des Werthes der Personen allgemeiner ist, und vorzüglich die Neigung und das Wohl des Begünstigten ausdruckt. Seine Abstammung liegt ganz im Dunkeln. Das Verhältniß zu Wägen, worauf seine Bildung so natürlich führt, ist zu entfernt, als daß man sogleich unmittelbar darauf zurück gehen könnte. Daß das Zeitwort wegen in den ältesten Zeiten geschätzt werden, aestimari, empfindlich, wichtig seyn, bedeutet habe, ist ausgemacht.

Der gebûre ſtunt vil wol beſint,
Der ſlag der wag im als ein wint.

Eabeln aus d. Z. der Minneſ.

Dem Bauer war der Schlag nicht stärker, wichtiger, empfindlicher, als ein Wind.

Vil ſêr im wag diu Smacheit
Die im der Wolf hatte gethan.

Ebend.

Dem Fuchs war die Schmach, die ihm der Wolf angethan hatte, sehr wichtig und empfindlich. Die Stelle, die H. Adelung aus den Zeiten Carls des Großen nach dem Schilter anführt.

Ih wille dir wegen.

würde

würde diesem nicht entgegen seyn. Denn hier würde nur die Wichtigkeit in guter Bedeutung genommen seyn, ich will dir auf eine nützliche, vortheilhafte Art wichtig seyn.

Der älteste Gebrauch, der der Urbedeutung am nächsten ist, führt also auf den Begriff von der Liebe eines solchen, der uns, es sey um seines Standes oder um anderer Vorzüge willen, wichtig ist. Wir drucken mit dem Worte Gewogen den Nebenbegriff aus, daß wir uns durch die Liebe eines Mannes, wegen seiner Vorzüge, geehrt halten.

Huld ist die Liebe, sofern sie die Gestalt einer wohlthätigen Güte hat, welche die Herzen gewinnt und die innigste Gegenliebe erregt. Wer einem Andern hold ist, der nimmt an seinem Wohl den lebhaftesten Antheil, und durch dieses sichere und sanfte Interesse erscheint uns seine Güte in der angenehmsten und reitzendsten Farbe. Daher druckt es den Charakter einer liebenswürdigen Güte aus, welcher selbst der Schönheit ihren Liebreitz giebt, und es wird auch durch die gewöhnliche Personification, womit der Ausdruck belebt und verschönert wird, auf leblose Gegenstände übergetragen, und ist mit anmuthig und reizend sinnverwandt. (S. Anmuthig. Hold. Holdselig. Reizend.) Unholde sind Wesen, die nicht nur durch ihre Übelthätigkeit Schrecken, sondern auch durch ihre Scheußlichkeit Abscheu erregen. Diese Verbindung des Liebenswürdigen mit dem Gütigen und des Häßlichen mit dem Bösartigen ist ein neuer Beweis von der Leichtigkeit, womit sich die Idee der Schönheit mit der Idee von Wohlwollen und der Häßlichkeit mit der Idee von Bösartigkeit in der menschlichen Seele vergesellschaftet.

Hulden hieß in der ältern Sprache, als die bürgerliche Gesellschaft eine sicherere und ordnungsvollere Form anzunehmen begann, sich gegenseitig Treue, Schutz, Gehorsam und Ergebenheit durch feyerliche Eide zusichern, und es wurde sowohl von den höchsten Obrigkeiten, als von den Unterthanen gebraucht. Die Stände des Reiches huldigten ihrem Oberhaupte, und ihr Oberhaupt gewährte ihnen seinen mächtigen Schutz und

Bey-

Beystand bey seinen Hulden, und unter diesem Schutze genossen sie die Seeligkeiten einer ungestörten Ruhe und Sicherheit und empfanden darin die Wohlthätigkeit der Huld ihres ihnen holden Beschützers.

Gnade heißt endlich die Liebe, die sich in unverdienten Wohlthaten gegen Geringere, oder in solchen äußert, auf die er kein Recht hat, und die er nicht vergelten kann. Ein Geringerer erflehet das als eine Gnade, wovon er weiß, daß er es nicht mit Recht fodern kann, und das entweder von so hohem Werthe ist, daß seine Vergeltung ihm unmöglich wird, oder von einer so mächtigen Person kömmt, die nichts von dem bedarf, was er zu geben hat. Wenn das Oberhaupt des Staates einem Verbrecher, den die Gerechtigkeit verurtheilt, die Lebensstrafe erläßt: so ist das Gnade, und da wir auf die Wohlthaten des höchsten Wesens kein Recht haben, und sie nicht vergelten können: so nennen wir alle das Gute, das wir von ihm erhalten, Beweise seiner Gnade.

Wer sich durch Rechtschaffenheit, Tugend, Menschenliebe und ein verbindliches Betragen Jedermann geneigt, und dabey durch Bestreben nach wahren Vorzügen diejenigen, deren Achtung ehrenvoll ist, gewogen macht, der wird nicht durch strafbare Gefälligkeiten um die Gunst der Großen buhlen, die durch ihre Macht und Einfluß die Entwürfe des Ehrgeizes befördern können; er wird zufrieden seyn, wenn sie seine wohlgemeynten Vorschläge zum gemeinen Besten mit Huld und Leutseligkeit aufnehmen, ohne ihren verschwenderischen Gnadenbezeigungen, deren sich oft die Unwürdigsten durch Schmeicheley und Niederträchtigkeit zu bemächtigen wissen, nachzustellen.

Genesen. Heilen. S. Heilen.

Genie. Talent.

I. üb. Diese beyden Wörter gehören zwar einer fremden Sprache an; sie sind aber der unsrigen schon so einverleibet und können vor der Hand durch andere noch nicht so völlig ersetzt

werden,

werden, daß wir ihre genauere Bestimmung in einer allgemeinen deutschen Synonymik nicht ganz übergehen können. Sie kommen aber darin überein, daß sie beyde die Beziehung der Größe der Erkenntnißkräfte anzeigen, wodurch ein Mensch zu der vollkommnern Hervorbringung einer oder mehrerer Arten von Werken im höhern Grade im Stande ist.

II. V. Zuförderst gehören dazu gewisse größere Anlagen, und diese bezeichnet das Wort Genie, allein diese müssen durch Kunst und Übung ausgebildet werden. Das Genie wird angeboren, das Talent, wozu die Anlagen vorhanden sind, muß erworben werden. Man sagt nicht, ein großer Tonkünstler habe sich das Genie, aber wohl das Talent erworben, die schwersten Musikstücke mit der größten Fertigkeit auszuführen.

Von der Seite, von welcher Genie und Talent am nächsten mit einander verwandt sind, treffen sie auch mit Gaben am meisten zusammen. Nur ist zwischen den Erstern und Letztern der Unterschied, daß jene bloß die Vollkommenheiten des Erkenntnißvermögens, diese aber auch die Vollkommenheiten des Begehrungsvermögens und des Körpers, ja selbst die äußern Güter, als Reichthum, Stand u. dgl. sofern sie angebohren sind, in sich begreifen.

An Gaben des Gemüths, des Glücks, des Leibes reich.
Ein Kriegsmann, der das Feld, eh als die Schule, kannte,
Was tugendhaft war, that, eh man ihm Tugend nannte.

Wernike.

(S. Gaben. Naturgaben. Talente.)

Dieser erste Unterschied zwischen Genie und Talent beruhet auf der ursprünglichen Bedeutung des Wortes Genie; denn dieses deutet auf ein Wesen höherer Art, auf ein Wesen, das seiner Natur nach mit höhern Vollkommenheiten ausgerüstet ist, als der Mensch. Wer mehr als gewöhnliche Anlagen hat, der steht mit einem solchen höhern Wesen in Verbindung, genießt seine Hülfe und ist von ihm begeistert; er hat Genie.

Den

Den höchsten Grad der Vollkommenheit dieser Anlagen hat man ausgedruckt; er ist ein Genie; er ist ein solches höheres Wesen selbst.

In Genie wird ferner die Beziehung der Anlagen auf ihren Ursprung angedeutet, in Talent auf dasjenige, zu dessen Hervorbringung sie erfordert werden. Da aber zu diesem mehrere Geschicklichkeiten gehören: so können zu der nähmlichen Art von Werken, wozu Jemand Genie hat, mehrere Talente mitwirken müssen. Das ist selbst der Fall in den trockensten Wissenschaften. Das größte mathematische Genie eines Newton war das Resultat von mehrern der seltensten Talente; dem Talente der ausdaurendsten, immer auf einerley Gegenstand gerichteten, in seine tiefsten Tiefen eindringenden Aufmerksamkeit, dem Talente der leichtesten Anschaulichkeit in der höchsten Abstraktion, der hellsten Auffassung der feinsten Elemente der Wahrheit in ihren dunkelsten Gründen, wie in ihren entferntesten Höhen, das glücklichste Combinationstalent verbunden mit dem Talente der schärfsten Penetration der strengsten Vernunft in allen, auch den feinsten, Verkettungen der Beweise.

Es giebt daher in Einer Art von Künsten ein Genie und mehrere Talente. Ein großer Dichter muß Genie zur Dichtkunst haben, er muß aber, wenn er vortreffliche Gedichte machen will, dazu das Talent einer schönen Versification, einer glänzenden Dichtersprache, das Talent, die Natur zu beobachten und getreu nachzuahmen in sich vereinigen. Wenn man das Genie eines großen Künstlers zergliedern will: so muß man alle die verschiedenen Talente angeben, die sich zu der Hervorbringung seiner unsterblichen Werke vereinigen. Es giebt daher so viel Talente, als es besondere untergeordnete Künste giebt, und von dieser Seite grenzt der Begriff des Talents an den Begriff der Kunst. (S. Kunst. Talent.)

Daraus läßt sich nun begreifen, warum die französischen Kunstrichter auf der Leiter ihrer Künstlerwage dem Genie den

den höchsten Platz anweisen, und das Talent so viele Stufen unter dasselbe setzen. Denn eines Theils ist das Genie allgemeiner und umfaßt mehrere Talente in sich, andern Theils ist es unabhängiger, unerreichbarer, selbstständiger und allgenugsamer; es kann nicht erworben werden, wenn es nicht da ist, und wenn es da ist, ist es allein hinreichend. Und in dieser Schätzung folgen ihnen auch die Deutschen.

Ein Autor, er sey Künstler oder Denker, der Alles, was er vermag oder weiß, zu Papiere bringen kann, ist zum mindesten kein Genie. Es giebt ihrer, die ein Talent haben, aber ein so beschränktes, so isolirtes, daß es ihnen ganz fremd läßt, als ob es nicht ihr eigen, als ob es ihnen nur angeheftet oder geliehen wäre. Von dieser Art war Lessing nicht. Er selbst war mehr werth, als alle seine Talente.

Fr. Schlegel.

Da das Talent erworben wird: so legt man es hiernächst schon demjenigen bey, der das darin leistet, was die meisten und besten in seiner Kunst leisten; das Genie muß auch die besten übertreffen. Ein jeder vorzüglicher Mahler muß Talent zu seiner Kunst haben, aber nur ein Raphael d' Urbino hat Genie und ist ein Genie.

Endlich so schwingt sich das Genie ohne die gewöhnliche Hülfe zu dem höchsten Gipfel seiner Kunst, das Talent ersteigt die ihm angemessene Stufe mit Hülfe der Regeln und der Übung. Das Talent bezieht sich daher auf die mechanischen oder durch mechanische Handgriffe erreichbaren Theile der Kunst; denn darin kann die Fertigkeit durch Übung und Studium erworben werden. Claude Lorrain zeichnete sich durch sein Talent in der Luftmahlerey aus, Rembrandt durch sein Talent im Helldunkel, und verschiedene Künstler durch ihr Talent in einer täuschenden Perspektiv. Man kann ihnen aber diese Künste ablernen, man kann ihnen durch fortgesetztes Studium näher kommen. Das Genie umfaßt das Geistige der Kunst, und diesem kann sich keiner nähern, der nicht selbst Genie hat. Raphaels himmlischer Ausdruck

ist

ist noch unerreicht geblieben; denn er kann nicht erlernt werden, er gehet aus dem innigsten Anschauen der Seele hervor, die in ihrer gewohnten Entzückung unter überirdischen Gestalten lebt. Ein gewöhnliches Talent kann die Fehler vermeiden, die in seinem schönsten Werken der Madonna del Pez, das im Eskurial aufbehalten wird, jeder leicht entdeckt. Denn man findet darauf neben der H. Jungfrau und dem Jesuskinde, den H. Hieronymus in Cardinalskleidung, der ihnen in dem Augenblicke die Bibel vorlieset, da der Engel Raphael den jungen Tobias zu ihren Füssen hinführt, um ihnen den Fisch zu überreichen, von dem das Gemälde seinen Namen hat. Allein nur das Genie eines Raphaels konnte ihm die geistigen Schönheiten geben, die es zum vollkommensten Werke der Kunst machen. „Ich habe „Kenner in Entzückung bleiben, und vor Bewunderung vor „diesem erhabenen Meisterstück weinen sehen," sagt ein sehr unterrichteter Reisebeschreiber *).

Die Werke des Genies können daher Fehler haben, die das Talent vermeidet, es bringt aber auch Schönheiten hervor, die dem blossen Talente unerreichbar sind, und seine Fehler hat es oft von seinem Zeitalter. Wenn Shakespear nicht in einem pedantischen Zeitalter gelebt hätte, und von dem falschen Witze seiner Zeitgenossen umgeben gewesen wäre, wenn in ihm, wie in dem Dichter der Iliade und der Odyssee seine reine Natur hätte frey wirken können: so würde er vielleicht ohne Studium und ohne Regeln alle seine hohen Schönheiten hervorgebracht haben, die er sich selbst zu verdanken hatte, ohne sie durch die Flecken zu entstellen, wozu der Stoff und der Hang von aussen in seine Seele gekommen war.

Mit diesem Charakter des Genies hängt der Zug zusammen, woran man es am leichtesten zu erkennen glaubt, nähmlich seine Schöpferkraft. Denn da es alles sich selbst verdankt, da es durch kein Studium, keine Regeln, keine Nachahmung vorbereitet ist, da es keinem Vorbilde nachbildet: so schafft es sich neue Bahnen und bringt neue Schöpfungen ans Licht.

*) Tableau de l'Espagne mod. par J. Fr. Bourgoing. T. 1. S. 228. II. Edit. 1797.

Licht. Indeß würde es ungerecht seyn, auf diesem Kennzeichen zu ausschließend zu bestehen. Denn in einem gelehrten Zeitalter kann das Genie die reinen Naturerzeugnisse seiner frühern Geistesverwandten studiren, um sich vor den Fehlern seiner Zeitgenossen zu verwahren, und indem es, gleich dem Astronomen, der aus einigen Ständen des Kometen seine ganze Bahn berechnet, aus einigen dunkeln Spuren ihrer Werke, ihren ganzen unsichtbaren Flug ahndet, und sich so auf seinen eigenen Geistesflügeln in seinen eigenen neuen Sphären bewegt. In Zeiten, die so weit wie die unsrigen von derjenigen reinen Natur, welche durch eine Art von Instinkt wirkt, entfernt sind, ist es vergeblich ohne Studium, durch das bloße sich selbst überlaßne Genie vollkommne Werke der Dichtkunst hervorbringen wollen, und ohne dasselbe sind auch unsere größten poetischen Genies, ein Horaz, ein Racine, ein Lessing, ein Wieland, ein Ramler, ein Gleim, ein Göthe u. s. w. das nicht geworden, was sie sind.

Es gab in Deutschland eine Periode, wo man das rohe Genie zur Schau trug, und desto mehr den Stempel des Genies an der Stirne zu tragen glaubte, je mehr man sich durch Verhöhnung aller Muster, aller Regeln und selbst der gesunden Vernunft, auszeichnete. Dieser Wahn mußte ehrgeizige und emporstrebende Jünglinge sehr anlachen, da er ihrer Eigenliebe schmeichelte, indem sie sich dabey so bequem mit ihrer Unwissenheit über die größten Männer aller Nationen und Zeiten hinwegsetzen konnten. Die abentheuerlichen Ausgeburten ihrer Rohigkeit sind aber vergessen, und sie mit ihnen; indeß die Werke der gebildeten Genies noch bey der spätesten Nachwelt leben werden. Diese ausführlichere Zergliederung läßt sich nun so ins Kurze fassen. Zu allen Arten der Wissenschaften und Künste werden praktische Anlagen und Fertigkeiten der Erkenntnißvermögen erfordert. Die Erstern zusammengenommen und in ihrem höchsten Grade sind das Genie, einzeln und auch nicht im höchsten Grade, aber zu Fertigkeiten ausgebildet, sind es Talente. Talente können daher einen Menschen oft glücklicher und gemeinnütziger machen, als ein noch so großes, aber vernachlässigtes, Genie. Denn wer es versäumt, sein Genie durch Studium auszubilden, wird nie die zu seiner Wissenschaft oder Kunst gehörigen Talente erwerben, und zu dieser Versäumniß pflegt nicht selten die hohe, es sey wahre oder falsche, Meynung von seinem Genie zu verleiten. Daher giebt es so manche verunglückte und unbrauchbare Genies; indeß man wahre und nützliche Talente immer suchen wird.

Genug. Hinreichend. Hinlänglich. S. Hinreichend.

Gepolter. Geprassel. Gerassel. Geräusch. Getöse. Getümmel.

I. üb. Ein Gemisch verwirrter, starker Schälle.

II. V. Die deutsche Sprache ist an Wörtern, die die verschiedenen Arten des Schalles ausdrucken, reicher als die meisten andern gebildeten Sprachen von Europa. Sie ist eine Stammsprache und hat daher viele Mittel durch, nachahmende Laute den Schall der verschiedenen Körper, seine Stärke und Schwäche, seine geschwindere und langsamere, verwirrtere oder deutlichere Folge zu bestimmen.

Getöse stammt von dem veralteten Worte Dos her, das einen jeden starken Schall bedeutete, und zeigt daher, seiner Bildung nach, eine jede verwirrte Folge von allen Arten des Schalles an, insonderheit wenn seine Schläge nicht nur heftig, sondern dumpfer und weniger in einander fallend sind. Die Trommeln und Sturmglocken machen bey einer Feuersbrunst ein betäubendes Getöse.

Das Geräusch, das von Rauschen, dem Schall des bewegten Wassers abstammt, macht einen gelindern aber verwirrteren Eindruck auf das Gehör, dergleichen das Rauschen des Wassers und des Windes ist. Die seidenen Kleider machen, wenn sie bewegt werden, ein Geräusch, das, wenn es fortdauert, empfindliche Personen ungeduldig machen kann. Wenn die Kraniche ziehen, so hört man oft schon von ferne

das

das Geräusch, das sie mit ihren Flügeln machen, und grosse, volkreiche Städte kündigen sich schon vor den Thoren durch das Geräusch an, das das Fahren ihrer Wagen und Karossen verursacht.

Ein Geräusch kann auch von einer grossen Menge kleiner und daher auch entfernter Eindrücke entstehen, und daher bedeutet das Geräusch der Waffen den Krieg überhaupt; ein Getöse hingegen entsteht aus stärkern und nähern Eindrücken. In einer Schlacht ist das Getöse des Geschützes und des Hufschlages der Pferde betäubend, die friedliche Ruhe wird durch das Geräusch der Waffen gestört, und unter diesem Geräusche kann man die Stimme der Gesetze oft nicht hören.

Getümmel ist der dumpfe und verwirrte Schall einer grossen Menge unordentlich bewegter Menschen und Thiere, da hingegen Getöse und Geräusch nicht allein auch ein hellerer seyn, sondern auch von leblosen Dingen verursacht seyn kann. Das Getümmel entsteht aus dem Stampfen und Stoßen einer unordentlich zusammengedrängten Menge.

> Jesus kam in das Haus des Obersten und sahe das Getümmel und die da sehr weinten und heulten.
>
> Marc. 5. 38.

> Alle Einwohner im Lande werden heulen vor dem Getümmel ihrer starken Rosse, so daher traben.
>
> Jerem. 47, 2. 3.

Es kömmt zunächst von dem Zeitworte Tummeln, sich eilfertig und unordentlich bewegen, das mit dem Englischen to tumble und dem Französischen tomber verwandt ist, und auf den nachahmenden Stammlaut tum, der dumpfe Schall, den ein fallender Körper verursacht, hindeutet.

Ein Gepolter ist der Schall, welchen fallende feste Körper machen, und diesen Nebenbegriff hat es von dem Zeitworte

worte Poltern, wovon es abstammt, und das mit pulsare, pultare, verwandt ist.

Und da solches die in der Schaarwache sahen, liefen sie zu Holofernis Zelt und richteten ein Poltern an, davon er sollte aufwachen.

Judith 14, 8.

Ein Geprassel machen die festen Körper, welche zerbrechen, indem sich ihre Theile gewaltsam von einander trennen; es ist der Totaleindruck, der aus den kleinern Eindrücken zusammengesetzt ist, den die Trennung der Theile auf das Gehör macht. Wenn ein Gebäude zerbricht, ein Baum fällt, die Dornen im Feuer anfangen zu brennen: so verursachen sie ein Geprassel. Einen ähnlichen Eindruck machen manche Donnerschläge, bey welchen es scheint, als wenn eine Wolke in eine unendliche Menge kleiner Theile zerrisse.

Ein Gerassel ist das Geräusch, welches Eisenwerk, Ketten, die Räder am Wagen verursachen, indem sie zusammenschlagen oder über einen harten Boden fahren.

Gepränge. Pracht. Pomp. S. Pracht.

Geräth. Geschirr. S. Geschirr.

Geräumig. Weit. S. Weit.

Gerade. Aufrecht. Senkrecht. S. Senkrecht.

Gerecht. Billig. — Gerechtigkeit. Billigkeit.

I. üb. Die Fertigkeit, nichts gegen das Recht eines andern zu thun, ist die Gerechtigkeit und Billigkeit; wer danach handelt, handelt gerecht und billig, und was beyden gemäß ist, das ist gerecht und billig.

II. V. Obgleich das natürliche Gefühl schon diese Begriffe unterscheidet, und seine unentwickelten Urtheile darüber

in

in der Sprache niedergelegt hat: so ist es doch nicht überflüssig, sie in einer allgemeinen Synonymik genauer zu zergliedern. Denn es ist nicht nur sehr angenehm, mit seinen Gedanken bey der Betrachtung der ersten großen Grundpfeiler der allgemeinen Gesellschaft des menschlichen Geschlechts zu verweilen; die genauere Bestimmung dieser Begriffe, die von so großer Wichtigkeit sind, ist auch noch so wenig vollendet, daß kein Beytrag zu derselben als unnöthig angesehen werden kann.

Die allgemeinste Ansicht der Begriffe, die diese Wörter bezeichnen, führt auf den Unterschied, der der Gerechtigkeit die strengen oder vollkommnen Pflichten zu ihrem Gegenstande zutheilt, das ist, diejenigen, zu welchen wir können gezwungen werden, der Billigkeit hingegen die unvollkommnen, die Pflichten der Menschenliebe, die Niemand von dem Andern mit Recht erzwingen kann. Dieser Unterschied ist nicht unrichtig, allein er bestimmt den Begriff der Billigkeit noch nicht genau genug.

Denn zuförderst giebt es eine allgemeine Gerechtigkeit, welche sowohl die Gewissenspflichten der Menschenliebe als die strengen oder Zwangspflichten in sich begreift; die belohnt und bestraft, dem Wohlthäter mit Dank vergilt, das Verdienst schätzt, und dem Nothleidenden hilft, kurz der die Würdigkeit und Bedürftigkeit der Menschen eben so heilig ist, als das eigentliche Mein und Dein.

Von diesem allgemeinsten Begriffe ist sogar die Bedeutung des Wortes gerecht in der deutschen Sprache ursprünglich ausgegangen. Denn gerecht bedeutet wie recht, von dem es nur eine andere Form ist, das was seinem Grunde gemäß ist. So ist ein Kleid demjenigen, für den es bestimmt ist, gerecht, wenn es ihm paßt, und also seine Größe und Form nach der Größe und Form des Körpers, dem es anliegen soll, genau bestimmt ist. Eine Handlung ist in diesem Sinne gerecht, wenn sie durch den vernünftigen Grund, der sie bestimmen soll, bestimmt ist. Derjenige theilt Lob und Tadel gerecht aus, der in seinen Urtheilen über Andere keinen andern Gründen, als ihrem erforschten und erkannten Verdienste oder Unverdienste folgt. Die Gerechtigkeit will, daß wir einem jeden das Seinige lassen; denn das sind alle die Güter, wovon wir aus vernünftigen Gründen mit völliger Gewißheit erkennen, daß sie zu ihm und zu keinem andern gehören.

Wenn also die Pflichten der Menschenliebe mit in der Tugend der Gerechtigkeit enthalten ist: so muß es noch einen besondern Nebenbegriff geben, wodurch sich die Billigkeit von der Gerechtigkeit unterscheidet; und dieser ist die Ausübung seiner Rechte, so wie es der innern Verbindlichkeit gegen Andere, oder den Pflichten der Menschenliebe gemäß ist.

Die Gerechtigkeit kann nähmlich von zwey Seiten betrachtet werden; zuförderst von der Seite der Pflichten gegen Andere, sowohl der Zwangspflichten, als der Pflichten der Menschenliebe, und hiernächst von der Seite der Rechte. Nach der ersten Seite erstreckt sich die Gerechtigkeit über alle menschlichen Handlungen; sie müssen alle gerecht und also der Zwangsverbindlichkeit und der Verbindlichkeit zur Menschenliebe gemäß seyn. Nach der Seite der Rechte begreift sie nur die Zwangsrechte, und sie muß in ihrer Ausübung durch die Billigkeit gemäßigt, oder, welches einerley ist, durch die Menschenliebe eingeschränkt werden, wenn der Mensch, der der Gegenstand und das Opfer derselben ist, nicht unter dem Gefühle ihrer Härte sich soll zu beklagen haben.

Dieser Begriff der Mäßigung in der Ausübung strenger Rechte ist sogleich der erste, unter welchem einem jeden Menschen die Billigkeit erscheint. Die Gesetze der Gerechtigkeit schreiben mir meine Pflichten vor, und machen mich mit meinen Rechten bekannt; die Gesetzte der Billigkeit schreiben mir vor, wie ich den Gebrauch meiner Rechte durch meine Pflichten mäßigen, einschränken, bestimmen muß. Der Billige ist auch in allen seinen Handlungen gerecht; denn er beobachtet alle seine Pflichten gegen Andere, und mäßigt sich in dem Gebrauche seiner Rechte, indem er sich keine

Aus

Ausübung derselben erlaubt, die den Pflichten gegen Andere zuwider wäre. Der vollkommne Gerechte ist immer auch billig; denn er kennt nicht bloß seine Rechte, er kennt auch seine Pflichten, und mäßigt den Gebrauch der Erstern durch die Beobachtung der Letztern.

Die erste Bestimmung unserer Rechte durch unsere Pflichten kömmt bey den Rechten vor, die uns die positiven Gesetze geben. Da giebt es eine gesetzgebende, eine richterliche und eine vollziehende Billigkeit. Denn der Gebrauch dieser drey Gewalten muß durch die Pflichten und die Gesetze der natürlichen Gerechtigkeit bestimmt werden, wenn er der Billigkeit gemäß seyn soll. Und hier kann das nähmliche Gesetz ungerecht und unbillig heißen; aber in verschiedener Rücksicht; ungerecht, sofern es der natürlichen Gerechtigkeit oder dem Naturgesetz entgegen ist, unbillig, sofern der Gesetzgeber sein Recht nicht den Naturgesetzen gemäß gebrauchet hat.

Man hält das Gesetz für unbillig, daß der älteste Sohn das ganze väterliche Vermögen erbt, weil man glaubt, daß der Gesetzgeber dabey nicht die natürliche Gerechtigkeit zu Rathe gezogen hat.

Der Richter muß zuförderst die Gesetze, die er anwenden soll, richtig auslegen, und seine Auslegung ist eine unbillige, wenn sie den Gesetzen der natürlichen Gerechtigkeit nicht gemäß ist. Aristoteles führt das attische Gesetz an, wonach derjenige, der einen Andern mit einem Eisen geschlagen, das Leben verwirkt hatte. Es würde unbillig seyn, wenn man dieses Gesetz so auslegen wollte, daß es auch denjenigen mit unter sich begriffe, der bey einem Schlage mit der Hand einen eisernen Ring am Finger gehabt hätte.

Die Anwendung des Begriffes der Billigkeit auf die übrigen Theile des Richteramtes lassen sich eben so leicht machen. Der Richter muß bey der Zurechnung eines Verbrechens, bey den Graden der Verschuldung, die er dabey annimmt, die

Gesetze der natürlichen Gerechtigkeit beobachten, wenn er billig verfahren will.

In nichts anderm besteht die vollziehende Billigkeit. Es würde unbillig seyn, an einem Verbrecher eine körperliche Strafe während seiner Unpäßlichkeit zu vollziehen; denn die natürliche Gerechtigkeit erlaubt nicht, daß eine Strafe härter sey, als sie die Gesetze vorschreiben.

Außer der bürgerlichen Gesellschaft oder in solchen Fällen, wo der Mensch bloß als Mensch zu betrachten ist, erfordert die Billigkeit, daß der Gebrauch unserer strengen Rechte durch die Pflichten der Menschenliebe gemäßigt werde, und dieses kann auch durch die bürgerliche Gesetzgebung bestimmt werden. So läßt sie einem Gläubiger, der ein Hypothekrecht auf die Grundstücke seines Schuldners hat, sie nicht sogleich zum Verkaufe anschlagen, wenn ihn dieser Schuldner nicht auf der Stelle bezahlen kann, so bald derselbe durch einen solchen Verkauf würde zu Grunde gerichtet werden, ob er gleich im Stande ist, in einer gewissen Frist seine Schuld abzutragen. Sie urtheilt mit Recht, daß ein solcher Gebrauch seines strengen Rechtes den Gesetzen der Menschlichkeit entgegen seyn würde.

So ist es ein Zeichen der Billigkeit eines Mannes, wie Aristoteles *) bemerkt, wenn er bereit ist, eine Sache lieber vor Schiedsrichtern vergleichen zu lassen, als darüber vor der ordentlichen Obrigkeit einen förmlichen Proceß zu führen; denn er giebt dadurch zu erkennen, daß er von seinem Rechte vieles nachlassen, und keinen andern Gebrauch machen wolle, als der mit den Gesetzen der Menschenliebe bestehen kann.

Der angegebene Unterschied läßt sich auch, in Ansehung des Wortes billig, durch den Ursprung desselben rechtfertigen. Denn es stammt von dem veralteten Bill, gefühltes Recht, ab, wovon noch in den oberdeutschen Mundarten, insonderheit in der Schweitz, Unbill, gefühltes Unrecht, übrig ist. „Bill, sagt Lessing in den Beytr. zu e. d. Gloss. Das Unbill

*) Arist. Rhet. I. 13.

„bill, indignatio, Unwillen." Es ist aber eigentlich das Unrecht, durch dessen Gefühl die Indignation erregt wird. Die Billigkeit und Unbilligkeit wird aber mehr durch das Gefühl beurtheilt, und kann nicht in jedem Falle zu Jedermanns Befriedigung durch Zergliederung der Vernunft dargelegt werden. Die Quelle der natürlichen Billigkeit ist die innere Verbindlichkeit des Gewissens und die allgemeine Gerechtigkeit angewandt auf den Gebrauch unserer strengen Rechte, und unter diesen derjenigen, die uns die positiven Gesetze geben; und über diese innere Verbindlichkeit ist es oft schwer, den Eigennutz und die Leidenschaft zu überzeugen, indeß man durch die Aussprüche der strengen Gerechtigkeit oder den Buchstaben der geschriebenen Gesetze alle Zweifel und Einwürfe zum Schweigen bringen kann. Inzwischen ist eine unbillige Behandlung oft schmerzhafter, als eine ungerechte, eben deswegen, weil sie tiefer gefühlt wird.

In andern Sprachen ist man bey der Bezeichnung dieser sehr abgezognen Begriffe, und in der Griechischen und Lateinischen bey dem Begriffe der Gerechtigkeit von ganz entgegengesetzten Standpunkten ausgegangen. Das Griechische δικαιος kömmt von Δικη, die Göttin der Rache, her, und das Lateinische Justitia, jus, von jubeo, Befehlen; sie gehen also von Begriffen aus, die der Sinnlichkeit näher zu liegen scheinen, da hingegen das deutsche Gerecht von dem sehr unsinnlichen recht abstammt. Das Lateinische aequus, billig, das ursprünglich gleich bedeutet, deutet augenscheinlich auf die Mäßigung des geschriebenen Rechtes durch die natürliche Gerechtigkeit, vor welcher alle Menschen gleich sind. Diese Sonderbarkeit läßt sich vielleicht dadurch begreifen, daß die deutsche Sprache der rohen Eroberer ihre moralischen Begriffe nach der schon weit ältern lateinischen Rechts- und Kirchensprache der Eroberten gebildet hat.

Gereuen. Dauern. Verdrießen. S. Dauern.

Gering. Schlecht.

I. üb. Dem es an mehrern Vollkommenheiten fehlt

II. B. Durch diesen Mangel an Vollkommenheiten erhält ein Ding einen kleinern Werth und es wird gering, aber nur erst dann wird es schlecht, wenn es dadurch unbrauchbar oder unangenehm und schädlich wird. Schlechte Speise ist solche, die unschmackhaft, nicht nahrhaft und wohl ungesund ist; geringe Speise ist nicht kostbar.

Ursprünglich hieß Schlecht so viel als gerade, und war dem krummen, unebnen, rauhen entgegengesetzt. Lessing sagt in dem Beytr. zu einem deutsch. Gloss. (S. Leben Th. 3. S. 165.) „Schlecht, oft so viel als gerade, nicht krumm."

Diser boeser wil macht auch das rechte slechte ding scheinen krum.

Geyler v. Kaysersb. Narrensch.

Die valschen luite sint innen ruch un userthalben sleht.

Murner.

Von da gieng es sehr natürlich zu der Bedeutung des Unzusammengesetzten, Unvermischten, Einfachen und Kunstlosen, zu dem was die Franzosen durch uni ausdrucken, über, und war dem Zusammengesetzten und Künstlichen entgegen gesetzt; es hatte also noch immer eine gute Bedeutung.

Wer sein Ding macht recht und schlecht
Bleibt immerzu ein armer Knecht.

Lessing aus Bürgerlust 2. Th.

Carolus V., als er der Regierung sich abgethan, wollt er ganz und gar nicht leiden, daß man ihm viel Titul gab, sondern schlecht und allein Carl.

Zinkgräf.

Ja wenn es von den Gesinnungen und Absichten des Menschen gesagt wurde: so hieß es unverfälscht, mit nichts Bösem vermischt, aufrichtig.

Als

Als unser libe getrewe — versprochen und angenommen habent, einen schlechten getrewen und guten Fried ze halten.

Die Bedeutung des Kunstlosen ist auch noch nicht ganz aus der gegenwärtigen Sprache verschwunden. Stosch macht sich hier eine unnöthige Mühe, wenn er erklären will, wie man eine geringe Kost bisweilen eine schlechte nennt. Er meynt, man nenne dieselbe Kost schlecht und geringe in verschiedener Rücksicht; schlecht, sofern sie nicht viel Nahrung gebe, geringe, sofern sie nicht von großen Werth sey. Allein das will der gewiß nicht sagen, der sich bey einem Freunde, der ihn um die Essenszeit unvermuthet besucht, wenn er ihn zu Tische behält, aus Höflichkeit entschuldigt, daß er werde mit einer schlechten Mahlzeit fürlieb nehmen. Es heißt nähmlich bloß, mit einer Mahlzeit ohne künstliche Zubereitung, wie man sie selbst hat, wenn man nicht um der eingeladenen Gäste willen, mehr Anstalten macht. Die gute Bedeutung blieb nähmlich immer noch bey der Bösen gleich gebräuchlich, wie in folgendem Denkverse.

Practica ist vielfältig und nicht schlecht,
Wer die nicht kann ist ein schlechter Knecht.

Zinkgräf.

Indeß hat sich das ganz nahe verwandte Wort Schlicht in einigen Fällen in dem gegenwärtigen Gebrauche eingefunden, um diesen Begriff auszudrucken. Man sagt: eine schlichte Kost, eine schlichte Mahlzeit, um eine solche anzuzeigen, die nicht mit vieler Kunst zubereitet ist, ein schlichtes Kleid (un habit uni) das nicht besetzt oder künstlich gestickt ist. Man nennt den Verstand eines Menschen, der nicht durch eine künstliche und gelehrte Erziehung ausgebildet ist, um ihn zu loben, einen schlichten Verstand; denn ein schlechter Verstand würde nach dem gegenwärtigen Sprachgebrauche ein unbrauchbarer, unfähiger Verstand seyn.

Jetzt ist also die böse Bedeutung des Wortes Schlecht die herrschende, und es würde in vielen Fällen sehr schädliche

Vorurtheile verrathen, wenn man es mit einander verwechseln und z. B. geringe und schlechte Leute für einerley halten wollte. Denn geringe heißen sie bloß von ihrem Stande und bürgerlichem Werthe; sie können aber einen größern moralischen Werth haben, brauchbarere Menschen seyn, und sind es wirklich, wenn sie rechtschaffen sind, als schlechte Menschen aus den höhern Ständen.

Gern. Freywillig. Gutwillig. S. Freywillig.

Gern. Willig.

I. üb. Man thut das Gern und Willig, was man thut, ohne dazu gezwungen zu seyn.

II. V. Wir bestimmen uns also zu beyden bloß durch uns selbst, ohne daß ein sichtbarer äußerer Zwang zu unserm Wollen mitwirke. Willig schließt bloß diesen Zwang aus; denn, nach seiner Ableitung, ist das, was wir willig thun, allein die Wirkung unseres eigenen Willens. Es kann aber auch gegen unsere Neigung seyn, es kann uns mißfallen, und wir thun es nur, weil wir vernünftigen Gründen nachgeben.

Gern hingegen thun wir, wozu wir nicht allein nicht gezwungen sind, sondern was uns auch gefällt und Vergnügen macht. (S. Freywillig. Gutwillig. Gern) Es hat das veraltete Ger, Begierde, zu seinem Stamme; und da die Begierden aus sinnlichem Vergnügen entstehen: so zeigt es an, daß wir etwas mit sinnlichen Vergnügen thun. Wir unterwerfen uns einer chirurchischen Operation willig, wir nehmen eine übelschmeckende Arzeney willig, aber wir entschließen uns zu beyden nicht gern. Denn da die eine schmerzhaft, und die andere unangenehm ist: so möchten wir lieber beyde entbehren können; allein wir thun es doch willig, weil wir uns nicht dazu zwingen lassen, indem wir lieber etwas schmerzhaftes und unangenehmes übernehmen, als unser Leben verliehren wollen. Es wird daher beydes oft mit einander verbunden.

Alle

Alle die es gern und williglich gaben.

2 Mos. 35, 21.

Willig gaben sie, weil sie nicht gezwungen wurden, gern, weil es ihnen Vergnügen machte.

Gerücht. Sage. Überlieferung.

I. Üb. Etwas, das mehrere Menschen nachsagen, ohne daß man den Urheber davon anzugeben weiß.

II. V. Der Inhalt der Gerüchte und Sagen sind Begebenheiten. Bey Gerücht sagen sich mehrere einander zu gleicher Zeit nach, bey Sage und Überlieferung leben die Nachsagenden zu verschiedenen Zeiten und in mehrern Geschlechtsfolgen. Da Gerücht durch die Verwandlung des Blaselauts in den Gurgellaut (S. Gelinde. Sanft. Sachte.) von Rufen abstammt, so bezeichnet es augenscheinlich etwas, das von mehrern zugleich gehört wird, wovon man aber unter der Menge den Rufer nicht unterscheiden kann. Sagen hingegen deutet, vermöge seiner Abstammung, auf eine nach und nach von einem zum andern fortgepflanzte Mittheilung, die also in einer stetigen Zeitfolge von Geschlechte zu Geschlechte geschehen kann, und eben darauf deutet auch, nach seiner Zusammensetzung, das Wort Überlieferung.

Indeß ist zwischen Sage und Überlieferung der Unterschied, daß der Inhalt der Sagen nur Geschichte sind, der Überlieferung aber auch Lehren und Vorschriften über gewisse Gebräuche seyn können. Ehe die Schreibekunst erfunden war, wurde die Geschichte und das Andenken merkwürdiger Begebenheiten bloß mündlich fortgepflanzt. Denn Sage ist das, was ist gesagt worden, also völlig das, was bey den Griechen Mythe heißt, von μυθος, welches ursprünglich eine jede Rede, alles was gesagt wird, bedeutete. Das war auch ohne Zweifel die erste Bedeutung des Wortes fabula von fari. (S. Fabel. Erzählung. Mährchen.) Die Geschichte der alten nordischen Völker ist daher in ihren Sagen

gen aufbehalten, deren Mittheilung wir dem rühmlichen Fleiße verschiedenen sehr verdienstvoller dänischer Gelehrten zu verdanken haben.

Die römische Kirche behauptet hingegen, daß sie, neben der Bibel, noch eine Überlieferung habe, welche Lehren und Vorschriften enthalte, die von den Zeiten der Apostel bis auf die gegenwärtigen von Geschlecht zu Geschlechte ununterbrochen sind fortgepflanzt und aufbewahrt worden. Das Wort selbst ist eine wörtliche Übersetzung von dem Lateinischen Traditio, und dieses begreift, nebst den Legenden der Heiligen auch Lehren und Vorschriften in sich. Von allen diesen läßt sich aber der erste Urheber nicht mit Gewißheit angeben, und von dieser Seite berührt also Überlieferung die sinnverwandten Gerücht und Sage.

Die rechtgläubigen Gottesgelehrten der römischen Kirche würden es aber schon deswegen nicht zugeben, daß man ihre Überlieferungen Sagen nennt, weil sie von ihren Überlieferungen behaupten, daß sie Einer dem Andern nicht auf schwankende Gerüchte bloß nachgesagt habe, sondern daß sie durch die Vorsteher der Kirche in Lehren und Schriften sorgfältig aufbewahrt, und so durch alle Geschlechtsfolgen bis auf die gegenwärtige unverfälscht erhalten seyn.

Alle Sagen entstehen aus Gerüchten, die kirchlichen Überlieferungen selbst der Mönchslegenden sollen nicht aus bloßen Gerüchten entstanden seyn. Es geht anfangs das Gerücht, daß ein Gespenst in einem Hause sey, mit der Zeit wird daraus eine Sage. Selbst die Weltgeschichte ist nicht immer ohne solche Sagen gewesen, und die historische Kritik muß noch immer fortfahren, sie davon zu reinigen.

Gesang. Lied. Arie. Cavate. Arioso. Psalm.

I. üb. Gedichte, die singend vorgetragen werden.

II. V. Das Wort Gesang druckt diesen Begriff in seiner größten Allgemeinheit aus. Denn es ist alles was gesungen oder durch die Musik der menschlichen Stimme aus- gedruckt wird. Man legt daher auch den Vögeln einen Gesang bey, wegen einer Ähnlichkeit mit dem Gesange der menschlichen Stimme, ob es ihm gleich an dem wesentlichsten Stücken desselben, dem Rhythmus und den regelmäßigen Fortschreiten aus einer Tonleiter in die andere fehlt. Eben so legt man auch einem Tonstücke für bloße Instrumete einen schönen Gesang bey, wenn ihre Melodie cantabel, sangbar oder so ist, wie sie sich für den schönen Ausdruck der menschlichen Stimme schickt.

Hier wird Gesang für ein gesungenes Gedicht genommen; denn nur in diesem Sinne ist es mit den übrigen Wörtern sinnverwandt. Da ursprünglich alle Gedichte gesungen oder mit einer Declamation vorgetragen wurden, der einem Gesange glich: so hieß ein Dichter ein Sänger, (αοιδος) und sein Gedichte ein Gesang. Und daher nennen auch noch jetzt die Dichter ihre Gedichte Gesänge, ob sie gleich nicht mehr gesungen werden.

Arma virumque cano. —

Virg.

Von einem Greise will ich singen,
Der neunzig Jahr die Welt gesehn.

Gellert.

Klopstock, Tasso, Milton, Voltaire theilen ihre großen epischen Gedichte in mehrere Gesänge ein. Gesänge heißen also alle Gedichte, sofern sie gesungen werden, oder zum Gesange bestimmt sind, oder sofern ehemahls bey einem gewissen Volke, von dem wir diesen Ausdruck angenommen haben, alle Gedichte gesungen wurden. Wenn wir noch jetzt die Kirchenlieder Gesänge nennen: so kann es nur in dieser weitern Bedeutung geschehen.

Ein Lied ist ein lyrisches Gedicht, und daher ganz eigentlich zum Gesange bestimmt. Es unterscheidet sich aber

zuför-

zuförderst dadurch von der Arie, daß seine poetischen Gedanken nicht musikalisch ausgemahlt werden, so wie hiernächst dadurch, daß es aus mehrern gleichen und ähnlichen Theilen besteht, die nach einerley Melodie gesungen, und mit einem griechischen Worte: Strophen, oder mit einem italienischen: Stanzen genannt werden.

Und wird mir jetzt kein Lied gelingen
So wird es ewig nicht geschehn.

Gellert.

Der Tod der Fliege heißt mich dichten,
Der Tod der Mücke heischt mein Lied.

Ebend.

Die Gedichte, die Gellert hier Lieder nennt, sind in Strophen abgetheilt.

Das deutsche Wort Lied, niederteutsch Leed, ist mit dem alten französischen Worte Lay, das noch in Virelay vorhanden ist, verwandt. Ein Lay war in den mittlern Zeiten von den Romanes und Fabliaux dadurch verschieden, daß diese nicht gesungen, das Lay aber gesungen und gewöhnlich von dem singenden Minstrel mit einer Harfe begleitet wurde. Die Lays, welche sich in Le Grand d' Aussy's Fabliaux ou Contes du XII. et XIIIme Sicle finden, die wir auch in einer guten deutschen Übersetzung haben, sind noch ohne Abtheilung in Strophen. In dieser weitern Bedeutung kann ein jedes gesungene Gedicht ein Lied heißen, und man nennt daher selbst den Gesang der Vögel ihre Lieder. Man sagt: die Lerche singt ihr Morgenlied.

Die Lays und Lieder erhielten aber in der Folge eine regelmäßigere Einrichtung, und wurden in Strophen getheilt. So finden wir sie schon in Froißards Poesies manuscriptes, und diese Einrichtung haben sie dann, so wie unsere Lieder, beybehalten. Ob beyde Wörter von einem höhern Stamme, etwa von Lauten herkommen, ist hier nicht

nöthig

nöthig zu untersuchen, da es zu der Bestimmung ihres Unterschiedes von den sinnverwandten nichts beyträgt.

Diese Lays kamen im J. 1349. mit den Geißlern nach Deutschland. Diese schwärmerischen Haufen, die sich um diese Zeit am Oberrhein einfanden und bis Speyer vordrangen, sangen bey ihren Geißelungen Lieder, welche die Limpurgische Chronik Lays nennt. Es ist eben so ungegründet als abentheuerlich, wenn Frisch dieses Wort von Eleison herleitet; denn die Lays waren längst vor den Geißlern, die 1260 in Italien entstanden *), bey lustigen Gelegenheiten im Gebrauche. Die Limpurgische Chronik, die mit dem J. 1336 anfängt, gedenkt fleißig der Volkslieder, die in jedem Jahre die gangbarsten waren. **)

Das Wort Arie ist aus dem italienischen entlehnt; denn da Italien das Vaterland der größern Musik ist: so haben alle andern Nationen die Kunstwörter seiner Sprache beybehalten. Es bezeichnet einen Theil eines größern Singgedichtes, worin Gedanken durch Musik ausgemahlt und die damit vergesellschafteten Leidenschaften durch Musik ausgedruckt werden.

Wenn die Arie ferner noch von der Cavate soll unterschieden werden: so hat die Erstere zwey Hauptgedanken, wovon der erste nach dem letzten noch einmahl wiederhohlt wird, die Cavate hat aber nur einen Hauptgedanken und ist also ohne da Capo. Das schöne Mentre dormi in Reichardts Protesilao und Ja ich will dirs nicht verhehlen in Naumanns Cora sind Cavaten; Ihr weichgeschaffnen Seelen in Grauns Tod Jesu ist eine Arie. Ein Arioso hat zwar einen musikalischen Rhythmus und ist von dieser Seite der Cavate ähnlich, es sind aber darin nicht die mit einer herrschenden Leidenschaft vergesellschafteten Gedanken durch die Musik ausgemahlt.

Die

*) S. (Jac. Boileau) Hist. Flagell. S. 274 u. ff. aus dem Chronico Monachi sanctae Justinae.

**) S. Lessings Leb. 3. Th. S. 98.

Der Psalm ist ein ebräisches Lied; und da die Lieder des jüdischen Volkes einen gottesdienstlichen Inhalt und einen hohen orientalischen lyrischen Flug hatten: so nennen auch die neuern Dichter nur diejenigen ihrer Lieder Psalme, die eine ähnliche Farbe mit einen gleichen Fluge haben.

Im allerhöchsten Siegeston
Mehr Psalm als Siegeslied.
— — — — —
Hoch, wie des Adlers Sonnenflug,
Voll Gottes Wunder, hoch!

Gleim.

Von Psalm hat man Psalmieren, psallere, singen, bey den Alten Samieren, gemacht. Lessing hat dieses für ein musikalisches Instrument genommen. Es heißt im Heldenbuche:

Zittern, Fidlen, Samieren,
Das es gar laut erscholl.

Er frägt, was sind Samieren für Instrumente? und setzt hinzu: mir fiel das Lat. Sambuca ein. (S. Leb. 3. Th. S. 164.) Alle drey Wörter sind aber augenscheinlich Zeitwörter, Zittern, auf der Zitter spielen, Fideln, auf der Fidel spielen, und Samieren, singen.

Geschickt. Fähig. Fertig. — Geschicklichkeit. Fähigkeit. Fertigkeit. S. Fähigkeit.

Geschickt. Aufgeräumt. Aufgelegt. S. Aufgeräumt.

Geschäffte. Angelegenheiten. S. Angelegenheiten.

Geschäffte. Arbeit. Beschäftigung. S. Arbeit.

Geschäfftig. Arbeitsam. Ämsig. Unverdrossen. S. Arbeitsam.

Geschäfftig. Beschäfftigt. Thätig. S. Beschäfftigt.

Geschäfftsträger. Bevollmächtigter.

I. üb. Wer in dem Nahmen eines Andern etwas verrichtet.

II. V. Der Geschäfftsträger verrichtet diese Geschäfte auch nach dem bloß vermutheten Willen eines Andern, ohne dazu einen ausdrücklichen Auftrag erhalten zu haben; er kann auch nach der Sprache des römischen Rechts ein bloßer negotiorum gestor seyn. Ein Bevollmächtigter hat eine ausdrückliche Vollmacht dazu erhalten, wie dieses das Wort selbst anzeigt.

Da aber die Schließung wichtiger Verträge die erheblichsten Geschäfte sind, weil dadurch große Rechte erworben und große Verbindlichkeiten übernommen werden: so sind Bevollmächtigte insonderheit die, welche vermöge einer ausdrücklichen Vollmacht in fremden Nahmen Verträge schließen. In der diplomatischen Sprache sind Geschäfftsträger (Chargés d' affaires) die öffentlichen Personen, welche an einem fremden Hofe die Geschäfte ihres Hofes besorgen, ohne Tractaten zu schließen, es sey dann, daß sie ausdrücklich dazu bevollmächtigt wären. Zu einem Friedenstractat schickt man aber bevollmächtigte Minister, die nicht bloß unterhandeln, sondern auch den Friedenstractat unterzeichnen können.

Geschehen. Sich Begeben. Ereignen. Zutragen. S. Zutragen.

Geschirr. Geräth.

I. üb. Die beweglichen aber unverzehrbaren Sachen, die zum Gebrauche im menschlichen Leben dienen, und die nach den verschiedenen Zwecken, wozu sie nützlich sind, verschiedene Benennungen erhalten.

II. V.

II. V. Geräthe begreift mehr; denn man hat auch Handwerksgeräthe, Baugeräthe, Leinengeräthe u. s. w. Denn es zeigt seiner Abstammung nach den Vorrath von Sachen an, die zu einem gewissen Zwecke dienen, von welcher Art er auch seyn mag. Es kömmt nähmlich von Rade, Rath, her, eine Menge, Sammlung. (S. Freyen. Heurathen. Ehelichen. Sich Vermählen.) Auch das Wort Gerade, der Theil des beweglichen unverzehrbaren Vermögens, das zur weiblichen Erbschaft gehört, ist noch von diesem Stamme übrig. Denn was zur Bewaffnung diente, gehörte den männlichen Erben.

Das Geschirr ist ein Theil des Geräths und zwar derjenige, der Etwas enthalten kann. Die tiefste Wurzel dieses Wortes findet H. Adelung in dem Schwedischen Kar, ein Gefäß, eine Kufe, ein Kübel. Das allgemeinste von diesen ist ein tragbares Behältniß von fester Materie; als Teller, Schüsseln u. dgl. Man rechnet daher diese zu dem Tischgeschirr, Messer, Gabeln, Servieten und dgl. gehören zu dem Tischgeräthe. Eben so rechnet man Pfannen, Töpfe, Kasserolle zu dem Küchengeschirre, Feuerzangen, Schaufeln, Blasebalg u. s. w. zu dem Küchengeräthe.

Diese allgemeine Bedeutung läßt sich auch auf das Pferdegeschirr anwenden; denn es ist das, was den Pferden umgelegt wird, wenn sie zum Reiten und Fahren sollen bereitet werden. Eben so ist der Schirrmeister auf den Posten und auf den Schiffen derjenige, der über die Kisten, Koffer, worin die Sachen enthalten sind, die Aufsicht hat.

Geschirr. Faß. Gefäß.

I. üb. Ein hohler, fester Körper, worin etwas enthalten seyn kann.

II. V. Geschirr nennt man aber die kleinern und flachern, oder die weniger Tiefe haben; Fässer und Gefäße die größern und tiefern. Man sagt: Braugefäße, weil das

das Geräth zum Brauen größer ist, als Milchgeschirr, Trinkgeschirr. Silberne Gefäße können auch große Kannen, Terrinen, Spülwannen u. dgl. seyn; kleinere silberne Gefäße würde man silberne Geschirre nennen.

Ehemals hieß Faß ein jedes Gefäß, so fern es etwas in sich faßt, und so kömmt es noch in einigen Zusammensetzungen vor, als in Tintenfaß, Rauchfaß, Salzfaß. Jetzt wird es gemeiniglich in einem eingeschränktern Sinne genommen, und bedeutet eine besondere Art von Gefäßen, welche der Böttcher oder Faßbinder verfertigt. Ein Faß ist von Holz und bestehet aus Stäben, welche durch Reife mit einander verbunden sind.

Geschlecht. Art. Gattung. Classe. S. Art.

Geschmeidig. Biegsam. Gewandt. S. Biegsam.

Geschmeiß. Gewürm. Ungeziefer. Wurm. S. Ungeziefer.

Geschoß. Geschütz. Gewehr. Waffen. S. Waffen.

Geschwind. Augenblicklich. Bald. Schleunig. Unverzüglich. Flugs. Stracks. Plötzlich. Jähling. — Hurtig. Rasch. Behende. S. Augenblicklich.

Geschwätzig. Plauderhaft. Waschhaft. S. Plauderhaft.

Geschwür. Schwären. Beule. S. Schwären.

Gesellen. Gefährten. Genossen. Gespielen. S. Gefährten.

Gesetz. Geboth. Befehl. Verordnung. Satzung. S. Geboth.

Gesicht. Antlitz. Angesicht. S. Antlitz.

Gesicht. Erscheinung. S. Erscheinung.

Gesinde. Dienerschaft. S. Dienerschaft.

Gesinnung. Sinnesart.

I. üb. Die Urtheile über das sittlich Gute und Böse, wodurch der Mensch gewöhnlich seine freyen Handlungen zu bestimmen pflegt, machen seine Gesinnungen und Sinnesart aus.

II. V. Diese wirklichen Urtheile sind Gesinnungen, die Fertigkeit in denselben ist die Sinnesart. Ein Mensch von schlechten Gesinnungen hält es für erlaubt, sich mit dem Schaden eines Andern, es sey durch List oder Gewalt zu bereichern und zu vergrößern; ein Mensch von friedlicher Sinnesart glaubt alle Veranlassungen zu Streitigkeiten vermeiden zu müssen. Da die Sinnesart die Fertigkeit ist, nach der der Mensch gewöhnlich zu handeln pflegt: so haben darauf seine Neigungen, die Fertigkeiten des Begehrungsvermögens sind, einen großen Einfluß auf dieselbe. Wenn wir die Neigungen bereits in ihren Keimen von seiner Kindheit an in dem Menschen finden, noch ehe er wirkliche Urtheile fällen oder durch Handlungen äußern kann: so können wir uns eine angebohrne Sinnesart denken, aber keine angebohrnen Gesinnungen.

Die Neigungen, als Fertigkeiten des Begehrungsvermögens, können nicht allein moralisch und unmoralisch, sondern auch zu stark und zu schwach seyn, es kann daher eine sanfte und rauhe Sinnesart geben, aber keine sanfte und rauhe Gesinnungen. Sie können ferner auf andere Gegenstände gelenkt werden, so auch die Sinnesart; diese kann daher lenksam oder unlenksam, die Gesinnungen, als bloße wirkliche Urtheile, können nur gut oder schlecht, veränderlich oder unveränderlich u. s. w. seyn.

Dieser harmlose Aberglaube vereinigt sich mit den übrigen Umständen unsers Volks — — uns diese milde, lenksame, wohlwollende Sinnesart zu geben.

Wieland.

Gesittet. Sittlich. Sittsam.

I. üb. Da diese Wörter einerley Stamm haben: so müssen sie einigermaßen in ihrer Bedeutung übereinstimmend seyn, und das sind sie durch den Hauptbegriff der guten Beschaffenheit der freyen Handlungen des Menschen. Sie werden aber von den Menschen selbst gebraucht, in deren Handlungen sich diese gute Beschaffenheit findet.

II. V. Das Wort Sittlich wird hier nur in der Bedeutung betrachtet, die jetzt die gewöhnlichste ist. Denn im gemeinen Leben sowohl als in der Wissenschaft kömmt es auch in einem gleichgültigen Sinne vor. Wir sagen: Ländlich sittlich, und da heißt es überhaupt was Sitte ist, es mag gut oder schlecht seyn. In der Moral untersucht man die Sittlichkeit der freyen Handlungen, oder man untersucht, ob eine freye Handlung gut oder böse sey; denn man nennt überhaupt sittlich, was mit der Freyheit in Verbindung steht, es sey als Grund oder als Folge. Das sittliche Verderben begreift sowohl den Aberglauben, die Irreligion, weil sie auch auf die freyen Handlungen des Menschen einen schädlichen Einfluß haben, als die Laster, weil sie eine Wirkung des Mißbrauchs der Freyheit sind. Da man aber einmal das Böse in den Handlungen unsittlich genannt hat, so hat sich die Bedeutung von Sittlich von selbst auf das Gute in denselben, so wie auf den Menschen, dem wir ein sittliches Betragen beylegen, eingeschränkt.

Eben das ist auch der Fall mit Gesittet, dem das Ungesittete entgegenstehet. Stosch meynt, Gesittet werde in gutem Verstande von ganzen Völkern gesagt, die man den ungesitteten entgegensetze; wenn man von einzelnen und besondern Personen rede, pflege man wohlgesittet zu sagen.

sagen. Allein da auch bey diesen das Gesittete dem Ungesitteten entgegengesetzt ist: so ist zu diesem Unterschiede nicht der geringste vernünftige Grund vorhanden. Man nennt einen Menschen von guten Sitten schlechthin einen gesitteten Menschen, und wenn man ihn einen wohlgesitten nennt, so will man durch die Vorsetzung des Wohl den Ausdruck nur verstärken.

Gesittet muß also von Sittlich und Sittsam auf eine andere Art unterschieden werden. Von dem erstern nähmlich dadurch, daß es nur die gute Beschaffenheit des äußern Betragens oder der äußern Sitten anzeigt; Sittlich hingegen die übereinstimmung aller unserer freyen Handlungen mit ihren Gesetzen. Ein tugendhafter Mensch führt ein sittliches Leben, ein Lasterhafter ein unsittliches; die Handlungen des Erstern sind den sittlichen Gesetzen gemäß, die Handlungen des Letztern sind ihnen entgegen. Ein gesitteter Mensch beobachtet in der Gesellschaft ein Betragen, wodurch er Niemandem beleidigend, anstößig oder ekelhaft wird. Gesittete Völker haben eine milde Religion, vernünftige Gebräuche, heilsame aber keine blutgierige und grausame Gesetze, sie beobachten das Völkerrecht, und sie verdanken diese Vortheile der Bildung des Verstandes, den Künsten und Wissenschaften, die sie befördern.

Sittsam druckt das in dem Gesitteten aus, was ihn durch den Ton von Mäßigung in seinen Reden und Handlungen in dem gesellschaftlichen Leben angenehm macht. Ein Weib, das keine Schranken für seine unzüchtigen Begierden kennt, mag noch so gesittet scheinen, ja so gar durch die Maske der Sittsamkeit ihre innere Verdorbenheit zu verbergen suchen, ihre Unsittlichkeit wird immer das moralische Gefühl beleidigen. Die germanischen Völker waren Anfangs aus Rohigkeit ungesittet, sie waren dem Spiel, der Völlerey ergeben, führten blutige Kriege, und kannten kein Völkerrecht; durch Cultur und Religion vermehrte sich unter ihnen die Sittlichkeit, sie wurden gesittet und in den Zeiten der Ritterschaft bewunderte man insonderheit die Sittsamkeit des weiblichen Geschlechtes.

Eine

Eine gebildete Nation, die durch die Zerstörung ihrer Religion und Gesetze verwildert, bey welcher das weibliche Geschlecht der Sittsamkeit entsaget, und mit dem männlichen in Ungestüm und Dreistigkeit wetteifert, muß bald auch unsittlich werden, wenn sie gleich durch einige Überreste ihres ehemahligen gesellschaftlichen Lebens noch gesittet scheinen kann.

Gestade. Ufer. Strand. Reede. Küste.

I. üb. Der Rand an einem Gewässer.

II. V. Von diesem Rande ist Ufer die allgemeinste Benennung. Das Weltmeer hat seine Ufer, die Landseen, die Flüsse, die Bäche haben ihre Ufer.

Die Israeliten sahen die Aegypter todt am Ufer des Meeres.
2. Mos. 7, 15.

Der Jordan war voll an allen seinen Ufern.
Jos 3. 15.

Jesus stand am Ufer des Sees Genezareth.
Joh. 21, 4.

Das Gestade ist der Theil des Ufers, wo die Schiffe stehen und landen können. Es kömmt von Stehen her, und Frisch bemerkt, daß in einigen Städten, durch welche Flüsse fließen, die eingefaßten Ufer, wo die Schiffe stehen und landen können, Stade oder Staden heißen. Gestade wird wegen der Vergrößerung, die in der Vorsylbe Ge liegt, nur von den Ufern des Meeres gebraucht, und erhält dadurch, so wie durch den Nebenbegriff der vielen und großen Schiffe, die daran versammlet seyn können, eine größere und edlere Bedeutung.

Strand ist ein flaches Ufer, auf welchem die Schiffe wegen der Untiefe sitzen bleiben, oder wenn sie mit Gewalt dagegen geworfen werden, Schiffbruch leiden. Man sagt daher: ein Schiff strandet, wenn es auf eine solche Untiefe durch

einen

einen verfolgenden Feind gejaget, oder durch die Gewalt des Windes und der Wellen darauf getrieben wird. Strandgüter sind daher Güter oder Waaren, welche von gestrandeten Schiffen auf den Strand geworfen sind. Das Strandrecht ist das Recht, welches man sich in den Zeiten der Barbarey über die Güter der gestrandeten Schiffe anmaßte. Strandreiter werden in Preußen diejenigen genannt, welche darauf Achtung geben müssen, daß Niemand am Strande den Bernstein einsammle, als wer dazu berechtigt ist.

Strand läßt sich am wahrscheinlichsten von Rand ableiten, vor welchem das St nur eine doppelte Verstärkung ist. Diese Verstärkung ist in unserer Sprache nicht ungewöhnlich, denn wir können eben so von Strecken, durch Trecken auf Recken zurückgehen. Der Rand ist aber an einem Gefäße, wie z. B. an einer Schüssel der höhere Theil, den die Speisen bedecken.

Reede ist eine Gegend im Meere, die nicht gar tief ist, in einiger Entfernung von der Küste, wo die Schiffe vor den Winden und Stürmen sicher vor Anker liegen können. Es stammt am wahrscheinlichsten von reed her, der niederdeutschen Form von Bereit, wovon im Englischen already, bereits, ready, bereit, vorhanden ist. Denn auf der Reede werden die Schiffe zum Auslaufen bereit gemacht; es sey, daß kein Hafen vorhanden ist, oder daß sie, wie bey großen Kriegsflotten, schon den Hafen verlassen haben, um sogleich mit dem ersten guten Winde absegeln zu können. Daher heißt ein Schiff ausreeden, es völlig ausrüsten und mit der gehörigen Ladung versehen; der Schiffsreeder derjenige, der Eigenthümer, Ausrüster und Befrachter des Schiffes ist; Reederey die Gesellschaft derer, die das Schiff befrachten.

Küste, vom lateinischen Costa, ist das Land, welches sich längst dem Seeufer hin erstrecket, und begreift also mehr als Ufer. Denn dieses ist nur eigentlich der Rand an dem Meere; Küste begreift aber das Land, so weit man es von dem Meere entdecken kann. Die Küste von Guinea ist ein

Theil

Theil von Afrika an dem Ufer der See, so weit es den Seefahrenden bekannt ist. Wir kennen nähmlich von diesem Welttheile nur die Küsten; das Innere des Landes ist uns unbekannt. An einem Lande, das von dem Meere umflossen ist, werden daher die Küsten dem Innern entgegengesetzt.

Gestalt. Figur. Form. Bildung. S. Figur.

Gestatten. Verstatten. Erlauben. Vergönnen. Zulassen. S. Erlauben.

Gestehen. Bekennen. Beichten. S. Beichten.

Gestirn. Stern. S. Stern.

Getöse. Geräusch. Getümmel. Gepolter. Geprassel. Gerassel. S. Geräusch.

Getränk. Trank. Trunk.

I. üb. Was getrunken wird.

II. V. Ein Trunk ist so viel als man auf einmal, oder mit einem Zuge, trinken kann. Man sagt von einem, der etwas zu viel getrunken hat, er habe einen Trunk über den Durst gethan. Stosch will die Bedeutung dieses Wortes noch weiter einschränken, und zwar bloß auf das, was kalt getrunken wird. Es ist wahr, man sagt: ein Trunk Wasser, ein Trunk Wein, aber nicht ein Trunk Kaffee, ein Trunk Thee; allein bey diesem Sprachgebrauche scheint nicht die Wärme oder Kälte des Getrunkenen, sondern die Größe des Gefäßes den Unterschied zu machen. Eine Theetasse kann man mit einem Zuge ausleeren, ich kann also nicht mehrere große Züge daraus thun. Es ist daher natürlich, daß man sagt: eine Tasse Thee trinken, und nicht einen Trunk aus einer Tasse Thee thun. Hingegen einen Trunk Bier aus einem Kruge Bier thun; denn einen Krug Bier trinken, würde heißen: ihn ganz ausleeren. Man könnte sehr gut aus einem großen

Becher

Becher einen Trunk glühenden Wein trinken, ob es gleich ein warmes Getränk ist; denn man leert ihn nicht mit Einem Zuge aus. Eben so trinkt man ein Glas Wein, wenn der Wein in kleinen Spitzgläsern ist, man thut aber einen Trunk Wein aus einem großen Pokale.

Ein Trank ist eine trinkbare Arzeney, die eingegeben oder eingenommen wird; sie mag übrigens nützlich oder schädlich seyn. Denn man sagt: ein Wermuthstrank, ein Gifttrank, ein Liebestrank. Ein Schlaftrank würde also eigentlich eine Arzney seyn, die man einnimmt, um gut schlafen zu können; ein Schlaftrunk hingegen das, was man trinkt, ehe man sich schlafen legt. In einem Verzeichniß der Tafelausgaben Kayser Karl des Sechsten findet sich, daß der Kayserin zwölf Maaß ungarischen Weines zum Schlaftrunk bestimmt gewesen, welche hernach die Bedienten unter sich theilten. Als aber Alexander der Große an einer Schlaflosigkeit krank lag, gab ihm sein Arzt, Philipp der Akarnanier, einen Trank, der ihm Schlaf verschaffen sollte, oder einen Schlaftrank, d. i. eine gewisse Arzney, die den Schlaf befördert.

Von einer solchen Arzney gebraucht man zwar auch bisweilen das Wort Schlaftrunk, aber doch immer mit einem feinen Unterschiede. Sie heißt nähmlich ein Schlaftrunk, wenn sie heimlich und hinterlistiger Weise gegeben wird, um einen unnatürlichen Schlaf zu bewirken, und den der Trinkende als einen gemeiniglichen Trunk nimmt. Das geschieht gewöhnlich zu Ausführung frevelhafter Absichten. So gab der verruchte Lovelace der unglücklichen Clarissa Harlowe einen Schlaftrank, um ihr im Schlafe ihre Unschuld zu rauben. Er hatte heimlich eine schlafwirkende Arzney oder einen Schlaftrank in das gemischt, was sie gewöhnlich zu trinken pflegte; und ihr letzter Trunk davon war ihr ein Schlaftrunk geworden.

Ein Getränk ist Alles, womit man den Durst stillen kann, oder was man des guten Geschmacks wegen trinkt, und da-

dadurch unterscheidet es sich von Trank. Es giebt verschiedene Arten des Getränkes, theils für den Durst, theils für den Geschmack. Wasser ist das erste und allgemeine natürliche Getränk, zu den künstlichen gehören: Wein, Thee, Kaffee, Punsch u. dgl.

Gewalt. Macht.

I. üb. Ein größeres Vermögen etwas zu wirken.

II. V. Die Macht ist dieses Vermögen selbst; die Gewalt ist die Macht, so fern sie zureicht, den Widerstand zu überwinden, die sich dem Einwirkenden entgegensetzt.

Diese Begriffe haben sich augenscheinlich zuerst an dem Gefühl der Oberherrschaft entwickelt, und sind von da aus nach und nach zu ihrer größten Allgemeinheit, worin sie auch leblose Dinge und ihre Beschaffenheiten mit unter sich begreifen, erhöhet. Gewalt kömmt von Walten, Regieren her. Wer über andere regieren soll, muß die Freyheit haben, ihnen zu befehlen. Die Gewalt ist also zunächst die Freyheit, Andern zu befehlen, sie zu beherrschen, und wer Gewalt über Jemanden hat, der hat die Freyheit, über ihn zu herrschen, zu disponiren und ihm zu befehlen. Wenn Gott den Hiob dem Satan in seine Gewalt gegeben, so hat er es ihm frey gestellt, über den frommen Hiob zu disponiren, ihm zu befehlen und über ihn zu schalten und zu walten. Wen man in seiner Gewalt hat, der kann uns nicht widerstehen, und niemand kann uns hindern, nach unserm Gefallen mit ihm zu verfahren.

Die Gewalt der Obrigkeit besteht daher in ihrer Freyheit über die Unterthanen zu herrschen und ihnen zu befehlen. Die Oberherrschaft enthält daher die gesetzgebende, richterliche und vollziehende Gewalt. So heißt es:

> Jedermann sey unterthan der Obrigkeit, die Gewalt über ihn hat.
>
> Röm. 13, 1.

Denn

Denn die Obrigkeit kann ihm befehlen. Damit aber ihre Befehle keinen Widerstand finden, der sie vereitle: so muß sie stark genug seyn, einem jeden Unterthan zum Gehorsam zu zwingen, und seinen Ungehorsam zu bestrafen. Diese Kräfte nun, welche Jemandem das Vermögen geben, das auszurichten, was er beschlossen hat, ist seine Macht.

Hier erscheint also der Unterschied zwischen Macht und Gewalt zuerst. Die Macht ist das Vermögen, das Jemandem seine Kräfte geben, um das auszurichten, was er beschlossen hat; die Gewalt, das Vermögen mit dieser Macht allen Widerstand zu überwinden, der sich seinem Willen entgegen setzen könnte, also die Freyheit über etwas zu disponiren, indem man die Macht anwendet, das, was man will, zu erzwingen. Eine Obrigkeit verliehrt ihr Ansehen, so bald sie nicht die nöthige Macht hat, ihren Befehlen Ansehen zu verschaffen. Die Großen der polnischen Republick hatten ihrem Könige alle Macht genommen, aber eben dadurch hatten auch diese ohnmächtigen Könige alles Ansehen verlohren, und sie konnten den Gesetzen keinen Nachdruck mehr geben. Aber ein weiser und milder Regent wird, wenn er noch so große Macht hat, doch nicht eher Gewalt gebrauchen, als bis er den Gesetzen nicht anders Ansehen verschaffen kann.

Diese Anwendung der Macht zum überwinden des Widerstandes, worin das Wesen der Gewalt besteht, liegt nun ferner bey allen andern Fällen zum Grunde, wo dieses Wort vorkömmt. Denn einem Gewalt anthun, heißt seinen Widerstand durch überwiegende Macht überwinden. Man sagt, um den Ausdruck zu mildern, wenn ein Mensch den Widerstand eines schwachen Weibes durch die überlegene Macht seiner körperlichen Kräfte besieget, um seine viehischen Begierden zu befriedigen, er habe ihr Gewalt gethan.

Diese Begriffe passen auch auf den Widerstand lebloser Dinge, auf welche starke Kräfte wirken müssen, wenn sie widerstehen. Ein Kind hat nicht Macht genug, eine starke Thür mit Gewalt aufzusprengen. Sie passen ferner auf die Gewalt oder die Kräfte lebloser Dinge, womit sie auf andere wirken, ihre Einwirkung fühlbar machen, und wenn sie Widerstand finden, diesen Widerstand überwältigen.

> Plötzlich erwarmt der Plage Gewalt, und gelöst von den Flammen,
> Gehet sie weit umher durch Herkules Glieder verbreitet.
>
> Voß.

Elastische Flüssigkeiten haben eine solche Gewalt, daß sie Erderschütterungen verursachen, und ganze Felsen weit weg schleudern können; denn ihre Macht oder das Vermögen, welches ihnen ihre ausdehnenden Kräfte geben, ist größer als der Widerstand der größten Massen.

Auch in der menschlichen Seele ist immer die Macht das Vermögen, das die Kräfte geben, und die Gewalt das, was den Widerstand überwindet. Die Vernunft ist nicht immer mächtig genug in dem Menschen, die Gewalt der Leidenschaften ist so groß, daß sie alle Belehrungen der Vernunft, die ihr entgegen sind, unkräftig macht.

> Die gute Alte hielt meinen Zustand für Verlegenheit, und suchte dem armen Landmädchen zu Hülfe zu kommen. — Ich bekam nach und nach meine Fassung wieder und schalt mich thörigt, dem ersten Eindrucke der Macht eines Tones solche Gewalt über mich gestattet zu haben.
>
> Agnes v. Lil.

Sie hatte dem starken Eindrucke eine Gewalt über sich gestattet, indem seine Macht den freyen Gebrauch ihrer Seelenkräfte gehindert und den Widerstand ihrer Vernunft gegen diesen sinnlichen Eindruck überwältigt hatte.

Wir müssen uns selbst Gewalt anthun, wenn wir die Macht sinnlicher Eindrücke entkräften wollen; wir müssen die Stärke der sinnlichen Eindrücke und Reitze schwächen, daß sie nicht den Belehrungen der Vernunft widerstehen.

Die

Die meiste Schwierigkeit machen diese Wörter bey dem Sittlichen; denn da heißt Macht oft so viel als Recht.

> Ich habe es alles Macht, aber es frommet nicht alles. Ich habe es alles Macht, aber es bessert nicht alles.
>
> 1. Cor. 10, 23.

Wenn man daher sagt: die gesetzgebende, die richterliche, die vollziehende Macht, so versteht man darunter, das Recht, Gesetze zu geben, zu richten und zu vollziehen, was beschlossen ist. Die Gewalt hingegen wird dem Rechte gerade entgegen gesetzt.

> Ein schnöder Eigennutz steht jetzo an der Stelle
> Des alten Götterschwarms des Himmels und der Hölle.
> Ihm weiht, ihm opfert sich das menschliche Geschlecht,
> Sein Tempel ist die Welt und die Gewalt sein Recht.
>
> Hagedorn.

Allein auch da wird sich der angegebene Unterschied nicht verkennen lassen; denn Macht ist immer Vermögen, nur hier ist es ein sittliches Vermögen, und dieses ist ein Recht; wer aber ein Recht hat, den kann man durch keinen Zwang hindern, seinem Rechte gemäß zu handeln. Wer dieses thut, der gebraucht Gewalt. Das Allgemeinste in dem Unterschiede dieser Wörter ist also: Macht besteht in dem Vermögen, sich nicht in seinen Handlungen hindern zu lassen, und sie ist eine physische und sittliche, diese ist das Recht. Gewalt ist das Vermögen Andere zu zwingen, und sie ist ebenfalls eine physische und sittliche, die erstere ist dem Rechte entgegengesetzt, die letztere ist die Gewalt, welche die rechtmäßige Herrschaft giebt. Man kann daher auch sagen: die gesetzgebende, richterliche und vollziehende Gewalt, und alsdann betrachtet man diese Arten der Gewalt, als Theile der Oberherrschaft, vermöge welcher man die Unterthanen zwingen kann, sich nach dem Willen des Oberherrn zu richten. Gewalt bezieht sich immer auf die Überwindung eines Widerstandes, und dieser ist, wenn die Gewalt dem Rechte entgegen

gegen gesetzt ist, ein gesetzlicher. Die rechtliche Gewalt ist also das lateinische potestas, und die physische Macht potentia. Der Consul Bibulus hatte eben die rechtliche Gewalt, die sein College C. Julius Cäsar hatte, aber dieser hatte mehr physische Macht. Die vollziehende Gewalt, die man Ludewig den Sechszehenten gelassen, war ihm unnütz, so bald man ihm seine physische Macht genommen hatte.

Wenn es mit dieser Zergliederung der Begriffe seine Richtigkeit hat: so hat Stosch den Unterschied der Wörter Macht und Gewalt ganz verkehrt angegeben. Denn er sagt: „die Macht beruhet auf der Freyheit, welche wir haben, unser Vermögen, Kraft, Stärke zu gebrauchen. Die Gewalt kömmt von einer Überlegenheit der Stärke her." Die Beyspiele, die er anführt, beweisen, daß er den Gebrauch dieser Wörter nur in dem Sittlichen betrachtet hat; sie haben aber auch eine physische Bedeutung, und auf diese muß man zurückgehen, wenn man die sittliche gehörig entwickeln will.

Gewerbe. Handel. S. Handel.

Gewerk. Innung. Zunft. S. Innung.

Gewicht. Schwere. S. Schwere.

Gewinn. Vortheil.

I. üb. Alles, was wir als etwas Gutes ansehen, das aus einer Sache für Jemanden entstehet.

II. V. Vortheil zeigt, vermöge seiner Ableitung an, daß dieses Gute zuförderst vergleichungsweise vorzüglich vor andern mit einer gewissen Sache verbunden sey; ferner, daß es unmittelbar daraus entstehe; es begreift daher auch die Verhütung eines Verlustes so gut, als die Erwerbung eines Zuwachses, und endlich alles was für Jemanden gut ist, wenn es auch sein Eigenthum nicht vermehrt.

Diese

Diese Vermehrung seines Eigenthums, die aus einer Sache entsteht, auch auf eine mittelbare Weise, ist der Gewinn. Ein Gewinn hängt daher noch von dem Zufalle ab; denn es können noch zufällige Umstände dazwischen kommen, welche die Vermehrung des Eigenthums, die uns ein Vortheil erwarten läßt, hindern können. Dieser Zufall, der bey dem Gewinne mit in Rechnung kömmt, läßt sich insonderheit bey den Glücksspielen bemerken, wobey das Wort Gewinn am meisten vorkömmt.

Es ist in dem Tarokspiele für den, der die Karten giebt, ein Vortheil, daß er den Skat legen kann, das ist gut für ihn, denn er kann darin drey schlechte Karten wegwerfen, und es ist unmittelbar mit seiner Lage oder mit der Stelle, die er eben unter den Spielern einnimmt, verbunden. Aber daraus folgt noch nicht, daß er gewinnen werde, denn es können noch sehr viele Zufälle dazwischen kommen, durch die er verliehrt. Ein Kaufmann kann eine Waare vortheilhaft oder mit Vortheil verkaufen, und doch dabey verliehren, wenn z. B. der Käufer ein böser Schuldner ist, und nicht bezahlt.

Ein Spieler, der hinter der Hand sitzt, hat den Vortheil, daß ihn keiner überstechen kann; dieser Vortheil ist die bloße Vermeidung eines übels, die unmittelbar mit seiner Lage verbunden ist; wenn er den Stich gewinnen soll, muß er noch eine höhere Karte haben, sonst wird aus diesem Vortheile kein Gewinn.

Stosch hat bey der Unterscheidung dieser Wörter nur das eine Merkmahl des Zufälligen in dem Gewinn in Betrachtung gezogen. Allein Vortheil ist auch in anderer Rücksicht weitumfassender als Gewinn. Denn es ist dem Nachtheil entgegengesetzt, so wie Gewinn dem Verluste. So wie aber Verlust nur die Verminderung desjenigen anzeigt, was man hat, so zeigt Gewinn nur seine Vermehrung an. Nachtheil hingegen begreift alles übel, was mit einer Sache verbunden ist, es mag nun eine Vermehrung des übels oder auch nur eine Verminderung des Guten seyn; und also ist **Vortheil** alles, was wir gern sehen, und das mit einer Sache unmittelbar verbunden ist, es mag nun ein Gut oder ein vermiedenes Übel seyn, und in dem erstern Falle das, was wir haben, vermehren oder nicht. Es ist ein **Vortheil** für meinen Garten, wenn kein Nachbar hineinsehen kann; denn das ist unangenehm; es ist aber ein **Gewinn** für ihn, wenn der Fluß, woran er liegt, neues Land anschwemmt; denn dadurch wird er vergrößert, dieser **Gewinn** hängt aber von mehrern Zwischenursachen ab, die zum Theil zufällig sind.

Gewinnsucht. Eigennutz. Habsucht. — Gewinnsüchtig. Eigennützig. Habsüchtig.

S. Eigennutz.

Gewogen. Geneigt. Hold. Günstig. Gnädig. — Gewogenheit. Geneigtheit. Huld. Gunst. Gnade.

S. Gewogen.

Gewohnheit. Sitte. Gebrauch. Mode. Ceremonie.

S. Gebrauch.

Gewöhnlich. Gebräuchlich. üblich. Gemein.

S. Gebräuchlich.

Gewürze. Spezereyen.

S. Spezereyen.

Sich Geziemen. Sich Schicken. Sich Gebühren.

I. üb. Dasjenige, worin Etwas ist, womit etwas Anders zusammen seyn kann, dem **geziemt** dieses Letztere und **schickt** sich dazu.

II. V. **Schicken** druckt diesen Begriff am allgemeinsten aus, denn es paßt sowohl auf Dinge, als auf Personen und ihre freyen Handlungen. **Geziemen** wird bloß von diesen Letztern gebraucht. Personen von unverträglicher Gemüthsart **schicken** sich nicht zu einander; sie können nicht lange zusammen seyn, sie werden sich bald zanken und von ein-

einander trennen. Ein gelbes Band schickt sich nicht zu einem grünen Kleide, sie können nicht zusammen seyn, ohne einen unangenehmen Eindruck zu machen. Hier schickt sich die eine Sache nicht zu der andern; (S. Fügen. Schicken.) in der Einen ist ein Grund, warum sie nicht mit der Andern, und diese nicht mit ihr zusammen seyn kann.

Sind es freye Handlungen, die mit den Umständen oder mit der Person zusammen seyn können oder zusammen seyn müssen, weil in diesen Umständen oder in dieser Person ein vernünftiger Grund vorhanden ist, warum sie so und nicht anders seyn dürfen: so geziemt sich das, was sich schickt; und dann hat Sich Schicken die engere Bedeutung, von der Schicklich abstammt, wenn es mit Anständig sinnverwandt ist. (S. Anständig. Wohlanständig. Schicklich.)

Es geziemt sich, in einer Trauerversammlung ernsthaft zu seyn, weil in diesen Umständen ein Grund ist, der uns ein ernsthaftes Betragen zur Pflicht macht, indem wir durch ein entgegengesetztes würden Anstoß geben. Es geziemt sich auch in Absicht auf uns selbst; denn es wäre der Würde eines verständigen und gesetzten Mannes entgegen, nicht seine Theilnehmung an dem Leide seiner Freunde durch sein äußeres Betragen zu erkennen zu geben.

Was sich geziemt, hat seinen Grund in der Natur des Handelnden, was sich gebührt, hat seinen Grund in dem Verdienste oder Unverdienste desjenigen, auf den sich die Handlung bezieht, oder dem das Gebührende zukommt. In dieser verschiedenen Rücksicht kann Gebühren und Geziemen von der nähmlichen Handlung gesagt werden. Es gebührt sich, daß wir das Alter ehren; denn es verdient diese Ehre; es geziemt sich, daß wir es ehren, denn derjenige würde eine schlechte Denkungsart verrathen, der dem Alter seine gebührende Ehre versagen wollte.

Was sich geziemt ist an sich nicht Schuldigkeit und was sich nicht geziemt ist nicht an sich unerlaubt; denn dadurch

durch unterscheidet sich Geziemen von Gebühren; (S. Gehören. Gebühren.) obgleich alles Pflichtmäßige sich geziemt, und alles Unerlaubte sich nicht geziemt. Geziemen und nicht Geziemen umfaßt nähmlich noch mehr, als das Pflichtmäßige und Unerlaubte. Es ist nicht unerlaubt, daß ein Mensch, dem es gut schmeckt, schmatze und den Mund mit der Zunge belecke, aber es geziemt sich nicht; denn er ist kein Thier, er ist ein Mensch, der durch seine Vernunft soll seine Begierden bezähmen können, und dieses ist ein Grund, warum er ohne diese Zeichen des sinnlichen Wohlgeschmacks essen soll; er soll die Würde seiner vernünftigen, höhern Natur in seinen äußern Handlungen durchscheinen lassen.

Nicht ziemt dirs edler Himmelssohn
Am eiteln Schein zu haften.

Voß.

Mit halbröthlichen Silberrosen
Und mit purpurnen hell umblümt
Winkt der Becher, uns liebzukosen,
Wie's jungfräulichen Seelen ziemt.

Ebend.

Diese genau bestimmte Bedeutung von Ziemen und Geziemen, welches Letztere nur eine Verlängerung des Erstern ist, würde sich am besten aus der Abstammung rechtfertigen lassen, die H. Adelung vorzuziehen scheint. Nach dieser wäre es ein Abkömmling von Samen, scheinen, wovon noch das Englische Seem übrig ist; und was sich geziemt, wäre dann bey einem vernünftigen Wesen, das, worin seine höhere Natur durchscheint, und gesehen werden kann. Denn was dieser geziemt, ist in ihr gegründet, und aus dem Gegründeten kann der Grund erkannt werden.

Gipfel. Wipfel. Spitze.

I. üb. Diese Wörter sind so weit sinnverwandt, als sie das Oberste eines hohen Körpers bezeichnen.

II. B. Gipfel wird aber bey denen gebraucht, wo dieser oberste Theil ohne alle weitere Nebenbegriffe zu bezeichnen ist. Einige wollen es von dem Griechischen κεφαλη, Kopf, herleiten. Man braucht aber nicht so weit zurückzugehen; denn es ist augenscheinlich schon unmittelbar mit Kopf verwandt. In einer Form, die dieser sehr ähnlich ist, kömmt es schon von dem obersten Theile eines Berges vor. Man nennt diese nähmlich Kuppen, wie die Schneekuppe in den schlesischen Gebürgen. Die Nachsylbe el findet sich auch bey andern Wörtern in einigen Mundarten angehängt; denn so ist aus Stufe Staffel geworden. Giebel, welches mit Gipfel so nahe verwandt ist, bedeutet das Höchste eines Hauses, oder den höchsten Winkel, worin die Seiten des Daches zusammenlaufen.

Der Wipfel ist der oberste Theil eines Baumes; denn die Zweige eines Baumes sind beweglich, und Wipfel kömmt her von Wippen, sich auf und nieder bewegen.

— Wenn Andre den Wipfel der Ceder nur fassen. —

Klopstock.

— — — — Je tiefer des Guten
Leben hier wurzelt, je höher erwächst in der Zukunft ihr Wipfel
Und je ausgebreiteter schatten die volleren Zweige.

Ebend.

Da Gipfel und Wipfel dem Laute nach einander so ähnlich sind, so könnte man leicht auf den Gedanken gerathen, daß das Eine von dem Andern herstamme, oder daß sie beyde ursprünglich nur ein Wort gewesen; denn die Buchstaben G und W werden häufig mit einander verwechselt, wie in Wehr und Guerre, Walther und Gauthier und vielen Andern. Hier sieht man, mit welcher Vorsichtigkeit die Etymologie zu gebrauchen ist. Denn so ähnlich der Laut dieser beyden Wörter ist, so haben sie doch einen verschiedenen Ursprung. Es ist dem Gange des ungebildeten Verstandes nicht gemäß, von dem Begriffe eines beweglichen Obertheils zu dem

Be-

Begriffe eines Obertheils überhaupt hinaufzusteigen, und beyde mit Wörtern von so verwandten Formen zu bezeichnen. Beyde sind von eigenen höhern Begriffen ausgegangen, das Eine von dem bloßen Begriffe des Obersten, das Andere von dem bloßen Begriffe des Bewegens.

Die Spitze eines Körpers ist sein höchster Theil, dessen Seiten in einem Punkte zusammenlaufen; und daher sagt man die Spitze eines Thurmes, und nur dann die Spitze eines Berges, wenn die Seiten desselben sich sehr steil gegen einander neigen.

Daß Gipfel bloß das Höchste bedeute, ohne die Nebenbegriffe, die in Wipfel und Spitze enthalten sind, beweiset auch sein uneigentlicher Gebrauch. Denn man sagt: der Gipfel der Ehre, des Ruhmes u. dgl. statt: die höchste Ehre, der höchste Ruhm, aber nicht der Wipfel oder die Spitze.

Glanz. Flimmer. Schimmer. S. Flimmer.

Glatt. Eben. S. Eben.

Glauben. Denken. Meynen. Wähnen.
S. Denken.

Gleich. Aehnlich.

I. üb. Man sieht Dinge für gleich und ähnlich an, so fern man keine Unterschiede an ihnen bemerkt.

II. V. Wenn man bloß bey der wissenschaftlichen Sprache wollte stehen bleiben: so würde der Unterschied dieser Wörter leicht anzugeben seyn. Denn alsdann würden Dinge gleich seyn, die einerley Größe, und ähnlich, die einerley Beschaffenheiten haben. Die Größe der Flächen und Körper wird durch die Größe des Raums bestimmt, den ihre Umrisse einschließen, wenn zwischen dieser in zwey oder mehrern Flächen oder Körpern kein Unterschied ist, so sind sie ein ander gleich; die Beschaffenheit der Figuren hängt aber von der Lage ihrer Grenzlinien ab, und die wird aus den Winkeln erkannt, die sie gegen einander machen; sind diese nicht von einander verschieden, so sind sie einander ähnlich. Parallelogrammen, die gleiche Höhen und Grundlinien haben, sind einander gleich, denn sie schließen Räume ein, die in Ansehung ihrer Größe nicht von einander verschieden sind. Indeß können sie noch einander sehr unähnlich seyn, wenn sie nähmlich ungleiche Winkel haben, wenn das Eine z. B. ein Rechteck ist und lauter rechte Winkel hat, das andere aber nicht.

In der gemeinen Sprache ist hingegen nicht leicht ein Wort vieldeutiger, als Gleich. Indeß scheinen doch alle seine noch so verschiedenen Bedeutungen von der allgemeinsten Hauptbedeutung auszugehen, wonach man die Dinge für gleich hält, in denen man keinen Unterschied bemerkt.

Dieser Begriff hat sich ohne Zweifel zuerst an dem Eindruck eines körperlichen Ganzen entwickelt, auf dessen Oberfläche kein Unterschied der Theile bemerkbar ist. In dieser Bedeutung kömmt Gleich mit Eben und Glatt überein. Und so ist es das, was das lateinische aequus ursprünglich war. Dieses wurde hernach auf das Sittliche übertragen, um das zu bezeichnen, was wir Billig nennen. Anfangs scheint auch Gleich diese Wendung genommen zu haben, ehe es durch Billig verdrängt wurde. (S. Gerecht. Billig.) Denn wir finden in alten Urkunden aufs gelycheste und beste abthun, statt: aufs Billigste; glych und recht, für billig und recht. (S. Eben. Glatt.)

Man macht die Oberfläche des Korns in einem Scheffel mit dem Streichholze gleich, damit keine Erhöhungen und Vertiefungen und mithin keine Lücken und Unterschiede in ihren Theilen seyn sollen.

Bald wurde der Begriff von Gleich, als demjenigen, worin keine Lücken und Unterschiede sind, von dem Raume auch auf die Zeit übertragen. Man sagte, das geschehe zu

glei=

gleicher Zeit, was nicht in verschiedenen Zeiten geschieht, und daher heißt dann gleich auch so viel als alsobald. Ich werde es gleich thun, ist so viel als ohne Aufschub, nicht in einer künftigen, von der gegenwärtigen merklich verschiedenen Zeit.

Nun war die Verallgemeinerung auf Alles, worin kein Unterschied bemerkbar ist, so nahe, daß sie eintreten mußte. Man nannte alles gleich, worin man keinen Unterschied wahrnahm, es sey der Größe oder der Beschaffenheiten. In der sinnlichen Vorstellung nähmlich ist es oft nicht deutlich, ob man darum keinen Unterschied in den Dingen bemerkt, weil er nicht in ihrer Größe oder weil er nicht in ihren Beschaffenheiten ist. In einer sinnlichen Rede ist also ein so allgemeiner Ausdruck sehr häufig und sehr willkommen, und daher werden die Gleichnisse und Vergleichungen in den Werken der Dichtkunst und Redekunst mit ihm eingeführt.

Hier irret dem gescheuchten Rehe
Der aufgejagten Gemse gleich
Die königliche Tochter Cadmus.

Ramler.

Das kann auf die Mannichfaltigkeit der Irrwege und auf die Schnelligkeit des Umherirrens gehen, es kann auch beydes begreifen, und das ist der Stärke und Schönheit des Bildes und also der Absicht des Dichters gemäßer.

Indeß fühlte man doch bald einen Unterschied der Gleichheit in der Größe und in den Beschaffenheiten. Denn man mußte bemerken, daß Dinge in Ansehung ihrer Beschaffenheiten, z. B. ihrer Züge, ihrer Farbe u. dgl. sehr von einander verschieden, und doch in Ansehung ihrer Größe sich gleich seyn konnten. Um sich alsdann verständlicher zu machen, setzt man den Punkt der Vergleichung ausdrücklich hinzu. Man sagt: diese beyden Frauenzimmer sind sich an Schönheit gleich, d. i. ihre Schönheit ist gleich groß. Sie können aber doch noch in andern Rücksichten sehr verschieden, und ihre Schön-

Schönheit kann von ganz verschiedener Art seyn; die Eine hat schwarze Augen und Haare, die Andere blaue Augen und blonde Haare.

Dinge, in deren Beschaffenheiten man keinen Unterschied bemerkt, nannte man dann, als die Sprache immer mehr begann sich zur Deutlichkeit zu bilden, im Gegensatz der Größe ähnlich, und dieses Wort hat immer die bestimmtere Bedeutung, auch in der gemeinen Sprache behalten, wodurch es die wissenschaftliche von Gleich unterschieden hat.

Der Vorzug des Gemüths, nur die Vollkommenheit
Macht uns der Liebe werth, nicht bloß die Aehnlichkeit.

Hagedorn.

Wo (an den Höfen) — —
Lebendige Pautius von lächerlichen Gaben,
Durchs Recht der Aehnlichkeit die größten Gönner haben.

Ebend.

Die genaue Unterscheidung der Wörter Gleich und Aehnlich ist in den gegenwärtigen Zeiten nöthiger als jemals, da der Mißbrauch, den man von der Gleichheit der Menschen gemacht hat, zu so viel Verwirrungen Gelegenheit gegeben hat. Alle Menschen sind sich einander darin ähnlich, daß sie Menschen sind; aber sie sind weder gleich an Kräften des Geistes noch des Körpers, auch können sie nicht immer in Ansehung der Größe ihres Eigenthums gleich bleiben; es wird Reiche und Arme nach unendlich vielen Abstufungen geben. Endlich wird es schon vor der Errichtung der bürgerlichen Gesellschaft einen Unterschied der Stände geben; denn auch im Naturstande können Menschen andern dienen, und es giebt Herren und Diener auch in der vollkommensten Demokratie. Eben so wenig kann es in irgend einer Staatsverfassung eine vollkommne Gleichheit der Stände geben; denn sie wird Regierende und Regierte haben, und diese gehören zu ungleichen Ständen. Bey aller dieser Ungleichheit bleiben sich aber alle Menschen ähnlich, und das druckt die französische Sprache sehr gut durch semblable aus; wir müssen sagen: Mitmensch. Ein jeder kann sagen: Tous les hommes sont mes semblables, mais tous les hommes ne sont pas mes egaux; Alle Menschen sind meine Mitmenschen; aber nicht alle sind meinesgleichen.

Gleichbedeutend. Sinnverwandt.

I. Adj. Wörter, deren Bedeutung nicht merklich verschieden ist.

II. W. Gleichbedeutend würden aber solche seyn, deren Bedeutung gar nicht verschieden wäre. Denn in dieser Zusammensetzung hat gleich seine ursprüngliche Bedeutung, und die ist, das was gar nicht verschieden ist, oder dessen Unterschied man gar nicht angeben kann. Ohne hier zu untersuchen, ob es in der deutschen Sprache solche Wörter gebe, (S. Vorl. Abh. vor dem ersten Th. dies. Wörterb.) kann man wenigstens aus den verschiedenen Mundarten derselben solche Wörter anführen, deren Bedeutungen gar nicht verschieden sind. Denn man nennt in einigen Provinzen eben das Insekt eine Imme, was in andern eine Biene heißt.

Sinnverwandt sind hingegen schon Wörter, wenn der Unterschied ihrer Bedeutungen so gering ist, daß er ohne eine genaue Zergliederung der Begriffe nicht kann deutlich dargelegt werden. Welche diese sind, ist in der angezeigten Abhandlung §. I. untersucht worden.

Die sinnverwandten Wörter haben also ähnliche Bedeutungen; aber diese Aehnlichkeit ist nicht so groß, daß sich darin gar keine Verschiedenheit bemerken ließe. Dieses wird sehr treffend durch das Wort sinnverwandt ausgedruckt. Denn die Familienähnlichkeit unter Verwandten mag auch noch so groß seyn, so schließt sie doch nicht allen Unterschied in den Gesichtszügen aus. Man hat also dieses Wort mit Recht anstatt: ähnlichbedeutend, das Gottsched und Stosch einführen wollten, aufgenommen.

Gleich

Gleichförmig. Einförmig.

I. üb. Beydes sind Dinge, deren Form nicht verschieden ist.

II. V. Ihren Unterschied giebt schon ihre Zusammensetzung mit Ein und Gleich deutlich genug an, und es ist nur nöthig, ihre Bedeutung danach etwas genauer zu zergliedern, und aus dieser Zergliederung ihren verschiedenen Gebrauch herzuleiten.

Einförmig schließt alle Verschiedenheit der Form aus, denn es zeigt ein Ding an, daß nur Eine Form hat, und seiner Form nach nur Eins ist. Es wird also zuförderst vom Ganzen gesagt; gleichförmig auch von Theilen, die ähnliche Formen haben. Eine Stadt hat ein zu einförmiges Ansehen, wenn alle Häuser darin gleich hoch, gleich breit, von gleicher Farbe und von einerley Form sind. Die Häuser einer Stadt, die nicht sehr einförmig ist, können doch bey aller Mannichfaltigkeit noch in vielen Stücken unter sich gleichförmig seyn. Das Einförmige ist hiernächst ohne Mannichfaltigkeit, die Gleichförmigkeit giebt dem Mannichfaltigen eine gefällige Übereinstimmung. Die Einförmigkeit erregt durch ihr ewiges Einerley Überdruß und Langeweile. Ein geistreicher Reisender hat dieses in der so regelmäßigen Stadt Manhaim empfunden und sehr lyrisch ausgedruckt. Was was dieses unangenehme Gefühl in diesem Falle verstärkt, hat noch tiefere Gründe. Wenn der Bürger sich sein Haus selbst bauet: so bauet er es nach seinen eigenthümlichen Bedürfnissen, nach seiner Bequemlichkeit, nach seinem Vermögen und auch wohl nach seiner Laune. Daraus entstehet nicht nur, neben aller Gleichförmigkeit, die allen europäischen Häusern gemein ist, eine Mannichfaltigkeit, die zugleich ein Zeichen des Wohlstandes, der Bequemlichkeit und der freyen Wahl der Bewohner solcher Häuser ist. Jedes Haus hat seinen Charakter und seine Physiognomie, die von dem Charakter des Bewohners beseelt wird. Der Landesherr bauet nach einem allgemeinen Plan, ohne die Bedürfnisse der künftigen Bewoh-

Bewohner der Häuser zu Rathe zu ziehen. Die ganze Stadt kündigt den einzigen Erbauer, und nicht ihre vielen mannichfaltigen Einwohner an.

Gleichgültig. Gleichgeltend.

I. üb. Das, was in Beziehung auf Etwas keinen verschiedenen Werth hat.

II. V. Dieser Werth bezieht sich immer auf Etwas, wovon in demselben der zureichende Grund ist, vermöge dessen es in dem Andern etwas Gutes oder Böses wirkt. Das Gleichgültige kann nicht mehr Gutes als Böses wirken, das Gleichgeltende wirkt in der That nicht mehr als ein anderes Ding.

Der Grund dieses Unterschiedes liegt in der verschiedenen Bildung dieser Wörter. Gleichgültig zeigt, vermöge der Endsylbe ig dasjenige an, das die Eigenschaft besitzt, welche für eine Wirkung einerley ist; Gleichgeltend als thätiges Mittelwort, zeigt die wirkliche Handlung des gleichen Geltens an. Ein beißiger Hund hat die Eigenschaft, daß er gern beißt, ein beißender beißt wirklich.

Ein Thaler ist mit vier und zwanzig Groschen gleichgeltend, wenn ich etwas dafür kaufe, und es ist gleichgültig, ob man mir einen Thaler oder vier und zwanzig Groschen giebt; denn ich kann für beydes gleichviel kaufen. Man stritt bald nach der Reformation über die gleichgültigen Dinge, (adiaphora) und verstand darunter gewisse Kirchengebräuche, von denen einige behaupteten, daß sie der praktischen Religion schädlich seyen; andere hielten diese Kirchengebräuche für gleichgültig, denn sie glaubten, sie haben die Eigenschaft, die praktische Religion weder zu befördern noch hindern.

Durch eine natürliche Metonymie der Ursach für die Wirkung nennt man nun auch den Menschen gleichgültig, auf

auf den die Dinge weder einen guten oder bösen, einen angenehmen oder unangenehmen Eindruck machen, um sein Begehren oder Verabscheuen zu bestimmen. Diese Bedeutung hat Stosch allein in Betrachtung gezogen, wenn er sagt: „daß „Gleichgültig mehr von dem Gemüthe, und Gleichgeltend mehr von den Sachen gesagt werde." Allein man gebraucht Gleichgültig augenscheinlich von Beyden. Denn man sagt eben sowohl, daß einem Liebhaber seine Geliebte gleichgültig, als daß sein Gemüth gegen sie gleichgültig geworden sey.

Gleichwohl. Dennoch. Doch. Demungeachtet.

S. Dennoch.

Glimpflich. Gelinde. — Glimpf. Gelindigkeit.

S. Gelinde.

Glied. Gliedmaß.

I. üb. Die Theile eines thierischen Körpers, welche willkührlich können bewegt werden.

II. V. Diese Theile können aus einem doppelten Gesichtspunkte betrachtet werden, zuförderst nähmlich als bewegliche Theile, die zu einem künstlichen Ganzen verbunden sind. Sie machen zusammengenommen dieses Ganze aus, dessen Glieder sie heißen. In dem thierischen Körper gilt das so wohl von den großen Haupttheilen, als auch von den untergeordneten Theilen des ganzen Körpers. So sind die Arme, die Hände Glieder desselben, von den Händen sind es wieder die Finger und die an denselben durch Gelenke verbundenen Theile, die man ganz eigentlich die Glieder an den Fingern nennt.

Mit dem thierischen Körper ist ein belebendes und regierendes Principium vereinigt, das sich der Glieder des Körpers zu seinen willkührlichen Bewegungen bedient. Daher werden die Glieder dem belebenden Principium selbst entgegengesetzt, und wenn man den Kopf als solches ansieht, und in

dieser

dieser Rücksicht das Haupt nennt: so setzt man die Glieder dem Haupte entgegen, man sagt: das Haupt und die Glieder. Da aber der Kopf auch ein Theil des thierischen Körpers ist, der willkührlich bewegt werden kann: so wird er bloß als solcher auch zu den Gliedern desselben können gerechnet werden; als regierendes Principium oder als der Sitz desselben, ist er kein Glied, er ist das Haupt, von dem die Bewegung und Regierung der Glieder ausgehet. (S. Haupt. Kopf.)

Hiernächst können sie auch als Werkzeuge zu gewissen Verrichtungen des innern belebenden und regierenden Wesens angesehen werden, zu welchen sie, vermöge ihrer besondern Einrichtung und organischen Zusammenfügung geschickt sind, und als solche heißen sie Gliedmaßen.

Gliedmaßen heißen die Glieder in ihrer organischen Verbindung; denn der letztere Theil dieses Wortes kömmt von Mat, Gesellschaft, Vereinigung, Verbindung her. Daher werden zuförderst nur diejenigen Glieder auch Gliedmaßen genannt, die ein Ganzes mehrerer organisch untereinander verbundenen Glieder sind. Die Hände sind Gliedmaßen, und Glieder; die durch Gelenke verbundenen Theile der Finger aber keine Gliedmaßen derselben.

Ferner sind eben darum die Theile, deren Verbindung unter einander und zu Einem Ganzen so genau verbunden ist, daß sie nicht können unterschieden werden, Gliedmaßen und nicht Glieder. So sagt man: die Gliedmaßen der Sprache und nicht die Glieder; denn die mehresten unter ihnen, als: die Zähne, der Gaumen, das Innere der Nase, sind durch keine sichtbare Gliederung von einander verschieden, noch auch jedes für sich beweglich, wie die Finger an der Hand, und die Glieder an den Fingern.

Endlich so nennt man aus dem nähmlichen Grunde die zu Einem leblosen Skelet zusammen verbundenen Beine und Knochen nicht die Gliedmaßen, sondern die Glieder

dessel-

desselben. Sie haben keine organische Verbindung unter einander, wodurch sie vermittelst des innern Princips der Bewegung, Werkzeuge gewisser Verrichtungen der Seele seyn könnten. Ja man nennt die beweglichen und mit einander verbundenen Theile einer Kette ihre Glieder, aber nicht ihre Gliedmaßen.

Die Theile des thierischen Körpers sind also Glieder so fern sie mit andern Theilen verbunden sind, und willkührlich bewegt werden können, und dahin gehören auch diejenigen, die nicht wieder aus andern Gliedern bestehen, wie die Glieder an den Fingern; Gliedmaßen hingegen, so fern sie Werkzeuge sind, die der Seele zu ihren willkührlichen Verrichtungen dienen.

Dieses sind die Hauptbegriffe, wodurch sich die Bedeutungen dieser beyden Wörter von einander unterscheiden; die, welche Stosch angegeben hat, sind nicht allgemein genug, und müssen erst aus diesen hergeleitet werden. Denn daß die kleinen Theile nicht Gliedmaßen sondern Glieder genannt werden, hat erst darin seinen Grund, daß nur die aus denselben zusammengesetzten Gliedmaßen erst Werkzeuge gewisser Verrichtungen werden können, zu denen sie von der Seele regiert werden, als Greifen, Fassen, Betasten u. s. w.

Wenn man starke, gesunde Gliedmaßen sagt, und dabey auf die gute Bildung und das richtige Ebenmaaß sieht, wovon ihre Stärke und Gesundheit abhängt, so hat das ebenfalls darin seinen Grund, daß ohne diese zweckmäßige Bildung und dieses schickliche Ebenmaaß kein Theil des Körpers zu seinen Verrichtungen geschickt seyn kann.

Aus der angegebenen Bestimmung seiner Bedeutung läßt sich auch begreifen, warum nur das Wort Glied und nicht Gliedmaaß von einem einzelnen Theile einer Gesellschaft gebraucht wird. Nachdem man einmal eine Gesellschaft, als Ganzes betrachtet, einen Körper genannt hatte, so konnten nun die Theile, woraus sie besteht, Glieder heißen, nicht

aber

aber Gliedmaßen, denn sie werden bloß als Theile betrachtet, die durch einen gemeinschaftlichen Zweck zu einem moralischen Körper verbunden sind. Wenn die Gesellschaft eine ungleiche ist: so heißt derjenige, der sie regiert, das Haupt derselben. Die ganze Gesellschaft besteht alsdann aus dem Haupte und den Gliedern. Wir finden in der Kirchengeschichte oft, daß kurz vor der Reformation eine Verbesserung der Kirche an dem Haupte und den Gliedern auf den Kirchenversammlungen ist verlangt und versprochen worden.

So wie in dem physischen Körper der Kopf in verschiedener Rücksicht als das Haupt und als ein Glied kann betrachtet werden: so kann es der Regent auch in dem moralischen. Und so läßt sich denn leicht die Frage beantworten: ob der Regent ein Glied der Gesellschaft sey, da er doch ihr Haupt ist, und das Haupt den Gliedern entgegengesetzt wird. So fern er ein Theil des moralischen Körpers ist, gehört er zu den Gliedern, so fern er den moralischen Körper regiert, wird er, wie das belebende und regierende Principium des menschlichen Körpers, dem man seinen Sitz in dem Kopfe anzuweisen pflegt, als davon verschieden betrachtet, und das Haupt genannt.

Glimmen. Brennen. Lodern. Glühen.

S. Brennen.

Glimpflich. Gelinde. — Glimpf. Gelindigkeit.

S. Glimpflich.

Glück. Zufall. Ungefähr. Loos. S. Zufall.

Glücken. Gelingen. S. Gelingen.

Glücklich. Selig. Glückselig. — Glück. Seligkeit. Glückseligkeit.

I. üb. Der Zustand, worin ein Geist die Güter genießt, die er sich wünscht, und wer sich in diesem Zustande befindet.

II. B. Die Güter, die wir uns wünschen, sind physische und moralische. Zu den Erstern gehören Gesundheit, Reichthum, Stand, Ehre, Ruhm; und da diese von vielen Ursachen abhängen, über die wir nicht gebiethen können, so sehen wir sie als Geschenke des Glückes oder eines günstigen Zufalles an; wir nennen sie Glücksgüter, und preisen den glücklich, wir beneiden das Glück dessen, der sie besitzt.

Die innern Güter, als eine reine, schuldlose Seele, ein gutes Gewissen, ein freyer aufgeklärter Geist, ohne Vorurtheile und Aberglauben, ein tugendhaftes Herz, Gemüthsruhe, Furchtlosigkeit u. s. w. stehen mehr in unserer Gewalt, wir verdanken sie daher nicht dem bloßen Glücke. Sie sind aber auch höhere Güter; denn man kann sie nicht besitzen, ohne sie zu genießen, indeß ein Mensch mitten in dem Überflusse der äußern Güter und in dem Sonnenscheine des Glückes sich sehr übel befinden kann, wenn es ihm an den innern Gütern fehlt. Die Güter des Glückes haben nur einen Werth, so fern sie uns einen angenehmen Genuß gewähren, dieser kann dem Menschen durch viele Umstände verkümmert werden; von allen diesen Umständen ist aber der Genuß der innern Güter unabhängig. Wer diese besitzt und genießt, ist selig, und dieser Besitz und Genuß ist seine Seligkeit.

Die Menschen haben überhaupt den Zustand des Wohlseyns und Vergnügens, auf den stets ihre Wünsche gerichtet sind, nach den verschiedenen Ansichten und Gefühlen benannt, womit er sich ihnen zu verschiedenen Zeiten darstellt. Bald nach dem Gefühle der Ruhe oder der behaglichen Bewegung, den das alte, weitschichtige Urwort Sahl ausdruckt, wovon sie ihn Seligkeit genannt haben; bald von der Ansicht der Zufälligkeit seiner äußern Ursachen, von der sie ihn durch Glück ausdrucken. Dieses Glück mußte für den ursprünglichen Menschen in Reichthum und Überfluß bestehen, und so bedeutet das griechische ολβος sowohl Reichthum als Glück.

Diese Seligkeit kann dem Menschen daher auch durch keinen Zufall, dem die äußern Güter unterworfen sind, geraubt wer-

werden. Sie kann hiernächst auch den Mangel und Verlust des Glückes ersetzen; denn der Weise setzt seine Zufriedenheit nicht in den Besitz ungewisser und unvergänglicher Güter, und der Genuß seiner selbst erfüllet ihn mit einem innern Frieden und mit der Seligkeit, die er gegen die Güter des Glückes nicht vertauschen möchte, und die sie ihm auch entbehrlich macht.

— — Reichthum
Mag, wenn du es so willst, dich glücklich machen,
Aber nicht selig.

Herder.

Ja selbst im Unglück kann ein weises und tugendhaftes Gemüth doch eine Seligkeit genießen, die den vermeynten Glücklichen oft unbegreiflich ist.

Und ob ihr auch leidet um der Gerechtigkeit willen, so seyd ihr doch selig.

1 Petr. 3, 14.

Selig seyd ihr, wenn ihr geschmähet werdet über den Nahmen Christi.

1 Petr. 4, 14.

Auch in der gemeinen Sprache, welche die unbelehrten Gefühle ausdruckt, und worin man den glücklich nennt, von dem man glaubt, daß es ihm an keinem Vergnügen fehle, versteht man doch unter Seligkeit den Genuß des höchsten Vergnügens.

Selig, Selig, Selig Paar
Nur unser Held
Verdient die Braut.

Ramler.

Daher wird die Seligkeit den höhern Wesen, so wie denen, die sich mit ihnen in einem gleich angenehmen Zustande befin-

befinden, beygelegt. Wir nennen die Gottheit das seligste Wesen, und den Himmel den Aufenthalt der Seligen, so wie die Griechen ihre Götter selige (μακαρες) Götter, und den Aufenthalt der tugendhaften Verstorbenen die seligen Inseln (μακαρων νησοι) nennen.

Wenn man indeß, nach einer Metonymie der Ursach für die Wirkung, die den Urtheilen des gemeinen Verstandes gemäß ist, unter Glück den Genuß der Glücksgüter selbst versteht, und den bloßen Besitzer derselben glücklich preiset, als wenn er in ihnen das wahre, reine Vergnügen genösse: so ist es einer strengen Philosophie erlaubt, an seinem Glücke in diesem Sinne des Wortes zu zweifeln.

Macht dich glücklicher, was dich scheu und zitternd,
Eitel und hart macht?

Herder.

Wenn man daher außer der gemeinen Sprache den Genuß wahrer und innerer Güter Glück nennt, so unterscheidet man es von dem Scheinglücke, daß bloß in dem Besitze der äußern Güter besteht, durch eine genauere Bestimmung, und nennt es das wahre Glück.

Es ist das wahre Glück an keinen Stand gebunden;
Das Mittel zum Genuß der schnellen Lebensstunden,
Das, was allein mit Recht beneidenswürdig heißt,
Ist die Zufriedenheit und ein gesetzter Geist.
Der ist des Weisen Theil. Die Nerven und die Stärke
Des männlichen Gemüths sind nicht des Zufalls Werke.

Hagedorn.

Der Besitz der bloßen äußern Güter des Glückes kann bisweilen mit vielem Kummer und Elend vergesellschaftet, es kann ein unseliges Glück seyn.

Unselig Glück, o ungeliebtes Leben;
Dergleichen Qual bezahlt kein Schatz der Welt.

Uz.

Die Glückseligkeit begreift die physischen und moralischen Güter. Sie haben damit das Griechische ευδαιμονια übersetzt, das in den gangbarsten philosophischen Schulen diesen Inbegriff aller Arten von Gütern ausdruckt, oder die tugendhafte Thätigkeit in einem vollkommnen, d. i. mit allen Glücksgütern versehenen Lebens des Aristoteles.

Wenn es auch falsch seyn sollte, daß Glückselig ursprünglich aus Glück und selig beatus, zusammengesetzt ist: so hindert das doch nicht, daß diese so verführerische Zusammensetzung nicht könne von vielen für die richtige gehalten, und danach der Umfang seiner Bedeutung bestimmt worden seyn. Ja selbst die Ableitung, die H. Adelung, nicht ohne Schein vorzieht, von Glück in der metonymischen Bedeutung und Sal der Zustand, den die Hauptsylbe anzeigt, begünstigt ihn. Denn nicht zu gedenken, daß schon die größere Länge des Wortes Glückselig den Eindruck von einer längern Dauer macht, so ist der Begriff dieser Dauer schon in selig, da es einen Zustand bedeutet, selbst enthalten.

Glücklich. Zufrieden. Befriedigt. Vergnügt. — Glückseligkeit. Zufriedenheit. Befriedigung. Vergnügen.

I. üb. Alle diese Wörter bezeichnen den Zustand, worin ein Mensch das hat, was er wünscht.

II. V. Zuförderst liegt aber der Unterschied ihrer Bedeutung in der Dauer dieses Zustandes; hiernächst aber auch in dem Grade des Genusses, den uns die Gegenstände unserer Wünsche gewähren.

Befriedigung und Zufriedenheit zeigt bloß den Zustand an, worin wir keine Wünsche mehr haben, die wir gern erfüllt sehen möchten. Es ist das Gegentheil von der Unruhe, die uns unerfüllte Wünsche verursachen; denn es stammt von Frieden, einem Zustande der Ruhe, ab. Keine Wünsche beunruhigen uns mehr, wir haben genug an dem was wir haben.

Befriedigung und Befriedigt druckt aber, nach seiner Bildung nach, nur einen kurzdaurenden Zustand aus, den Zustand nähmlich, der unmittelbar auf die Erfüllung eines Wunsches oder eines Verlangens folgt; Zufrieden und Zufriedenheit aber einen gewöhnlichen und durch keine neuen Wünsche unterbrochenen Zustand. Daher bezieht sich Zufrieden und Zufriedenheit auf das ganze Begehrungsvermögen, befriedigt und Befriedigung auf ein besonderes einzelnes Begehren. Ein Wunsch, eine Begierde, eine Leidenschaft wird befriedigt, aber das Herz und die Seele sind zufrieden. Der Geitzige, der den Wunsch, das Verlangen, die Begierde, die Leidenschaft, seinen Geldhaufen zu vermehren, befriediget sieht, lebt deswegen noch nicht zufrieden, genießt deswegen noch keine Zufriedenheit des Herzens und der Seele; denn er hat immer neue Wünsche und seine Leidenschaft hat nie genug. Die Befriedigung unserer Wünsche hat oft die üble Folge, daß sie neue erregt, und daher die Zufriedenheit mehr hindert als befördert. Man muß nicht jedes Verlangen eines Kindes befriedigen, um es zeitig zur Zufriedenheit zu gewöhnen.

„Niemand kann Alles haben, was er will, sagt Seneca, (Br. 119. und Trostschr. an die Helvid. K. 9.) „aber ein Jeder kann das entbehren, was er nicht hat, und „das ruhig genießen, was ihm zufällt; die Begierden sind nie „befriedigt, aber die Natur ist mit Wenigem zufrieden."

Nun unterscheidet sich aber Befriedigt und Zufrieden von Vergnügt und Glücklich; und zwar dadurch, daß Befriedigt und Zufrieden bloß die Befreyung von unerfüllten Wünschen anzeigt, die durch den Besitz des begehrten Gegenstandes entsteht; Vergnügt und Glücklich den Genuß eines Gegenstandes oder die Freude, die uns das Bewußtseyn seines Besitzes verschafft, wir mögen ihn gewünscht und uns selbst verschafft haben, oder er mag uns ohne unsern Wunsch und unser Zuthun geworden seyn. Ein Geitziger ist darum noch nicht vergnügt und glücklich, daß seine Leidenschaft täglich durch die Vermehrung seines Reichthums befriedigt wird.

Von dem Vergnügen unterscheidet sich die Glückseligkeit wieder durch ihre Dauer. Ein einzelnes Vergnügen oder selbst mehrere können auf dem ganzen dunkeln Gemälde des Lebens als seltene leuchtende Punkte zerstreuet seyn, ohne daß man deswegen das ganze Leben ein glückliches oder den Menschen, dem es die Vorsehung beschieden hat, einen Glücklichen nennen wird. Man hat daher Recht, zu behaupten, daß ein Mensch, der sein Leben in sinnlichen Vergnügen zubringt, nicht glücklich zu nennen ist. Denn die sinnlichen Vergnügen haben, wenn man sich ihnen allein ergiebt, unangenehme und schmerzhafte Folgen, und, wenn diese sich auch nicht gleich einstellen, so muß doch der, welcher ihnen allein nachjagt, der höhern und edlern Vergnügen entbehren; die Glückseligkeit ist aber der daurende Zustand der besten Vergnügen. Die rohe Freude macht den Wilden bisweilen vergnügt, er ist aber darum nicht glücklicher als der gebildete Mensch; denn der stete Wechsel von Unmäßigkeit und Noth stöhret oft sein Vergnügen und seine Rohigkeit beraubt ihn der höhern Vergnügen, die der Gebildete genießt.

So wie die Glückseligkeit durch die Dauer des Genusses mehr ist, als das Vergnügen, so ist sie auch mehr als die Zufriedenheit durch die Größe des Genusses. Alle Menschen können gleich zufrieden seyn; denn sie wünschen entweder nicht mehr, als sie haben, weil sie nicht mehr kennen, oder sie können ihre Wünsche einschränken; aber nicht alle Menschen sind gleich glücklich; denn nicht Alle können eine gleiche Menge von Gütern besitzen, oder haben endlich, wenn sie sie besitzen, nicht gleiche Fähigkeit, sie zu genießen.

Es ist daher falsch, daß alle gleich zufriedene Menschen gleich glücklich sind, wie David Hume behauptet, ein kleines Mädchen in ihrem neuen Kleide, ein Feldherr an der Spitze eines siegreichen Heeres und ein Redner nach einer schönen Rede in einer großen Versammlung. Denn die Glückseligkeit besteht in der Mannichfaltigkeit des angenehmen Bewußtseyns. Ein Bauer hat also nicht die Fähigkeit gleiche Glückseligkeit mit einem Philosophen zu genießen. Ein großes und ein kleines Trinkglas können gleich voll seyn, aber das grosse enthält mehr als das kleine.

Wenn daher auch der Wilde mit seinem Zustande so zufrieden wäre: so würde man doch unrecht thun, mit Rousseau daraus zu schliessen, daß er darin beharren müsse; denn der Mensch ist zur Glückseligkeit berufen. So sehr beruhen glänzende Paradoxen oft auf unbestimmten Begriffen, und so wichtig ist die richtige und genaue Unterscheidung der Wörter bey der Untersuchung wissenschaftlicher Fragen!

Glühen. Brennen. Lodern. Glimmen.

S. Brennen.

Gnädig. Geneigt. Gewogen. Günstig. Hold. — Gnade. Geneigtheit. Gewogenheit. Gunst. Huld.

S. Geneigt.

Gönnen. Wünschen.

I. üb. Es gern sehen, daß in Jemandem ein Gut oder übel wirklich sey, das in ihm ohne unser Zuthun wirklich wird.

II. V. In Wünschen wird dieser Begriff ganz allgemein ausgedruckt. Wir wünschen überhaupt Alles, was wir nicht beschließend begehren. (S. Begehren. Verlangen. Wünschen. Lust haben. Sich Gelüsten lassen. Lüstern seyn. Sich Sehnen.) In Gönnen kömmt noch der Nebenbegriff hinzu, daß wir urtheilen, derjenige, in dem ein gewisses Gut oder übel wirklich wird, habe es verdient. Wir gönnen dem sein Glück, von dem wir glauben, daß er desselben würdig sey, wir gönnen demjenigen, den wir lieben, eine unverhoffte Freude, wir gönnen einem Bösewichte seine wohlverdiente Strafe.

Aus diesen allgemeinen Begriffen folgt noch ein feinerer Unterschied, den der Sprachgebrauch rechtfertigt. Wünschen nähmlich bezieht sich sowohl auf das Künftige als

auf

auf das Gegenwärtige und Vergangene; Gönnen auf das Vergangene und Gegenwärtige.

So gönnt dann, was dem Weib Natur und Glück beschieden,
Gönnt ihm, wie Herkules, die Schönheit und den Putz.

Manso.

Nur alsdann bezieht es sich auf das Künftige, wenn dieses als gegenwärtig gedacht wird. Ich wünsche, daß mein Freund an seinen Kindern möge Freude erleben; und, wenn er an ihnen Freude erleben wird: so werde ich es ihm gönnnen; ich werde es gern sehen, weil ich urtheile, daß er es durch die Mühe und Kosten, die er auf ihre Erziehung verwandt hat, verdient.

Ein so schönes Wort, wie Gönnen, das dadurch so bedeutungsvoll wird, daß es zugleich den Nebenbegriff des Verdienens enthält, der auch in dem davon abstammenden Gunst, Günstig herrschend ist, (S. Geneigt. Gewogen. Günstig. Hold. Gnädig) fehlt mehrern Sprachen, wie z. B. der Lateinischen und Französischen. Es hat aber erst durch einen spätern Sprachgebrauch diese feste genauere Bestimmung erhalten. Denn ehemals bedeutete gönnen auch bloß begehren, und so kömmt das von gunnen abgeleitete gunlich noch in den Asceten des vierzehenten Jahrhunderts vor. Sie theilten das untere Vermögen der Seele in die erkennenden, begehrenden und die bewegenden Kräfte ein, und nennen die begehrenden gunliche.

Als alle die Zweige kumment usz dem Stamme des buomes, als alle die Krefte versamment sint sinnlichen und gunlichen und beweglichen Krefte in die obersten in den grunt.

Taulerus.

Was dieser Ascet hier gunliche nennt, das nennt er an andern Orten begierliche. Und da seinen Herausgebern, Surius und Spenern dieses veraltete Wort nicht ist bekannt gewesen, so haben sie die ganze Stelle nicht verstanden.

Die-

Dieses Gunnen ist wahrscheinlich aus Wunnen, delectari, entstanden; denn wir haben schon mehr Beyspiele gehabt, worin die Blaselaute, f, v, w, in die Gaumenlaute, ch, g, übergegangen sind. wie in soft und Sachte. (S. Gelinde. Sanft. Sachte.) Die Verwechselung der Blaselaute F. V. W. und des Hauchlautes H, so wie der damit verwandten Ch, G, geht in noch ältere Zeiten zurück. Das äolische Digamma wird von den Römern als F und als H ausgesprochen. Hordeum und Hoedus ward in frühern Zeiten Fordeum und Foedus gesprochen; wie das französische hors, fors gelautet hat.*)

Und so ließe sich eine dunkle Spur des Nebenbegriffs von Verdienen schon in dem ältesten Gebrauche finden. Denn wunniglichen kömmt bereits in einer alten augsburgischen Verdeutschung der Bibel für loben, ehren, laudare, praedicare werth halten, vor.

Der mich wunniglicht, ich wunniglich in,
wenn die mich versmehent, die werden unedel.

1 Sam. 2, 30.

Luther hat diese Stelle übersetzt:

Wer mich ehret, den will ich auch ehren, wer aber mich verachtet, der soll wieder verachtet werden.

Indem dieser Nebenbegriff in die Form Gönnen übergegangen ist, so ist für das aus der Form Wunne, Wunnen, delectari, das gegenwärtige Wonne, Wunsch, Wünschen geblieben.

Gottesdienst. Religion. S. Religion.

Gottesfurcht. Gottseligkeit. Frömmigkeit.

S. Gottseligkeit.

Gott

*) S. Quint. Inst. or. L. I. c. 4. §. 14. S. 70. Ed. Spald. und die Anmerk. dieses gelehrten Herausgebers.

Gottloser. Sünder. Böser. Boshafter. Tückischer. Ruchloser. Verruchter. — Gottlosigkeit. Sünde. Bosheit. Tücke. Ruchlosigkeit. Verruchtheit.

I. Ub. Alle diese Wörter kommen darin überein, daß sie diejenigen bezeichnen, welche im höhern Grade moralisch-unrecht handeln.

II. V. Sünder ist unstreitig unter diesen Wörtern das, welches die allgemeinste Bedeutung hat. Denn ein Sünder ist derjenige, auf dem eine Verschuldung haftet, die nur zunächst durch die Strafe oder, statt ihrer, durch andere Versöhnungsmittel, nach den ersten rohern sittlichen Begriffen kann gesühnet werden. (S. Fehlen. Sündigen.) So sagt Paulus nach dieser Vorstellungsart, daß alle Menschen Sünder sind, und des Ruhmes mangeln, den sie vor Gott haben sollten. Denn die erste Sünde Adams wird ihnen, nach dieser Theorie, zugerechnet, und sie sind schon durch ihre Geburt unter der Verschuldung der Erbsünde. Nach den Vorurtheilen der Juden waren alle anderen Völker Sünder und das Wort Sünder war bey ihnen mit Nichtjuden gleichbedeutend; denn die Heiden lebten unter dem Mißfallen Gottes und unter Verschuldungen, die nur durch das jüdische Gesetz konnten ausgesühnt werden. Christus wird ein Sünder genannt, weil er die Verschuldungen der Menschen auf sich genommen.

— — — Bester aller Menschenkinder,
Du zagst? du zitterst? gleich dem Sünder,
Auf den sein Todesurtheil fällt?
Ach seht, er sinkt belastet mit den Missethaten
Von einer ganzen Welt.

Ramler.

Da der Begriff der Sünde und des Sünders durch die Religion ist in die Sprache gekommen, so muß er auch durch den Sprachgebrach ihrer Urkunden bestimmt werden. Die

die in der Bibel zerstreuten Stellen, worinn er vorkommt, stimmen darin überein, daß ein Sünder derjenige ist, der unrecht thut, und dadurch eine Strafe verschuldet.

> Wer Sünde thut, der thut auch unrecht; und die Sünde ist das Unrecht.
>
> 1 Joh. 3, 4.

Ein Böser ist derjenige, der Andern unrecht thut, der also die Neigung hat, Andern Schaden zuzufügen; denn ein Sünder kann auch dadurch unrecht thun, daß er sich gegen sich selbst verschuldet. Ein Trunkenbold sündigt gegen sich selbst, er wird aber noch nicht für einen bösen Menschen gehalten, so lange er nicht Andern zu schaden sucht.

Böse und Gut sind einander entgegen gesetzt, und, so wie wir das gut nennen, was so beschaffen ist, daß es Vollkommenheit wirkt, so nennen wir das böse, was schädlich ist. Böse Dünste sind schädliche Dünste, eine böse Luft ist eine schädliche, und ein böser Hund ist ein beißiger, oder ein solcher, der Jedermann ungereizt anfällt, und ihn zu beschädigen sucht. Die Teufel werden die bösen Engel genannt, weil sie zu schaden suchen; die guten Engel thun wohl und beschützen. Es ist also das, was die französische Sprache durch ihr mechant ausdruckt. Auch wenn wir sagen, daß Jemand böse auf uns sey, so wollen wir anzeigen, daß er uns übels wünsche, wenigstens nicht geneigt sey, uns Gutes zu erweisen.

Boshaft ist derjenige, der sich über das böse, das er Andern thut, oder über das, was ihnen sonst widerfähret, freut. (S. Freventlich. Frevelhaft. Boshaft.) Es ist das Französische malicieux, so wie Bosheit malice ist. Die Übel, die ein Boshafter thut, können größere und kleinere seyn, und demnach werden die Grade der Bosheit abgemessen. Man nimmt oft eine kleine Bosheit als einen Scherz auf, und sagt dem, der sich an der Verlegenheit, worin er uns versetzt, weidet, daß er sehr boshaft sey.

Die Tücke setzt noch zu der Bosheit, das Heimliche und Hinterlistige hinzu. Tugken, Tuckan, das noch in Tuckmäuser, ein verstockter auf Schaden sinnender Mensch, vorhanden ist, heißt in der ältern Sprache, heimlich nachstellen, insidiari, und hat wahrscheinlich zuerst, sich niederbücken, um nicht gesehen zu werden, bedeutet, und ist allem Anschein nach mit Tucken, tauchen, mergere, verwandt. Bey den Minnesingern heißt: ze loch tucken so viel als abscondere se loco secreto.

Der Tückische freuet sich, Jemandem heimlich ein übel zugefügt zu haben; er lacht unter der Kappe, wenn er Unheil gestiftet hat, ohne daß seine unsichtbare Hand dabey ist entdeckt worden. Dieses Bestreben, unentdeckt zu bleiben, hat seine Furcht vor der scharfen Ahndung zum Grunde, der er nicht würde entgehen können, wenn er als der Urheber des gestifteten Unglücks bekannt würde. Es kommen daher mehrere Gründe zusammen, welche diesen Charakter eben so verhaßt als verächtlich machen. Denn die Freude, über ein empfindliches übel, daß uns die Tücke eines Menschen zugefügt hat, nebst der Unmöglichkeit, sich gegen heimliche Nachstellungen zu sichern, ist etwas Verhaßtes, so wie die Furcht, entdeckt zu werden, etwas Verächtliches ist.

Gottlosigkeit, Ruchlosigkeit, Verruchtheit zeigen die höhern Grade der Fertigkeit, Böses zu thun, an, und die beyden letztern den höchsten. Gottlos deutet, vermöge seiner Zusammensetzung, auf eine Verachtung Gottes und der göttlichen Gesetze. In der Kindheit des menschlichen Geschlechtes erhalten alle moralischen Pflichten ihre Heiligkeit durch eine göttliche Sanction, und aus dieser entstehet noch ihre verbindliche Kraft für einen Jeden, der ihre natürliche Verpflichtung nicht einsehen kann; und selbst für den Gebildeteren verstärkt die Religion die natürliche Verbindlichkeit. Man hält also die Gottlosigkeit für einen höhern Grad der Unsittlichkeit, weil sie eine Verachtung der heiligsten Sanction der menschlichen Pflichten voraussetzt. Der Prophet Jesaias sagt daher, nach Luthers Bibelübersetzung; die Gottlosen

sen haben keinen Frieden, sie sind ein Raub ihrer unruhigen Leidenschaften, ihres bösen Gewissens und der Gegenstand des Hasses aller, die ihre Gewaltthätigkeit zu fürchten haben.

Die Ableitung von Ruchlos und Verrucht ist auf sehr verschiedene Art versucht worden. Man hat die gewöhnliche von ruhelos verlassen, nachdem H. Frosch und H. Heynitz, die wahrscheinlichere Abstammung von Gerücht, fama, vorgeschlagen haben. Danach wäre dann ein Ruchloser einer wegen der Größe und Menge seiner Übelthaten verschrieener, ehrloser Mensch Allein sowohl die Analogie mit Gottlos als der älteste deutsche Sprachgebrauch führen uns auf eine andere, die H. Adelung und Oberlin durch mehrere Stellen aus den Alten bestätigt haben. Denn ruchen hieß ursprünglich achten, curare, aestimare.

> Er ist tumm, der truwe suchet, dar man ir nit ruchet.
>
> Ein alter Gnomologe.

Der ist dumm, der da Treue sucht, wo man sie nicht achtet. Und in diesem Sinne kömmt ruachalose schon beym Kero vor; denn es heißt bey ihm so viel, als: nichts achtend.

Danach wäre dann derjenige ruchlos, der so verworfen ist, daß er nicht allein keine göttlichen und menschlichen Gesetze achtet, sondern der auch gegen die gemeinste Ehre unempfindlich ist, seinen Ruhm in der allgemeinen Verachtung sucht und gegen alle Eindrücke des Gewissens gefühllos ist. Ein ruchloser Mensch scheuet sich nicht, Mord und Brand zu verbreiten, ohne von dem Elende, das er dadurch anrichtet, gerührt zu werden, oder sich durch Religion und Gewissen, durch tiefe Schande und den allgemeinen Abscheu der Menschen davon abhalten zu lassen.

Verrucht ist, vermöge des Nachdrucks der Vorsylbe Ver, welche hier die Erreichung des letzten Ziels, wie in Versinken, und die gänzliche Annehmung der Natur des

Haupt-

Hauptbegriffes anzeigt, derjenige, dessen unheilbare Ruchlosigkeit auf einen solchen Gipfel gestiegen ist, daß ihr keine Frevelthat mehr zu groß und zu abscheulich ist.

Bist du es nicht, Unwürdiger! du der jenen Verruchten,
Jenen entsetzlichen Mann ungestraft das Heiligthum lästern,
Meinen Bruder, Moses, und mich und Abraham schmähen,
Und die Sabbathe Gottes mit feiger Trägheit entweihen sieht?

Klopstock.

Gott. Abgott. Götze.

(S. auch: Abgott. Götze. Götzenbild.)

I. üb. Dasjenige Wesen, welches als das höchste verehrt wird, und dem man die Regierung der Welt zuschreibt.

II. V. Dieses höchste Wesen kann nur Eines seyn; denn es ist das allervollkommenste, deren Mehrere unmöglich sind. Allein der menschliche Verstand in seiner Kindheit kann sich zu diesem reinen und ganz unsinnlichen Begriffe von Gott nicht erheben, und er legt daher seinem Gotte nur größere Vollkommenheiten, insonderheit eine größere Macht bey, als die der Mensch besitzt; und alsdann scheint es ihm nicht mehr widersprechend, mehr als einen Gott zu denken.

Um anzuzeigen, daß ein solcher Gott nicht der rechte Gott sey, nennt man ihn einen Abgott. Ein Abgott ist also ein Wesen, das nicht Gott ist, dem seine Verehrer aber aus Irrthum und Bewunderung die höchsten Vollkommenheiten beylegen, die sie sich denken können. Ein Wesen also, das gleichsam dem wahren Gotte nachgebildet ist. Lessing*) will zwar nicht, daß „Abgott einen falschen Gott, „einen Götzen anzeige, sondern vielmehr nur ein Bild von „Gott. Hellwig, sagt er, meynt, es sey die Vorsylbe „Ab das Hebräische Aph, quod visum et vultum ipsum signi-„ficat, ut sit quasi Deus aspectabilis. Ich glaube, setzt er „hinzu,

*) S. Leben Th. 3. S. 193.

„hinzu, die Bedeutung ist richtig. Doch darum ist es nicht „nöthig, seine Zuflucht zum Hebräischen zu nehmen. Unser „eigenes ab, welches nicht allein von, sondern auch nach „bedeutet, kann diese Bedeutung schon genug erhärten; ab„mahlen, abzeichnen, heißt bloß nach etwas mahlen, „zeichnen; Abglanz ist gleichfalls ein zweyter, ein von einem „dunkeln, erleuchteten Körper zurückgeworfner Glanz."

Allein eben dadurch ist der Abgott, welcher für den wahren Gott gehalten wird, ein Abgott, daß er ihm bloß nachgebildet und nicht Er selbst ist. Nur darin hat Lessing Recht, daß Abgott von Götze unterschieden werden muß. Der Unterschied dieser beyden Wörter bestehet aber darin, daß Götze einen Nebenbegriff der Verachtung enthält, der dem Worte Abgott fremd ist. Man nennt das was man sehr liebt und bewundert, seinen Abgott, etwas das einer Gottheit ähnlich ist. So nennt ein Verliebter seine Geliebte, und eine in Zärtlichkeit berauschte Mutter ihr Kind ihren Abgott.

Nein, kein Menschenangesicht,
Ha! ein Scheusal ohne Leben
Hat man ihr (der Mutter) in ihren Arm gegeben,
Denn ihr kleiner Abgott (ihr Kind) ist das nicht.

Ausr. a. d. Gen. des scheid. Jahrh.

Daß Götze hingegen einen Nebenbegriff der Verachtung ausdruckt, beweiset seine Abstammung, man mag es nun als das Verkleinerungswort von Gott ansehen, das gerade bey Gott die höchste Verächtlichkeit bezeichnet, oder man mag es, welches H. Adelung vorzuziehen scheint, von Gießen, ein gegossener Gott, ableiten (S. Abgott. Götze. Götzenbild.) Und damit stimmt auch der Sprachgebrauch überein; denn dem Götzen werden immer verachtende Beywörter zugesellt; man sagt: ein stummer Götze, ein todter Götze, ein Oehlgötze.

So schuf sich Jude einen Götzen,
Ein güldnes Kalb und betet's an.

Dreyer.

Gottselig. Gottesfürchtig. Fromm. — Gottseligkeit. Gottesfurcht. Frömmigkeit.

I. üb. Derjenige, der seine Gedanken mit Betrachtung der göttlichen Eigenschaften beschäftigt, um daraus die Bewegungsgründe zu seinen Handlungen herzunehmen.

II. V. Gottseligkeit und Gottesfurcht druckt den Einfluß aus, den die Betrachtung der göttlichen Eigenschaften auf das Innere des Gemüths, auf die innern Empfindungen, auf das Begehren und Verabscheuen hat, aber von verschiedenen Seiten; Frömmigkeit hat ihren Einfluß auf die äußern Handlungen.

Die Gottseligkeit begreift also zunächst die Beschäftigung des Geistes mit den Wahrheiten der Religion, und nebst dieser die daraus entspringenden angenehmen Empfindungen und guten Entschließungen. Sie wird uns daher in der Bibel als ein glücklicher Zustand vorgestellt, als ein Zustand reinen und innigen Vergnügens.

Es ist ein großer Gewinn, wer gottselig ist, und lässet sich begnügen.

1 Tim. 6, 3.

Die Gottseligkeit ist zu allen Dingen nütze, und hat die Verheißung dieses und des zukünftigen Lebens.

1 Tim. 4, 8.

Die mystische Sprache der alten deutschen Asceten stellt diesen Gemüthszustand als eine wirkliche Theilnehmung an dem göttlichen Wesen, wenigstens als eine größere Aehnlichkeit und nähere Verwandtschaft mit demselben vor. Sie nennt ihn göttig, gottvar, (gottfarbig, gottähnlich,) göttlich. Nachdem man aber diese sinnlichen Begriffe auf deutlichere zu-

rück-

rückführte: so fand man nichts anders darin, als diejenige Aehnlichkeit mit Gott, die in dem Bewußtseyn der göttlichen Vollkommenheiten und in dem daraus entspringenden innern Wohlgefallen nebst heiligen Wünschen und Bestreben entstehet, und nannte dieses Gottseligkeit.

Die Gottesfurcht, wenn sie auf eine würdige Art gedacht werden soll, ist Verabscheuung des göttlichen Mißfallens. Sie ist also noch nicht die Gottseligkeit selbst, und wird daher mit Recht der Weisheit Anfang genannt. Denn ihre Vollendung ist das Gefühl der Seligkeit in dem Genusse göttlicher Gedanken und Gesinnungen.

Daß Fromm auf die äußern Handlungen gehe, beweiset am besten der Fortgang der Bedeutung desselben mit der Bildung des Verstandes und der Sprache. Denn ursprünglich hieß es so viel, als stark. Ein frumer Schlag ist ein starker Schlag.

Hector was der frumeste un kueneste
Heilt, der je geboren was.

Jac. v. Kônigshofen.

Da aber die Stärke das erste ist, was die Menschen schätzen, weil ihnen ihr Nutzen einleuchtend ist: so hieß fromm bald so viel als nützlich, und frommen, nutzen.

Es muos mich iemer fromen,
Das du bist komen in min hûs.

Fab. a. d. Z. der Minnes.

Und nun lenkte sich die Bedeutung von From zu dem Begriffe von unschädlich, arglos, unschuldig, sanftmüthig hin. So sagt man: fromm, wie ein Lamm, man nennt ein Kind, das nicht widerspenstig ist, ein frommes Kind. Da aber die sanften und wohlthätigen Tugenden insonderheit durch die Religion befördert werden: so hieß nun der Unschuldige, Sanftmüthige, Wohlthätige, der diese Tugenden mit Religion verbindet,

bindet, **fromm**, und die Ausübung der Religion durch diese Tugenden, die **Frömmigkeit**.

> Und hieß dem **frommen** Volk ein Sohn der Sonne,
> Gleich milde, wachsam, so wie sie.
>
> Ramler.

> Dir schmückt das **fromme** Mädchen sich
> Bey seinem Morgenliede.
>
> Ebend.

Die sanften, milden Tugenden, so fern sie aus Religion geübt werden, gehören also zur **Frömmigkeit**, und wer sie aus Religion übt, ist **fromm**.

Man nennt ferner den im ausgezeichnetesten Verstande **fromm**, wer fleißig in den Handlungen des äußern Gottesdienstes ist, weil diese auf eine genauere und sichtbarere Weise mit der Religion zusammenhangen; wer viel betet und die Kirche besucht. Man kann sanft aus Temperament und wohlthätig aus Menschlichkeit seyn; wer aber betet, giebt wenigstens durch seine äußern Handlungen zu erkennen, daß er Religion habe. Da sich aber nicht immer mit Sicherheit von dem Äußern auf das Innere schließen läßt, und viele Religion heucheln: so ist diese Art der **Frömmigkeit** verdächtig geworden.

Die angegebenen Unterschiede werden auch durch die verschiedenen Verbindungen bestätigt, worin man diese Wörter gebraucht. Man sagt: **gottselige** Gedanken, **gottselige** Betrachtungen, aber nicht **gottesfürchtige**; denn sie gewähren das Vergnügen der Andacht und befestigen in heiligen Gesinnungen; ein **gottesfürchtiger** Mann und ein **gottesfürchtiger** Lebenswandel, **fromme** Entschließungen und nicht **gottesfürchtige** oder **gottselige**.

Grad. Stufe. Staffel. S. Stufe.

I. üb. Man ist demjenigen gram und feind, den man hasset.

II. V. Man könnte mit diesen Wörtern noch die Redensart: nicht leiden können, verbinden. Da aber die Vergleichung sinnverwandter Redensarten den Umfang einer Synonymik zu sehr erweitern würde, so kann ihrer nur bisweilen gelegentlich gedacht werden. Nicht leiden können ist aber bloß: Unlust an der Gegenwart eines Menschen empfinden. Diese Unlust begnügt sich damit, daß wir die Gesellschaft und den Umgang des Menschen zu vermeiden suchen, den wir nicht leiden können. Den Menschen, dem wir feind sind, suchen wir nicht bloß zu vermeiden, wir suchen ihm auch übels zuzufügen. Derjenige, den wir nicht leiden können, mißfällt uns nur, es sey, daß sein Äußeres einen unangenehmen Eindruck auf uns mache, oder daß seine Handlungsart der unsrigen zuwider ist. Ein rascher und thätiger Mann kann einen Langsamen und Trägen nicht leiden; denn er hat nicht gern etwas mit ihm zu thun.

Feind ist man ferner dem, der uns beleidigt hat, da wir hingegen manchen Menschen nicht leiden können, der uns nie beleidigt hat, bloß weil uns, es sey seine Gestalt, oder seine Gesinnungen und Betragen unangenehm ist. Ein aufrichtiger Mensch kann die Heuchler nicht leiden, ein natürlicher die Affectirten, wenn sie ihn gleich nie beleidigt haben. Ein Mensch ist aber dem Andern feind geworden, nachdem er ihn betrogen oder verleumdet hat. Er kann sich vielleicht irren, und der, dem er feind geworden ist, kann unschuldig seyn; allein er glaubt sich doch beleidigt, und das ist der Leidenschaft genug.

Die Brüder Josephs waren ihrem Bruder feind.

1 Mos. 37, 4. 5.

Sie glaubten sich durch den Vorzug, wodurch sein Vater ihn vor seinen übrigen Söhnen auszeichnete, beleidigt.

Gram bezeichnet einen größern, insonderheit einen tiefern, in dem Herzen verschlossenen quälenden Haß an. Es ist mit Grimm verwandt, welches einen heftigern, das Innere zerreißenden Zorn anzeigt, der sich äußerlich durch entstellende Geberden verräth. (S. Zorn. Grimm.) Es setzt also entweder ein im höchsten Grade leidenschaftliches, wildes und rohes Gemüth, oder ein Übel voraus, worüber man die größte Unlust empfindet.

Und Esau war Jacob gram, um des Segens willen, damit ihn sein Vater gesegnet hatte.

1 Mos. 37, 4. 5.

Grau werden. Grauen. Greisen.

I. Üb. Eine graue Farbe bekommen.

II. V. Dieses druckt grau werden am allgemeinsten aus, und es wird daher von allen Dingen ohne Unterschied gebraucht. Wenn die weiße Farbe mit der schwarzen vermischt wird, so wird sie grau. Ein Tuch, das eine bläuliche Farbe hat, wird, wenn es Regen und Luft ausbleicht, grau. Im Alter werden die Haare der Thiere und der Menschen grau.

Grauen wird nur von dem Tage und den Haaren der Menschen und der Thiere gesagt. Der Tag grauet schon, ist in Aller Munde, und eben so sagt man: der Mensch grauet schon, d. i. seine Haare fangen an grau zu werden. Das thätige Zeitwort Grauen scheint die allmähligen Fortschritte in dem Übergange und in der Annäherung zu der grauen Farbe bestimmter anzudeuten, als grau werden. Bey dem Grauen des Tages fällt das am besten in die Augen, welches in einer immer wachsenden Mischung des Lichtes mit der Schwärze des Himmels besteht.

Greisen wird nur von den Haaren gebrauchet, und ist von dieser Seite einerley mit grauen. Die Verschiedenheit der beyden Doppellaute au und ei machen hier keinen Unterschied. Denn das Englische hat ebenfalls grau unter der Form von grey, und wir haben unser Greis, woraus das französische gris und griser entstanden ist.

Grauen. Gräuel. Abscheu. Grausen.

I. üb. Die heftige Gemüthsbewegung, welche aus einer sehr sinnlichen Vorstellung eines großen übels entsteht.

II. üb. Abscheu und Gräuel bezeichnet diese Gemüthsbewegung ohne Rücksicht auf die Zeit an, worin ihre äußere Ursach wirklich ist; Grauen, Grausen bezieht sich auf bevorstehende übel, und ist also ein höherer Grad der Furcht. Scheuen, wovon Abscheu herkömmt, heißt sich dem nicht nähern, oder wenn man ihm schon nahe ist, von dem entfernen, was man für ein übel hält.

Gräuel ist ein höherer Grad des Abscheues, weil es bey Menschen, nach seiner Abstammung von Grauen, mit einer starken Furcht und Ekel vermischt ist. Dinge daher, die einen solchen heftigen Abscheu oder Gräuel erregen, werden metonymisch Gräuel und ähnliche Thaten Gräuelthaten genannt.

Grausen ist der höchste Grad des sinnlichen Abscheues, bey dem eine unendliche Menge dunkler Vorstellungen von unbestimmten und eben dadurch noch fürchterlichen übel mitwirken. Die Heftigkeit dieses Abscheues giebt sich durch seine heftige Wirkung auf den Körper zu erkennen, und da diese in einer krampfhaften Zusammenziehung der Haut besteht, die ganz unwillkührlich ist: so sieht man, wie tief die Vorstellung des übels in die dunkelsten Tiefen der Seele gedrungen seyn muß. Durch das eingeschaltete S, als einen Zischlaut, der ein mahlender Ausdruck der Bewegung ist, zeigt Grausen noch eine stärkere Furcht an als Grauen, indem es nicht einen kurz vorübergehenden Schauer, sondern ein fortgesetztes Schaudern oder schwingende Bewegung der Haut bezeichnet.

(S. Be-

(S. Beben. Schauern. Schaudern. Zittern.) Es grauet einem oft an einem Orte auch am Tage allein zu seyn, allein es erregt Grausen, wenn man in einen tiefen, dunkeln Abgrund hinunter sieht, oder mit einer Einbildungskraft, die mit Gespensterfurcht angefüllt ist, in der Mitternachtsstunde auf einem öden Kirchhofe allein eingesperrt ist.

Greifen. Ergreifen. Erhaschen. Erreichen. Ertappen. Fangen. Haschen. S. Ergreifen.

Grenze. Schranke.

I. Üb. Das, wo die Größe eines Dinges aufhört. Die Bedeutungen dieser Wörter sind sich insonderheit bey unsinnlichen Größen in so hohem Grade ähnlich, daß es nicht selten schwer ist, ihren Unterschied genau und deutlich anzugeben. Gleichwohl ist eine richtige Bestimmung desselben für die Richtigkeit des Ausdrucks in ganzen Redensarten nicht unwichtig.

II. V. Um diesen Unterschied aber zu finden, müssen wir auf ihre ursprüngliche Bedeutung zurückgehen. Und hier stellt sich die Bedeutung von Grenze sogleich unter dem bloßen Begriffe des Aufhörens der Größe dar; Schranken hingegen unter dem Begriffe einer äußern Ursach, wodurch ein Ding gehindert wird, größer zu seyn.

Nach den vielen gelehrten Versuchen, die wahre Wurzel des Wortes Grenze aufzufinden, ist es zu verwundern, daß man auf die natürlichste nicht gestoßen ist, wovon sich die Spuren noch in den Schriftstellern des vierzehnten Jahrhunderts antreffen lassen. Da erscheint es unter der Form von Gerenze, und, wenn man die Vorsylbe Ge wegnimmt, womit man die Stammwörter verlängert hat, wie Lyk, Leik, Leich, erst Geleich, dann Gleich, unter der Form von Renze. Beydes ist aber eine Ritze, mit dem eingefügten N, und kömmt von Reißen her.

Durch einen Spalt oder dünne Gerenze.

Taulerus.

Eine

Eine Grenze ist also ursprünglich ein Riß und hernach ein an einer Sache gemachter Riß, Einschnitt, Furche, welche anzeigt, wo eine gewisse Größe aufhören soll, und ich glaube daher, daß man besser: Grenze, als: Gränze, schreibe.

Schranken hingegen sind Hindernisse, welche sich der Ausbreitung einer Größe entgegensetzen. Es bedeutet ursprünglich Einzäunungen, es sey von Holz oder Stein. So heißen die Wände um die Turnierplätze, die Schranken, und Scrank heißt schon beym Ottfried ein Gefängniß. Bloße Linien können daher schon einer Ausdehnung zu Grenzen dienen; denn sie können bezeichnen, wo sie aufhören soll; aber nicht zu Schranken; denn sie können nicht hindern, daß man sie überschreite. Man sagt: die verschiedenen Figuren der räumlichen Dinge entstehen aus ihren verschiedenen Grenzen, aber nicht: aus ihren verschiedenen Schranken. Man macht Einfassungen um einen Brunnen, die man den Bornschrank nennt, um zu verhindern, daß niemand hinein falle. Man kann aber die Grenzen eines Ackers mit einer bloßen Furche bezeichnen, die ein Jeder leicht überschreiten kann.

Grenzen und Schranken unterscheiden sich daher im allerallgemeinsten Sinne dadurch, daß Grenzen das bloße Aufhören einer Größe anzeigt, Schranken das, was ihre Vergrößerung hindert. Man kann folglich dasjenige, wobey eine Größe bloß aufhört, nicht seine Schranken nennen, es sind bloß seine Grenzen. So nennt man in der Geometrie die Größe, über welche eine Reihe entweder nicht wachsen oder nicht abnehmen kann, ihre Grenzen, nicht ihre Schranken.

Wenn man sagt: die Allmacht Gottes hat keine Grenzen, so will man sagen, sie ist so groß, daß sie sich über alles Mögliche erstreckt; sagt man: sie hat keine Schranken, so will man sagen, daß sie nichts hindern kann. Die Begierden des Menschen sind ohne Grenzen, die Vorsehung hat aber, zu unserm Besten, ihrer Befriedigung gewisse Schranken gesetzt. Man setzt einer Sache Schranken, aber man weiset sie in ihre Grenzen. (S. Beschränkt. Begrenzt.)

Grimm.

Grimm. Zorn. S. Zorn.

Grob. Plump. S. Plump.

Groll. Feindschaft. Unwille. S. Unwille.

Grund. Ursach. S. Ursach.

Gründlich. Bündig.

I. üb. Das ist eine Rede, wenn sie so beschaffen ist, daß sie eine vernünftige überzeugung wirken kann. Ein Beweis, eine Ausführung ist gründlich und bündig, wenn sich keine andere als beantwortliche Zweifel dagegen machen lassen.

II. W. Dazu gehört aber zweyerley; erstlich, daß der Beweis auf solchen unleugbaren Sätzen beruhe, die Jedermann zugeben muß. Diese Sätze sind die letzten Gründe der Gewißheit des Schlußsatzes, und heißen deswegen Grundsätze. Zweytens gehört dazu, daß der Schlußsatz aus diesen ersten Grundsätzen durch eine richtige Schlußfolge hergeleitet werde, daß er also mit den Zwischensätzen, und diese mit den ersten Grundsätzen genau zusammenhangen. Um davon gewiß zu werden, löset man auch wohl den ganzen Beweis in förmliche Vernunftschlüsse auf, man ihn nach den syllogistischen Regeln prüfen könne.

In Rücksicht auf die Unleugbarkeit der Grundsätze heißt ein System gründlich, in Rücksicht auf den richtigen Zusammenhang der Sätze unter einander heißt es bündig. Ein System, das auf Hypothesen beruhet, kann oft sehr bündig seyn, aber es ist nicht gründlich. Die cartesianische Naturlehre täuschte lange durch ihr Ansehen von Bündigkeit; allein da sie auf lauter unsichern Hypothesen beruhete, so war sie nicht gründlich, und sie mußte daher aufgegeben werden, so bald man die Unsicherheit dieser Hypothesen einsahe. Was aber nicht bündig ist, kann auch nicht gründlich seyn. Denn noch so augenscheinliche Grundsätze sind doch keine Gründe der Wahrheit eines Schlußsatzes, wenn er nicht genau damit zusammenhängt und richtig daraus hergeleitet ist.

Vielleicht wäre bündig, seiner Abstammung und ursprünglichen Bedeutung nach, die beste Verdeutschung des fremden Wortes consequent, für welches man so viele Übersetzungen versucht hat.

Grundsatz. Maxime. S. Maxime.

Günstig Geneigt. Gewogen. Hold. — Gunst. Geneigtheit. Gewogenheit. Huld. S. Geneigt.

Gut. Wohl.

I. üb. Beyde Wörter kommen in dem Begriffe der Vollkommenheit, die wir in etwas wahrnehmen, überein.

II. V. Gut ist aber zuförderst ein Ding, wegen seiner eigenthümlichen Vollkommenheit selbst, oder wenn es so ist, wie es seiner Bestimmung nach seyn muß. Ein gutes Pferd ist das, welches alle die Vollkommenheiten hat, die man von einem Pferde verlangt, wenn es geschwind, stark, dauerhaft ist. Ein Hund ist gut, wenn er wachsam ist. In diesem Falle ist das Gute dem Schlechten entgegengesetzt. Hiernächst nennen wir das gut, was Vollkommenheit wirkt. So ist ein Rathgeber gut, wenn seine Rathschläge weise und nützlich sind, so wie er böse ist, wenn sie thörigt und zugleich schädlich und verderblich sind.

Gut ist also, was seine gehörige Vollkommenheit hat, und die Vollkommenheit eines Andern befördert.

Wohl ist, was sich dem Gefühle als gut ankündigt, indem es mit Vergnügen und Zufriedenheit empfunden wird, oder dessen wir uns überhaupt, als gut, bewußt sind. (S. Freygebig. Wohlthätig. Gutthätig. Mildthätig.)

Die

Die Gründe dieses Unterschiedes lassen sich, bey einem Stammworte, wie wohl, dessen Ursprung sich in der Wiege der Sprache verliehrt, aus der Ableitung desselben nicht angeben. Sie sind aber bey seinem Gebrauche unverkennbar. Es ist zuförderst eine sonderbare Eigenheit des Wortes Wohl, daß es nicht wie gut auch ein Beywort, sondern bloß ein Nebenwort ist, oder ein solches, welches einen Begriff ausdruckt, wodurch der Begriff eines Zeitwortes näher bestimmt wird. Die Zeitwörter bezeichnen aber immer Zustände, oder Veränderungen, oder Handlungen. Nun sind es aber diese Zustände, Veränderungen und Handlungen allein, deren wir uns unmittelbar bewußt sind, und von denen wir auf die Vollkommenheit der Sache selbst schließen, die wir gut nennen. Wir sagen, mir ist wohl, in diesem Hause, bey diesem Wetter, wenn wir die Vollkommenheit unseres Zustandes fühlen; und das Haus oder das Wetter ist gut; mir wird wieder wohl und nicht, mir wird wieder gut, wenn wir die Verbesserung unseres Zustandes fühlen oder uns derselben unmittelbar bewußt sind; die Arzney aber ist gut, der wir diese Verbesserung zu verdanken haben. Er thut gut, heißt bloß, was er thut, ist den sittlichen Gesetzen oder den Regeln der Klugheit gemäß; er thut wohl, heißt, er wird es fühlen, daß er gut gethan hat. Wohl thun, wenn es sich daher auf Andere bezieht, bedeutet: etwas thun, wodurch ein angenehmes Gefühl in ihnen gewirkt wird.

> Da er als Musiker und Dichter am liebsten in den Regionen der Phantasie lebte, so thaten ihm alle Vorstellungen wohl, die uns die Gottheit und unser Verhältniß zu ihr versinnlichen.
>
> Nekrolog.

Hiernächst wird Wohl in der Zusammensetzung immer mit den Empfindungen der dunklern Sinne, des Geruches, des Geschmackes, des Gefühles, nie aber mit den Empfindungen der deutlichern Sinne, des Gesichtes und des Gehöres, verbunden. Man sagt: der Wohlgeruch, der Wohlgeschmack, das Wohlgefühl, aber nicht das Wohlgesicht, das Wohlgehör; man sagt: das ist wohlschmeckend, wohlriechend,

chend, aber nicht wohlsehend, wohlhörend. Bey den dunklern Sinnen nähmlich unterscheiden wir die Empfindung von ihren Ursachen nicht, wie bey den deutlichern, und tragen hernach durch eine bloße Metonymie, das was wir durch die dunklern Sinne empfinden, auf diejenigen Gegenstände der deutlichern Sinne über, die wir für die Ursachen der angenehmen Empfindungen halten. Das wird selbst durch die scheinbare Ausnahme bestätigt, daß wir nicht: wohlfühlend sagen. Denn das Gefühl, wenn es Tactus bedeutet, ist ein deutlicher Sinn. (S. Gefühl. Empfindung.)

Endlich nennen wir auch die angenehmen Empfindungen des sittlichen Gefühls Wohlgefühl und nicht Gutgefühl.

Mit der Ausübung jeder Fertigkeit ist ein Wohlgefühl, (nicht Gutgefühl) nothwendig verbunden.

Jacobi.

Gut hingegen wird mit Erkennen, Finden, Befinden, verbunden. Etwas gut befinden, ist urtheilen, daß es gut sey, sich wohlbefinden ist fühlen, daß man gesund und glücklich sey.

Gut seyn. Lieben. S. Lieben.

Gutthätig. Freygebig. Wohlthätig. Mildthätig. S. Freygebig.

Gutwillig. Freywillig. Gern. S. Freywillig.

Gut. Gütig. — Güte. Gütigkeit.

I. üb. Diese Wörter sind nur sinnverwandt, sofern sie die Beschaffenheit einer Person anzeigen, in der man die Vollkommenheit anschauend erkennt, die man ihr in ihren Beziehungen auf Andere beylegt.

II. V. Gut ist also eine Person, welche die allgemeinen Pflichten oder die Pflichten ihres Standes beobachtet. Der

ist

ist ein guter Mensch, der die sittlichen Gesetze gegen Andere beobachtet, der ist ein guter Vater der die Pflichten gegen seine Kinder, der ein guter Ehemann, der die Pflichten gegen seine Frau, der ein guter Herr, der die Pflichten gegen seine Diener, der ein guter Sohn, der die Pflichten gegen seine Ältern beobachtet.

Gütig aber ist der Gute, welcher geneigt ist, Andern wohl zu thun, oder das zu zu thun, was ihnen angenehm ist. Da Güte von Gut und Gütigkeit von gütig gemacht ist: so ist Güte das Abstractum von gut, Gütigkeit aber die Fertigkeit und Neigung, Andern das zu thun, was ihnen Vergnügen macht. Diese Neigung ist Gütigkeit in Beziehung auf ihren Gegenstand, oder auf diejenigen, die ihr Wohlseyn und Vergnügen dieser Neigung zu verdanken haben, Güte, sofern sie dem Gütigen einen Werth giebt, der ihn als einen Guten vollkommner auszeichnet.

Man urtheilt, daß eine Person gut sey, man preiset ihre Güte, wenn sie gegen andere gütig ist, oder zu ihrem Wohlseyn und Vergnügen beyträgt, wenn sie ihnen also wohl thut. (S. Gut. Wohl.) Diese Gütigkeit ist aber nur Eine Art, wie sie ihre Güte offenbahrt, oder beweiset, daß sie gut ist. Die Kinder nennen zwar gewöhnlich ihren Vater nur einen guten Vater, wenn er das thut, was ihnen angenehm ist; aber ein Vater, der zu rechter Zeit strenge ist, oder seinen Kindern, wenn es seyn muß, ein Vergnügen versagt, ist ein guter Vater, obgleich in solchen Fällen seine Gütigkeit nicht sichtbar ist. Ein Vater kann wohl aus Schwachheit zu nachgebend und zu gütig seyn, aber nicht zu gut. Wenn wir daher von einem solchen sagen, er sey zu gut, anstatt zu gütig: so ist das ein Gallicismus, der aus der Zweydeutigkeit von bon, welches gut und gütig, bonté, welches Güte und Gütigkeit bedeutet, in die deutsche Gesellschaftssprache gekommen ist; man kann wohl zu gütig seyn, aber nicht zu gut; und wer zu gütig ist, der ist, wenigstens von dieser Seite, nicht gut.

Schon

Schon Hagedorn hat diese Zweydeutigkeit des französischen bonté bey einer wichtigern Gelegenheit bemerkt. Leibnitz hatte nähmlich in seiner Theodicee p. II. §. 151. gesagt: „La sainteté de Dieu n'est autre chose, que le supreme degré de la bonté." Das hat Richter sehr richtig übersetzt: der höchste Grad des Guten. Walch in seinem philos. Lex. S. 1060. übersetzte es durch: Gütigkeit, und bauete auf diese Übersetzung Einwürfe, die wegfallen, so bald man es durch Güte verdeutschet, und dieses, wie schon Hagedorn gethan hat, auf die angezeigte Art, von Gütigkeit unterscheidet. Gott ist gut, er ist das höchste Gut, so fern er das allervollkommenste Wesen ist; er ist gütig, so fern er seinen Geschöpfen wohlthut. Der Weise ist gut, so fern er Gott ähnlich zu werden sucht, er ist gütig wegen seiner Neigung, andern Vergnügen zu machen.

Ist nicht das Weisen Herz ein wahres Heiligthum,
Des höchsten Guten Bild?

Hagedorn.

Nach-

Nachtrag

zu Art.

Befugt. Berechtigt. — Befugniß. Recht.

Th. 1. S. 273.

Der Unterschied zwischen Recht und Befugniß liegt also kürzlich darin, daß ein Recht das sittliche Vermögen eines Andern ausschließt, den der es hat, zu hindern, etwas zu haben oder zu thun, Befugniß aber bestimmt, daß der, welcher etwas thut, einen sittlichen Grund hat, es zu thun. Um dieses letztere Merkmahl noch mehr durch den Gebrauch des Wortes Fug, von dem es abstammt, zu erhärten, kann man zu den angeführten Beyspielen noch folgende hinzu setzen.

1) Wird Fug von einem Grunde gebraucht, der nur eine unvollkommne Befugniß giebt, etwas zu thun, als: bloße Befugniß über eine Handlung zu urtheilen, ohne die Befugniß, sie zu bestrafen.

> Er kann schwerlich eine Schelmerey oder einen Schurkenstreich begehen, die man ihm mit besten Fug hätte zutrauen dürfen.
>
> Wieland.

Hier ist Fug der Grund, warum man nicht unrecht thut, ihm eine jede Schelmerey zuzutrauen, die aber der Richter die vollkommne Befugniß hat, zu bestrafen.

2) Wird Fug von einem solchen Grunde gebraucht, der eine vollkommne Befugniß giebt, etwas zu thun.

> Wohlan für seinen Lug und Trug
> Bestraft den feigen Gauch nach Fug.
>
> Voßens Mus. Alm. 1796.

> Wer ohne Fug Gebratnes frißt
> Der wird mit Fug gebraten.

Hier ist Fug der Grund, der das Recht zu strafen giebt, und das ist ein vollkommnes.

Demnach hätte ich ein Recht, ich wäre berechtigt etwas zu haben oder zu thun, so fern ein Anderer nicht befugt wäre,

wäre, oder keinen sittlichen Grund hätte, es zu hindern; ich wäre aber befugt oder hätte die Befugniß, etwas zu thun, wenn ich einen sittlichen Grund hätte, es zu thun.

Da aber keiner das hindern darf, was ich einen sittlichen Grund habe zu thun: so ist der auch immer berechtigt, der befugt ist; und wenn der eine berechtigt ist, etwas zu thun: so kann kein Anderer befugt seyn, es zu hindern, er kann dazu keinen sittlichen Grund haben; denn wenn den der Letztere hätte, wenn er also die Handlung des Erstern hindern dürfte: so wäre dieser nicht dazu berechtigt. Ist er aber berechtigt und darf also kein Anderer das hindern, was er thut: so hat er auch einen sittlichen Grund, diesen Widerstand zu hindern, er ist also zum Widerstande befugt.

Da folglich ein Jeder Befugter berechtigt ist, und ein Jeder Berechtigter befugt seyn muß; so drucken beyde Wörter zwar einerley Sache aus, aber von verschiedenen Seiten. Ein Richter ist berechtigt und befugt, über einen Rechtsstreit zu erkennen; berechtigt, so fern kein Anderer die Befugniß hat, es zu hindern, befugt, so fern in seiner Gerichtsbarkeit ein rechtlicher Grund ist, allen Widerstand gegen seine Untersuchung und Erkenntniß zu hindern. Ich bin berechtigt, meinen Arm zu bewegen, wenn ich damit keinem schade, denn niemand darf es hindern; ich bin befugt dazu, so fern der freye unschädliche Gebrauch meiner Glieder und die Handlung, wodurch ein anderer ihn hindern will, ein rechtlicher Grund ist, mich ihm zu widersetzen.

Ein verdienstvoller Mann ist berechtigt und befugt, Achtung und Belohnung zu verlangen; berechtigt, weil man sie ihm nicht versagen kann; befugt, weil sein Verdienst ein gültiger Grund ist, sie ihm zu gewähren. Der Verdienstlose ist weder berechtigt noch befugt, sie zu verlangen; nicht befugt, weil kein gültiger Grund vorhanden ist, warum sie ihm müßte zuerkannt werden, nicht berechtigt, weil man sie ihm versagen kann, ohne unrecht zu handeln.

Verzeichniß

der in diesem dritten Theile vorkommenden Wörter.

A.

B.

Be-

Fall.

Mahl

Schil-

Register.

T.

U.

V.

Ver-

Register

Ende des dritten Theils.

Verbesserungen.

Seite 54. Zeile 12. von unten statt Letztern lies Erstern.
S. 111. Z. 12. vor: würde l seyn.
S. 132. Z. 8. von unten st. Erstere l. Letztere.
— Z. 7. — st. Letztere l. Erstere.
S. 252. Z. 7. statt ist l. sind.
S. 280. Z. 11. von unten st. den l. sie.
— Z. 10. — st. gemeiniglichen l. gewöhnlichen.
— Z. 9. — st. gewöhnlich l. gemeiniglich.

www.ingramcontent.com/pod-product-compliance
Lightning Source LLC
Chambersburg PA
CBHW021118270326
41929CB00009B/934